Islamisches und arabisches Recht
als Problem der Rechtsanwendung

Studien zum vergleichenden und internationalen Recht -
Comparative and International Law Studies

Herausgeber: Bernd von Hoffmann und Erik Jayme

Band 60

PETER LANG
Frankfurt am Main · Berlin · Bern · Bruxelles · New York · Oxford · Wien

Islamisches und arabisches Recht als Problem der Rechtsanwendung

Symposium zu Ehren von
Professor Emeritus Dr. iur. Omaia Elwan

Veranstaltet vom Institut für ausländisches und internationales Privat- und Wirtschaftsrecht der Universität Heidelberg und der Gesellschaft für Arabisches und Islamisches Recht e.V.

herausgegeben von Herbert Kronke,
Gert Reinhart und Nika Witteborg

PETER LANG
Europäischer Verlag der Wissenschaften

Die Deutsche Bibliothek - CIP-Einheitsaufnahme

Islamisches und arabisches Recht als Problem der Rechtsanwendung / Symposium zu Ehren von Professor Emeritus Dr. iur. Omaia Elwan. Veranst. vom Institut für Ausländisches und Internationales Privat- und Wirtschaftsrecht der Universität Heidelberg und der Gesellschaft für Arabisches und Islamisches Recht e.V. Hrsg. von Herbert Kronke ... - Frankfurt am Main ; Berlin ; Bern ; Bruxelles ; New York ; Oxford ; Wien : Lang, 2001

(Studien zum vergleichenden und internationalen Recht ; Bd. 60)
ISBN 3-631-38077-1

ISSN 0930-4746
ISBN 3-631-38077-1

www.peterlang.de

Vorwort der Herausgeber

Professor Dr.iur. *Omaia Elwan*, seit 1966 Leiter der Abteilung "Recht der Entwicklungsländer" des Instituts für ausländisches und internationales Privat- und Wirtschaftsrecht der Universität Heidelberg, emeritierter Professor an der Juristischen Fakultät der Universität Kairo, ist als Akademischer Direktor in den Ruhestand getreten. Zu seinen Ehren haben die Direktoren des Heidelberger Instituts das Symposium "Islamisches und arabisches Recht als Problem der Rechtsanwendung" einberufen. Professor *Elwan* ist Mitbegründer, langjähriges Vorstandsmitglied und 2. Vorsitzender der Gesellschaft für Arabisches und Islamisches Recht e.V., die wir als Mitveranstalter für das im Heidelberger Institut abgehaltenene Symposium gewinnen konnten. Wir durften 100 Fachgelehrte, Kolleginnen und Kollegen, vor allem aber auch Freunde, Schüler und Studierende des Geehrten willkommen heißen.

Es war eine große Ehre für Professor *Elwan* und auch für die Veranstalter, daß sich der Präsident der Universität Senghor in Alexandria, Professor Dr. *Ahmed El-Kosheri*, an diesem Symposium am 14. Mai 1999 in Deutschland beteiligte. Der Geehrte ist Professor emeritus der traditionsreichen Kairoer Universität, an der er im Jahre 1955 seine Ausbildung als arabischer Jurist absolvierte, ehe er seine juristischen Studien in Frankreich und in Deutschland abschloß und dem Ruf des damaligen Direktors des Instituts und Gastprofessors in Kairo, Professor Dr.iur. Dr.h.c. *Eduard Wahl* nach Heidelberg Folge leistete, um ab 1964 die Abteilung "Recht der Entwicklungsländer" aufzubauen und bis heute zu leiten. Nur wenige Juristen können sich rühmen, in den letzten vierzig Jahren so viele Kontakte zwischen deutschen und arabischen Gelehrten geknüpft zu haben.

Wir danken allen Beteiligten für die Veranstaltung des Symposiums: An erster Stelle sind die Referenten zu nennen, die zumeist aus jener Abteilung hervorgegangen sind und mit wichtigen Beiträgen über die Rechtsanwendung des islamischen und arabischen Rechts grundlegende Aussagen über die zukünftige Rechtsentwicklung wagten. Vor allem den Mitgliedern des Heidelberger Instituts und des Vorstands der Gesellschaft für Arabisches und Islamisches Recht e.V. ist zu danken, ganz besonders aber dem Vorsitzenden der Gesellschaft, Herrn Professor Dr. *Ernst Klingmüller*. Unser Dank gilt auch den Professoren *Bernd von Hoffmann* und *Erik Jayme* für die Aufnahme des Tagungsbandes in die von ihnen herausgegebene Reihe "Studien zum vergleichenden und internationalen Recht" und Frau Diplom-Übersetzerin *Karla Rupp-Alene* für die wertvolle Hilfe bei der Drucklegung.

Heidelberg, im Februar 2001

Professor Dr. *Herbert Kronke* Professor Dr. *Gert Reinhart*

Akad. Rätin *Nika Witteborg*

Inhaltsverzeichnis

Herbert Kronke

Begrüßung

Meine sehr verehrten Damen und Herren,

das Institut für ausländisches und internationales Privat- und Wirtschaftsrecht und die Gesellschaft für Arabisches und Islamisches Recht begrüßen Sie sehr herzlich zu diesem Abschiedskolloquium. Ich glaube, wir werden über den Tag mehrfach Gelegenheit haben, daran zu denken, daß es hoffentlich kein Abschied wird. Allerdings – die Chancen stehen wohl ziemlich gut, daß es kein solcher wird im eigentlichen Sinne. Genau genommen handelt es sich also um ein Kolloquium zu Ehren von Herrn *Elwan*, der aus dem 100 % besoldeten Öffentlichen Dienst ausscheidet.

Es ist nicht nur das Institut, das Sie begrüßt, sondern es ist auch die Juristische Fakultät. Der Dekan der Juristischen Fakultät, Herr Kollege *Roth,* hat mich gebeten, Ihnen seine Grüße auszurichten. Herr *Roth* wäre sehr, sehr gerne heute bei uns gewesen und hätte Sie selbst begrüßt; aber er ist, wie viele von Ihnen wissen, ein Schüler von *Dieter Medicus*, und dem wird heute die Festschrift überreicht, d.h. es ist sozusagen noch eine kleine Note wichtiger für ihn – den Medicus-Schüler und Herausgeber der Medicus-Festschrift – als dieses ihm von Amts wegen am Herzen liegende Institutsfest.

Daß dieses Kolloquium über arabisches und islamisches Recht in Deutschland ein Joint Venture ist zwischen der Gesellschaft für Arabisches und Islamisches Recht auf der einen Seite und dem Institut auf der anderen, ist eine sehr glückliche Fügung. Es könnte gar nicht anders sein; die Gesellschaft ist sozusagen gerade rechtzeitig gegründet worden, um Herrn *Elwan* davor zu bewahren, daß ihm Haupt- und Nebenämter ausgehen. Zeitlich paßte das glänzend, und natürlich *mußte* diese Gesellschaft beteiligt werden: Dieses sind die beiden großen Felder und dieses sind die beiden Institutionen, in denen Herr *Elwan* seine Tätigkeit entfaltet hat und weiter entfalten wird.

Ich möchte damit meine Begrüßung schließen. Herr Kollege *Klingmüller* möchte die Festtagsgemeinde begrüßen und seinerseits vielleicht hinzufügen, was die Gesellschaft an eigenen Anliegen noch verfolgt.

Ernst Klingmüller

Begrüßung

Mesdames et Messieurs,
cher collègue,

nous nous réjouissons et savons apprécier à sa juste valeur votre participation au symposium en l'honneur de notre collègue *Elwan* aux termes d'un long voyage, afin de tenir l'exposé d'ouverture, qui, de plus, traite d'un sujet d'une grande actualité. Antérieurement à l'arrivée au Proche-Orient des puissances européennes durant la seconde moitié du XIXème siècle, la Sharia constituait la véritable source de droit dans les pays islamiques, même si certaines différences se sont développées relativement peu de temps après la mort du Prophète, en fonction des différentes écoles de Droit et à l'exception de la Shia. À la suite d'un Hadith ultérieur, ces différences ont d'ailleurs été considérées comme allant de soi. D'après un autre Hadith dans la Umm'a, c'est-à-dire la communauté islamique, il n'y avait aucune erreur en ce qui concerne les seules questions fondamentales, notamment les interdits coraniques.

Actuellement encore, la Sharia constitue une base commune fondée sur l'Islam et la Sharia pour les questions relevant du statut personnel, c'est-à-dire le droit de la famille et des successions. Le Wasit de l'Egyptien *Sanhouri* a fourni une base exemplaire au droit civil moderne, inspiré de l'Europe, pour le travail de codification également dans les autres Etats arabes. Beaucoup reste encore à faire dans les domaines proches du droit économique et du commerce, bien qu'ici aussi, il existe de bons exemples d'harmonisation, comme par exemple le droit international de la vente.

En matière de droit civil général, l'Union Européenne est confrontée à des tâches similaires et nous écouterons avec attention vos développements concernant les voies retenues dans les pays arabes pour résoudre ces questions.

Je vous remercie vivement pour votre contribution, qui sera certainement au cœur de la discussion qui suivra. Je joins à ces remerciements tous mes voeux pour un bon retour en Egypte et vous prie de saluer chaleureusement les anciens collègues de l'Université du Caire, dont le souvenir ne m'a pas quitté après avoir jadis donné des cours à leur invitation.

Herbert Kronke

Laudatio auf Professor emeritus Dr.iur. Omaia Elwan

Sehr verehrter, lieber Herr *Elwan*, liebe Kollegen aus nah und fern, meine sehr verehrten Damen und Herren.

Diese gegenüber dem ausgedruckten Programm leichte Änderung in der Abfolge dessen, was hier vorne geschieht, zeigt, wie glücklich die Liaison zwischen der Gesellschaft und dem Institut ist: Wir sind flexibel, wir sparen Zeit; wir schaffen es, Begrüßungsworte und Referate in einem zusammenzufassen, um es dem Referenten zu ersparen, zweimal nach vorne kommen zu müssen ... Dieses ist in einem kleinen Rahmen unter Freunden natürlich besonders einfach, und deswegen klappt es so, wie wir uns das vorgestellt haben.

Der Leiter unseres Referates "Entwicklungsländer", Sie, Herr *Elwan*, sind im vergangenen Jahr bereits in den Ruhestand getreten. Sie haben uns in der letzten Zeit gelegentlich diplomatische Konflikte zu vermeiden geholfen, in letzter Minute –, etwa dann, wenn ein japanischer Kollege oder wenn ein koreanischer Kollege durch die Institutsbibliothek ging und die Signatur "EL" auf japanischen und koreanischen Büchern fand und sich ihm der Verdacht aufdrängte, es könne sich um ein Mißverständnis handeln, etwa darum, daß das Heidelberger Institut Japan und Korea systematisch als Entwicklungsländer behandelte. Diesen Vorwurf konnten wir glücklicherweise abwenden und konnten sagen – nein, dieses sei die Signatur der Abteilung Elwan ... – eine der vielen Gelegenheiten, bei denen sich Ihre Präsenz als geradezu unverzichtbar erwies.

Omaia Elwan wurde am 1.8.1932 in Kairo geboren. Das Jurastudium schloß er mit der *Licence en Droit* ab, anschließend (und hier spiegelt sich wider, was Herr Präsident *El-Kosheri* uns gerade auch vorgeführt hat – daß Ägypten historisch und rechtlich der französischen Welt nahesteht) erwarb er das *Diplôme d'Études Supérieures de Doctorat* in "Droit privé" und "Droit public", beides in Kairo. Danach begibt sich Herr *Elwan* nach Deutschland und Frankreich, und es schließt sich erneut ein *Diplôme d'Études Supérieures de Doctorat* an, diesmal in "Droit romain et Histoire de droit", dieses geschieht in Rennes. – Nun, mit diesen Voraussetzungen war eigentlich der Weg vorgezeichnet für eine glänzende Karriere in Ägypten – entweder in der Richterschaft oder in der öffentlichen Verwaltung, oder aber in der Anwaltschaft oder in der Universität. Die Alternative schien eine Fortsetzung der juristischen Tätigkeit in Frankreich zu sein. Doch es geschieht etwas Ungewöhnliches: *Omaia Elwan* läßt sich von *Eduard Wahl* dazu verlocken, nach Heidelberg zu kommen. – Es wurde Mitte der neunziger Jahre, als die Juristische Fakultät, und gerade dieses Institut unter Haushaltskürzungsdruck der Universtitätsadministration, des Ministeriums usw. standen, gelegentlich die Idee geäußert, es sei doch sozusagen politisch die günstigste, die ideale Situation, diese Stelle mit dem Argument zu sichern, daß das islamische Recht in Europa, in der Bundesrepublik und deswegen auch für die Universität Heidelberg politisch fast das Wichtigste sei, was überhaupt nur betrieben werden könnte. Dieses ist offenbar eine Einsicht, die sich bei manchen erst in den neunziger Jahren einstellte – *Eduard Wahl* hat offenbar 30 Jahre früher schon den richtigen Riecher gehabt für das, was kommen würde. – Im Jahre 1962 erfolgte die Promotion in Heidelberg, und zwar nicht über ein Thema, das man vermuten könnte; nicht selten ist es ja so, daß, wenn ein junger Kollege aus einem fernen Land kommt, man sozusagen die fremden Wasser auf die eigenen Mühlen leiten möchte und ihn darum bittet, etwa über das Recht des Unlauteren Wettbewerbs in seinem Heimatland mit ein paar vergleichenden Bemerkungen zu unserem schrecklichen *deutschen* Unlauterkeitsrecht zu schreiben. Ganz anders bei Ihnen, lieber Herr *Elwan* – und dieses zeigt die eigene juristische Klasse: Herr *Elwan* promoviert über die Stellvertretung in dogmengeschichtlicher und rechtsvergleichender Sicht, also ein Grundlagenthema, was uns heute beschäftigt. Mich beschäftigt es gerade bei UNIDROIT, denn wir sind, wie manche von Ihnen wissen, in der zweiten Runde der UNIDROIT Principles of International Commercial Contracts, und die Stellvertretung ist einer der Gegenstände, die wir auf der Agenda haben. – Anschließend an die Promotion geht er – untrügliches Zeichen für die objektive Qualität *und* die subjektive Wertschätzung seitens derer, die seine Arbeit beurteilten – mit einem Stipendium der Alexander-von-Humboldt-Stiftung an das Max-Planck-Institut nach Hamburg. Seit 1964 ist Herr *Elwan (gesprochen: 'elwan* – eine neue Akquisition von mir, seit ich es gelegentlich dienstlich mit Landsleuten zu tun habe; ich falle wahrscheinlich nach der *lex loci* in den alten Fehler, den Sie aber über zig Jahre ertragen haben, zurück und setze den Akzent wieder auf die erste Silbe) an unserem Institut tätig, zuletzt als Akademischer Direktor. Seit 1973 versieht er im Rahmen einer Nebentätigkeit auch die Aufgaben eines Länderreferenten für die arabischen Staaten – die Arabische Liga, Äthiopien und Iran am Heidelberger Max-Planck-Institut. Ganz am Ende steht schließlich die akademische Heimkehr durch Ernennung zum Professor Emeritus der Juristischen Fakultät in Kairo.

Wer, wie ich selbst, und manch anderer hier im Raum, für ein Max-Planck-Institut Gutachten geschrieben hat, Dokumentationsaufgaben wahrgenommen hat, Literaturbeschaffungsaufgaben wahrzunehmen hatte, der weiß, daß dieses einen ausfüllen kann; mancher läßt es dabei bewenden. Anders Herr *Elwan*: Rastlos überquert und umrundet er das Mittelmeer als Diener der Wissensvermittlung und des Fortschritts und als Berater vieler Regierungen, vieler Industrie- und Handelskammern, wissenschaftlicher Vereinigungen und ähnliches mehr. – Nur ganz weniges zur Anschauung: Für das Goethe-Institut liest er an verschiedenen Universitäten in Algerien, in Tunesien, in Marokko, im Libanon, in Syrien, in den Vereinigten Arabischen Emiraten, in Jordanien, Kuwait, Saudi-Arabien und im Sudan. Für die Handelskammern, die nach außen schauen – die Handelskammer Hamburg, aber auch (da soll jemand sagen, Ost-Westfalen sei Provinz) für die Handelskammern Ost-Westfalen-Lippe und für die wichtige Handelskammer im westlichen Westfalen, Dortmund –, arbeitet er über Vertragsschlüsse mit mittel- und nahöstlichen Partnern. Diese Verbindung zur Wirtschaft hat Herr *Elwan* bis zum Ende seiner Tätigkeit aufrechterhalten. – Ich darf Ihnen kurz berichten – viele wissen es –, daß in dem Moment, als die Universität Heidelberg entschied, die Stelle könne nach Eintreten in den Ruhestand nicht wieder neu besetzt werden, sich ein Sturm der Entrüstung in der Wirtschaft erhob: Der Geschäftsführer des Verbandes der Maschinen- und Anlagenbauer wurde beim Rektor vorstellig. Es war evident, daß die Wirtschaft mit Beratung durch Herrn *Elwan* gut gefahren war, und daß sie der Ansicht war, diese Art der qualitativ hochkarätigen Repräsentation arabischen und islamischen nahöstlichen Rechts in Deutschland sei von essentieller Bedeutung – leider bisher, ohne Gehör zu finden.

Für die ägyptische Regierung arbeiteten Sie als Berater zu völkerrechtlichen, prozeß-, vertrags-, und bankrechtlichen Fragen, für die UNIDO über Umweltrecht, für andere arabische Staaten über Artenschutz und für das regionale Schiedszentrum in Kairo zu den unterschiedlichsten handels- und wirtschaftsrechtlichen Problemen. Doch mit solch punktueller Vortragstätigkeit und Beratungstätigkeit war es nicht genug: Seit 1985 haben Sie regelmäßig Vorlesungen an Ihrer Heimatfakultät in Kairo und in Alexandria gehalten und seit 1993 (hier allerdings ist ein Versäumnis in Heidelberg festzustellen – dieses hat leider erst spät begonnen) haben Sie auch den Heidelberger Studenten und Doktoranden Ihren großen Wissensschatz in regelmäßigen Vorlesungen zur Verfügung gestellt. In solch einer Veranstaltung, ich glaube der ersten – es war ein gemeinsames Seminar, das wir veranstaltet haben –, habe ich auch erstmals, abgesehen davon, daß ich Herrn *Otto* und die Herren *Ost* schon kannte, Kontakt mit Ihren Schülern gehabt und konnte sehen, in welcher Weise, in welch eigenartiger, schöner Weise sich das Verhältnis zwischen Ihnen und Ihren Schülern entwickelte. Viele kenne ich inzwischen aus dem Schrifttum. Gelegentlich hat sich mal ein Gespräch ergeben, aus dem man sah, daß Sie für diese jungen Kollegen in der Vergangenheit ein zentraler Referenzpunkt gewesen waren und daß der dann weggefallen ist, daß Lebensläufe auch anders hätten verlaufen können, wenn es Sie nicht gegeben hätte. Es war wohl ein in der Regel enges, manchmal freundschaftliches und – so sehen wir es aus der Universitäts- und aus der Institutsleitungsperspektive – immer ein symbiotisches Verhältnis des einen mit dem oder der anderen, des Lehrers mit der Schülerin oder dem Schüler.

Nun, manches läßt sich direkt, manches indirekt sagen. Mir kommen viele Erinnerungen in den Sinn, vor allen Dingen eine: In anderen Angelegenheiten hatte ich es über lange Jahre mit dem Seniorpartner einer großen Frankfurter Kanzlei zu tun, die Sozietät, in der Herr *Otto* tätig ist. Und dieser Seniorpartner sagte eines Tages – kurz nachdem Herr *Otto* eingetreten war: "Wir haben einen jungen Mann, der bei Ihnen im Heidelberger Institut war, und es ist *unglaublich*, was dieser junge Kollege alles weiß ..." – ich glaube nicht, daß er sagte, "es ist unbezahlbar" oder "nicht mit Gold aufzuwiegen" – und: "...wir wissen gar nicht, *woher* er das alles hat." Dem Mann konnte natürlich leicht geholfen werden: Wir wußten es, woher er das hat. – Etwas anderes, das mir einfällt: Bei den regelmäßigen Herausgebersitzungen der IPRax legen diejenigen, die ihr Amt ordentlich versehen, ein DIN-A4-Papier vor; da sind dann aufgezeichnet die Urteile, die besprochen werden – von wem sie kommen, an wen sie zur Besprechung vergeben werden, usw. Es verging in den Jahren, in denen ich IPRax-Mitherausgeber bin, ich glaube, nicht eine einzige Sitzung, in der nicht bei ein oder zwei Urteilen "Einsender" oder "Einreicher" *Elwan* stand, und im übrigen unten: "Brief von Herrn *Elwan* zu ...", und dann kam irgendwie ein komplexer Gegenstand, von dem alle sofort überzeugt waren: Ja, der müsse behandelt werden.

Die wissenschaftlichen Veröffentlichungen sind nicht im einzelnen zu würdigen. In den mehr als 30 Jahren, in denen Sie publizistisch tätig gewesen sind, haben Sie eine ungeheure thematische Spannbreite abgedeckt: von der Empfängnisverhütung bis zu den TRIPS, vom Organisationsrecht der OAPEC bis zu den Menschenrechten, vom Scheckrecht bis zum interreligiösen Recht, vom luxemburgischen Aktienrecht bis zum Ehegüterrecht und Erbrecht in Namibia. In Erinnerung ist mir ein Aufsatz geblieben, den ich als IPRax-Schriftleiter lesen durfte, gleich in der ersten Fassung: Es ging um eine deutsch-jordanische Scheidung, und der Problembereich waren interreligiöse Fragen, insbesondere die des griechisch-orthodoxen Kirchenrechts in Jordanien. Das Manuskript war ungeheuer lang. Eigentlich sträubten sich die Haare sofort, und die natürliche Reaktion aller Herausgeber war "ablehnen". Aber zugleich war allen klar: Hier war etwas zusammengestellt worden, was nur einmal zusammengestellt werden konnte, was niemand anderes hätte machen können und was deswegen soviel Platz brauchte, wie es brauchte – und dann wurde es eben *tel quel* gedruckt.

Das wissenschaftlich Gewichtigste war zweifellos Ihre Haager Vorlesung von 1996 zum IPR der Bankgarantien, und auch hier zeigt sich, welch ein außergewöhnlicher Mensch Herr *Elwan* ist, und welches die "Ebenbürtigen" sind: Es ist in Den Haag eine eiserne Regel, daß das Manuskript, das fertige Manuskript, das druckreife Manuskript mitgebracht wird. Madame *Mara Croese* regiert mit eiserner Hand; sie bombardiert einen alle zwei Tage mit einem Telefonat und fragt, ob die Fußnote 17 inzwischen vollständig ist. Herr *Basedow*, glaube ich, hat unter diesem Regiment seinen Vortrag *Monate* vorher fertig gehabt, Herr *Jayme* ebenso. Ich selbst zittere, weil ich in zwei Monaten in Den Haag die Vorlesung halten soll und Frau *Croese* mir im Nacken sitzt. Nur zwei haben es geschafft, sich ihrem Zugriff zu entwinden: *Arthur von Mehren* und Herr *Elwan* ...

Liebe Gäste, lieber Herr *Elwan*, ich möchte Ihre Zeit nicht länger stehlen, wir alle möchten aus Ihrem Wirken, von Ihren Kollegen, von Ihren Schülern Neues und Wichtiges zum islamischen und zum arabischen Recht in Europa hören. Vielen Dank.

Omaia Elwan

Dankesworte

Hochverehrter Herr *Klingmüller*, verehrter lieber Herr *Kronke*, liebe Kolleginnen und Kollegen, meine Damen und Herren von fern und nah!

Mit großer Rührung und Dankbarkeit habe ich alle Bemühungen und Anstrengungen aufgenommen, die anläßlich meines Ausscheidens aus dem Universitätsdienst für mich unternommen worden sind. Wehmut erfüllt mich, daß diese schöne Zeit, die immerhin 33 Jahre gedauert hat, zu Ende sein soll. Aber so ist das Leben!

Erlauben Sie mir bitte, einen kurzen Blick auf diese Zeit zu werfen. Es war schon 1955, als ich als Assistent an der Kairoer Universität den ersten Kontakt mit meiner jetzigen Alma Mater hatte, nämlich in Gestalt des heimgegangenen Professors *Eduard Wahl*. Ich muß ihn mit meiner Begeisterung für das deutsche Recht beeindruckt haben, denn er hat mich ermutigt, mein Studium an der hiesigen Universität fortzusetzen. Ich konnte seiner freundlichen Aufforderung folgen und habe dies mit meinem Studium an den Universitäten Rennes und Paris verbunden, und ich habe es nicht bereut. Auf mich wartete immerhin die ehrenvolle Aufgabe, die Abteilung "Recht der Entwicklungsländer" an unserem Institut aufzubauen, ein Vorhaben, das von Herrn *Wahl* vorgeschlagen wurde und von Ihnen, verehrter Herr *Serick*, begeistert aufgenommen wurde. Sie, Herr *Serick*, haben damals diese Einrichtung mit Rat und Tat entscheidend unterstützt und bis zu Ihrem Ausscheiden die schützende Hand darüber gehalten. Sie haben letztendlich recht behalten gegenüber der anfänglichen Skepsis, neben den europäischen Rechten auch außereuropäisches Recht als Aufgabe des Instituts aufzunehmen.

Sie werden verstehen, daß mir die Arbeit und Forschung für die Abteilung "Recht der Entwicklungsländer" neben der für "Französisches Recht" stets besonders am Herzen lag. Themen aus diesem Sachgebiet waren mein bevorzugtes Forschungsobjekt, das richtige Verständnis und die korrekte Anwendung dieser Rechte bei gerichtlichen Entscheidungen mein ständiges Bemühen. Ich freue mich, feststellen zu dürfen, daß dieses schwierige Rechtsgebiet auch bei Studenten aus Heidelberg und anderen deutschen Universitäten zunehmendes Interesse gefunden hat, was sich in einer sehenswerten Zahl von Dissertationen niederschlug. Aber auch Studenten aus verwandten Gebieten, wie Politologie und Soziologie für Entwicklungsländer, für die es hier leider kaum Lehrstühle gab, wurden von mir betreut und zählten zu den gerne gesehenen Dauergästen.

Ab 1970 bin ich mit einer weiteren ehrenvollen Aufgabe betraut worden. Auf Anregung von Herrn *Serick* hat der damalige Direktor des Max-Planck-Instituts Heidelberg, d.h. Sie, hochverehrter Herr *Mosler*, mich als nebenamtlichen Referenten für Rechtsfragen der arabischen Staaten und der Arabischen Liga angeworben. Dadurch erhielt ich die Möglichkeit, auf diesem Gebiet neben Beiträgen zum Privatrecht auch Beiträge zum arabischen Staatsrecht und Völkerrecht leisten zu dürfen. Diese Möglichkeit ist mir bis heute erhalten geblieben, und dafür möchte ich mich bei den zur Zeit amtierenden Direktoren, nämlich den Herren *Frowein* und *Wolfrum*, bestens bedanken.

Der Rückgriff auf die Bibliothek des Max-Planck-Instituts war immer wertvoll und wurde parallel zu den Sparmaßnahmen an der Universität immer wertvoller.

Nun darf ich nochmals zu diesem Kolloquium zu meinen Ehren zurückkommen. Die Idee dazu kam von Ihnen, sehr verehrter Herr *Kronke*, und von dem leider abwesenden Herrn *Jayme*. Der schönste Dank dafür wird der große Zuspruch in Gestalt der zahlreichen Teilnehmer sein. Dazu rechne ich vor allem die Referenten, von denen besonders Herr *El-Kosheri* aus Alexandria, Herr *Sturm* aus Lausanne und Herr *Spellenberg* aus Bayreuth eigens angereist sind. Mit großer Genugtuung erfüllt mich die Tatsache, daß ich die Hälfte der Referenten zu meinen Schülern zählen darf. Sie sind dabei, die erworbenen Kenntnisse in der Praxis anzuwenden. Die gewählten Themen spiegeln etwas von der Vielfalt der Aufgaben wider, mit denen die Abteilung "Recht der Entwicklungsländer" beschäftigt ist, nämlich arabisches, islamisches und afrikanisches Recht. Die Schirmherrschaft, die Auswahl der Referenten und die Befürwortung einer finanziellen Unterstützung zur Durchführung des Kolloquiums verdanke ich Herrn *Klingmüller*, dem Vorsitzenden der Gesellschaft für arabisches und islamisches Recht, und Herrn *Kronke*, als Mitdirektor des Instituts und zur Zeit Generalsekretär von UNIDROIT in Rom. Die Organisation mit allen ihren Schwierigkeiten hat mein Kollege, Herr *Reinhart,* im Einvernehmen mit Herrn Kollegen *Klingmüller* auf sich genommen. Hinzu kommen Frau *Zimmermann*, Frau *Hillmann*, Frau *Waibel*, Frau *Strese*, Herr *Schöler* sowie die übrigen Hilfskräfte der Lehrstühle der Herren *Kronke* und *Jayme*, die bei der Durchführung geholfen haben. Ihnen allen sage ich nochmals meinen herzlichsten Dank.

Erfreulicherweise hat der hiesige Verlag "Recht und Wirtschaft", vertreten durch die Inhaberin, Frau *Sauer*, einen finanziellen Beitrag zur Durchführung geleistet. Ihr und Ihren Mitarbeitern, Frau *Wolfer* und Herrn Dr. *Wegerich*, selbstverständlich auch dem allzu früh verstorbenen Herrn *Reinhold Trinkner*, darf ich auch für die nun schon über 30 Jahre währende Zusammenarbeit danken, ein großer Teil meiner Aufsätze ist durch Ihren Verlag publiziert worden.

Zum Abschluß erlauben Sie mir, noch einen Blick auf die Zukunft der Abteilung "Recht der Entwicklungsländer" zu werfen. Als ich am 1.8.1997 de jure in den Ruhestand eintrat, bin ich gebeten worden, meine Funktionen bis zur Berufung eines Nachfolgers weiterzuführen. Dazu gehört auch die Bereitstellung der finanziellen Mittel, die freundlicherweise von der Fakultät zugesagt worden sind, wofür ich zutiefst dankbar bin, um die dringend anfallenden Arbeiten durch zwei Hilfskräfte durchführen zu können. Nun hoffe ich, bald einem Nachfolger meine Aufgaben übertragen zu können. Es wird einer der schönsten Augenblicke meines Lebens sein, wenn ich sicher bin, daß die von mir aufgebaute Abteilung weitergeführt wird. Als Etappe auf diesem Weg sehe ich dieses Kolloquium, dessen weiterem Verlauf ich - wie Sie, meine Damen und Herren - mit großer Erwartung entgegensehe. Ich danke Ihnen.

Ahmed S. El-Kosheri

Vers un droit uniforme arabe des affaires

1. Traditionnellement, on a eu tendance à présenter le monde musulman en général et le droit islamique en particulier comme un phénomène exotique totalement séparé du monde occidental dominé par les traditions latino-germaniques qui sont à l'origine de systèmes juridiques en vigueur dans les pays européens. Une telle vision pourrait être partiellement vraie en ce qui concerne certains aspects des règles applicables dans le domaine du droit de la famille, le statut personnel, les questions de mariage, filiation, divorce etc., à propos desquelles le facteur "religion" joue toujours un rôle prépondérant. Mais il s'agit autrement à propos des rapports touchant au Droit des Affaires, à l'organisation des rapports économiques et aux contrats de commerce, qu'ils soient internes ou de nature internationale.

2. Ceci tient au fait qu'il existe très peu de règles établies dans le *Coran* en tant que base et source fondamentale du Droit Musulman ou dans la *Souna* du Prophète qui constitue la deuxième source supplémentaire. En invoquant certains principes généraux d'inspiration morale, tels que le respect de la parole donnée ou le fait de ne pas causer de préjudice aux autres, les compagnons du Prophète – qui ont eu la tâche de consolider l'Etat-Cité qu'il avait fondé à la Médine en la transformant dans un vaste Empire durant les décades suivantes - se mirent à développer un *corpus* juridique qui donna naissance à la *Shariaa*, telle qu'elle découle des écritures des "Pères Fondateurs" des écoles *(Mathahib)* qui dominent la jurisprudence islamique depuis plus de douze siècles. Au-delà des divergences dans les solutions envisagées par chaque école à propos des cas concrets, on a pu dégager néanmoins certains principes communs que les juristes modernes considèrent parfaitement en harmonie avec les exigences des opérations juridiques de la vie économique contemporaine.

3. Afin de mesurer le degré de compatibilité entre tels principes admis par l'ensemble des adeptes du Droit Musulman et les règles qui s'appliquent dans le reste du Monde, il faut préciser et signaler qu'un processus important de rapprochement a commencé depuis presque deux siècles grâce à l'accroissement des rapports avec les pays européens. Il nous semble nécessaire de consacrer les quelques pages suivantes à retracer les grandes étapes de l'évolution historique qui aboutit à dépasser l'hostilité initiale en réalisant une harmonisation plus ou moins satisfaisante à l'heure actuelle marquée par une mondialisation accrue sous l'égide de l'OMC et les autres organisations internationales dont les pays de culture juridique arabo-musulmane sont devenus membres actifs.

4. En mettant fin à plusieurs siècles de stagnation, l'Empire Ottoman commença par introduire une sorte de codification des règles qui gouvernent les rapports relatifs au droit des affaires (dite *AL MUAMALAT*) sous le nom devenu célèbre de *Mijalla* basé sur les opinions adoptées par l'école *Hanafit*. Cette codification réussit à réaliser l'uniformité des règles applicables dans la plupart des provinces *(Willayat)* soumises à la souveraineté du Calife Ottoman, en donnant naissance à une expérience qui a duré durant presque un siècle et qui reste toujours vivante dans les esprits des juristes arabo-musulmans.

5. Dès la deuxième moitié du XIXième siècle, l'Egypte s'est engagée dans une expérience plus audacieuse. Il s'agit d'adopter deux séries de codifications fortement inspirées du modèle français dont l'application a été confiée à une justice laïque entreprise par des juges et membres du parquet formés par des juristes occidentaux et selon des méthodes semblables à ce qui se passait alors dans les Facultés de Droit françaises ou italiennes. Le premier ensemble de codifications à la française contenait les textes des codes promulgués pour être appliqués par les tribunaux mixtes composés en grande partie par des juges choisis parmi les citoyens de plusieurs pays européens et aux Etats Unis d'Amérique. Ces tribunaux mixtes avaient compétence pour juger tous les litiges de nature civile ou commerciale entre des étrangers résidants en Egypte ou entre une partie étrangère et une partie égyptienne. Parallèlement, des tribunaux nationaux étaient créés pour rendre justice dans toute affaire d'ordre civil ou commercial entre les parties égyptiennes, en application des codes presque identiques aux codes administrés par les tribunaux mixtes. En mettant fin à l'intervention des juges religieux *(Qadaa Sharii)* dans les domaines des rapports régis par les dispositions des nouveaux codes, le personnel en charge des juridictions de type européen était recruté parmi les anciens élèves sortant, soit de l'Ecole Française de Droit à Mounira (Le Caire), soit de l'Ecole Khédiviale de Droit créée par le gouvernement égyptien de l'époque et qui est devenu à partir de 1923 le noyau de la Faculté de Droit, à l'Université Fouad 1er, renommée Université du Caire à partir de 1953.

6. Une telle transformation radicale et l'analyse des résultats qui en découle mérite une attention particulière sur le plan du droit comparé, de la sociologie juridique et dans une perspective anthropologique, en vue de mesurer l'impact de la transposition d'une codification appartenant aux traditions juridiques qui remontent au droit romain et à l'ancien droit français sur l'héritage enraciné depuis plusieurs siècles marqué par une soumission pure et simple au droit musulman tel qu'il était conçu dans les écrits des juristes fondateurs des quatre écoles traditionnelles *(hanafi, maliki, shafeii et hanbali)*.

7. Sans entrer dans les détails, ce qui dépasse de loin le cadre limité de ce schéma général, il est certain que la jurisprudence établie par les tribunaux mixtes durant trois-quart de siècle et jusqu'à leur disparition en 1949 constitue un exemple parfaitement réussi d'un *corpus* juridique fondé sur le dégagement d'un ensemble de règles capables de faire face aux besoins de relations transnationales dans un esprit de synthèse entre concepts juridiques provenant de cultures différentes. A titre d'illustration, durant la dernière décennie de tribunaux mixtes, la présidence de la Cour d'Appel, l'instance supérieure dans l'hiérarchie judiciaire, était confiée au juge *Brinton*, un citoyen américain qui rendait des décisions rédigées en français, la langue officielle des tribunaux mixtes, avec une majorité des juges égyptiens autour de lui et avec le concours des juges appartenant à plusieurs pays européens. La lecture analytique de la production intellectuelle d'un tel corps multinational constitue la meilleure preuve de l'existence d'un fond commun des principes généraux transcendant les divergences entre les traditions du droit Musulman, d'une part, et l'apport des droits Européens, d'une autre part.

8. Il ne faut pas oublier l'autre volet de l'expérience égyptienne qui découle de l'instauration presque en même temps d'un système judiciaire moderne administré par des juges laïcs formés selon le modèle franco-italien, qui appliquent une codification basée sur le Code Civil promulgué par Napoléon Ier et l'ensemble d'autres codes français. La facilité avec laquelle une telle "transplantation" d'un ordre juridique importé de l'étranger a eu lieu sans soulever de problèmes majeurs démontre clairement la présence d'un environnement juridique agréable au remplacement des traditions ayant une coloration de *Shariaa* par des textes législatifs qui suivent un modèle étranger. Les récits historiques démontrent que les justiciables n'ont trouvé aucune difficulté à se soumettre au nouveau système juridique et judiciaire qui a confié aux tribunaux religieux la seule tâche de trancher les litiges concernant le statut personnel et les relations de famille (mariage, divorce, filiation, succession etc.).

9. En somme, l'étude de la jurisprudence des tribunaux nationaux en application des codes introduits dès les années 1880 a permis de constater essentiellement que les solutions adoptées par les tribunaux laïcs, en application des nouvelles règles, ne sont pas dans la majorité des cas en contradiction avec celles envisagées auparavant sous le règne de *Shariaa*, mais seulement en opérant par la voie de techniques juridiques différentes.

10. Cette réalité a attiré l'attention du juriste égyptien le plus éminent qui jouit d'une réputation mondiale, *Al Sanhoury* Pacha, le Père du nouveau Code Civil Egyptien de 1949 aussi bien de plusieurs autres codifications dans les pays arabes, allant de l'Irak au Koweit dans l'Est, jusqu'à la Libye à l'Ouest. *Al Sanhoury*, tout au long de sa carrière qui couvre un demi-siècle, a réussi à démontrer que les règles contenues dans les codifications adoptées en Egypte et dans les pays qui ont suivi le modèle égyptien ne sont en contradiction avec aucune norme fondamentale du droit Musulman. Au contraire, l'analyse profonde révèle une simultitude, sinon une identité, dans la plupart des solutions.

11. Le rôle créateur de *Sanhoury* se résume à opérer une symbiose entre, d'une part, les traditions islamiques basées sur une vision moderne de la *Shariaa*, et d'autre part, les acquis de la science juridique occidentale conçus à travers une étude approfondie de la jurisprudence et de la doctrine, surtout en France, en

Allemagne et en Suisse. La connaissance encyclopédique de ce comparatiste, à la fois solidement attachée à ses origines culturelles orientales et averti du progrès réalisé dans le monde occidental, a permis au grand penseur égyptien de marquer une étape décisive dans la réorientation des systèmes juridiques arabes vers l'intégration dans le courant mondial en ouvrant la porte vers l'élaboration d'un fond commun dans lequel les principes généraux du droit trouvent une place privilégiée.

12. La lecture de son traité en dix volumes consacré à l'explication des codes civils qui sont les fruits de son génie, connu sous l'abréviation: *"AL WASSIT"* confirme l'analyse en question. Les éditions quelques fois pirates du *WASSIT* qui se trouvent partout dans le monde arabe sont devenues source d'inspiration pour les juristes et praticiens du droit à partir du Bahreïn et des Emirats à l'Est, jusqu'au Maroc à l'Ouest, et de l'Irak et la Syrie au Nord jusqu'au Yémen au Sultanat d'Oman au Sud.

13. L'œuvre monumentale de *Sanhoury* sur le droit positif contemporain dans les pays arabes est complétée par six autres volumes sur: "Les Sources de Droit dans le Droit Musulman" qui contiennent ses réflexions concernant la démonstration de la compatibilité entre les codifications en vigueur et les principes de *Shariaa* telle qu'elle doit être comprise dans un langage accessible à tous les chercheurs de la réalité historique.

14. Comme la fameuse chanteuse égyptienne *Oum Kalthoum* avait réussi à constituer un trait d'union entre les divers peuples arabes, *Al Sanhoury* réalise pour sa part l'unité de base entre les juristes dans l'ensemble du monde arabe, non seulement par la solidité de son raisonnement juridique, mais en plus en donnant l'occasion à la naissance et au développement d'un phénomène rare dans les anales de la culture juridique. Il s'agit précisément, à travers la multiplication des codifications inspirées par les idées de *Sanhoury*, de donner à l'école égyptienne de droit, l'occasion de devenir la Mecque de tous les autres arabes. Dans les divers pays à l'Est aussi bien à l'Ouest, du Nord jusqu'au Sud, la première génération des licenciés en droit fut formée au Caire autour des années cinquante, par le Maître lui-même ou par ses disciples. Au lendemain de leur indépendance politique, les gouvernements des pays arabes du Golf et de l'Arabie Saoudite jusqu'à l'Algérie, avaient fait appel aux juristes égyptiens porteurs du message du grand savant pour établir les fondements d'un système juridique adéquat. Des milliers d'hommes et femmes, formés au Caire et à Alexandrie ou à travers les professeurs qui se sont déplacés pour enseigner dans les multiples universités naissantes partout, en constituant le noyau dur des cadres qui détiennent actuellement les postes clefs dans les chancelleries, les Cours de Justice, et les cabinets d'avocats dans l'ensemble du monde arabe. Ainsi, à travers une formation commune se manifeste une uniformité presque totale dans la pratique aussi bien que dans la pensée de base.

15. L'ampleur de ce phénomène et ses implications peut être testée par l'étude des jugements judiciaires rendus par les tribunaux de plusieurs pays, tel que le Koweit, Qatar ou les Emirats Arabes Unis, où les références aux ouvrages de *Sanhoury* et aux décisions de la Cour de Cassation Egyptienne sont fréquentes, grâce au fait que la majorité des hauts magistrats et des avocats qui plaident sont égyptiens ou formés en Egypte.

16. De même, dans le domaine de l'arbitrage international il est devenu fréquent que les tribunaux arbitraux s'appuient sur des citations d'écrits de *Sanhoury* et de son traité *AL WASSIT* pour rendre leurs sentence arbitrales, même dans les affaires où le droit égyptien n'est pas la loi applicable mais un autre système juridique d'un pays arabe. A titre d'exemples, on peut se référer aux sentences rendues sous l'égide de la CCI dans l'affaire *Sun Oil* concernant le concept de l'impossibilité de performance en droit libyen, les affaires *Brega* à propos de la responsabilité décennale des constructeurs et architectes en droit libyen également, aussi bien dans une autre affaire relative aux effets du boycotte imposé par les Nations Unies et l'Union Européenne contre l'Irak dans laquelle le droit irakien était applicable, ou bien à propos de la définition du concept de "grosse négligence" ou "faute intentionnelle" assimilé au "dol" en droit koweitien. Dans toutes les sentences en question, le débat principal s'est déroulé autour des écritures de *Sanhoury* pour expliquer les solutions à retenir en fonction des principes communs reconnus dans les systèmes juridiques appartenant à la même famille pour laquelle *Al Sanhoury* constitue l'autorité suprême (sur ce point, cf. notre contribution en anglais intitulée: "*Al Sanhoury as Source of the Common Arabe Legal System*", qui est parue dans l'ouvrage collectif publié en 1999 par le Ministère de la Justice en Egypte à l'occasion du cinquantenaire du code civil égyptien).

17. Enfin, il nous semble opportun d'ajouter comme une note personnelle que l'influence de *Al Sanhoury* et sa méthode d'analyse de la réalité juridique dans le Monde Arabe se sont perpétuées à travers ses disciples directs ou indirects. Ainsi, toute l'œuvre de son disciple Professeur *Shafik Shehata* qui a enseigné pendant plusieurs années à Paris se place dans le même esprit. Ceci est aussi valable en ce qui concerne l'ensemble des œuvres du Professeur *Omaya Elwan*, en l'honneur duquel ces pages sont dédiées, que je considère comme un des apôtres de la même ligne de pensée, et pour qui le champ d'activité s'est essentiellement localisé au sein de l'illustre Université de Heidelberg et son Institut de Droit Comparé, Droit International Privé et de Droit Économique.

18. A la lumière des éléments esquissés dans ce qui précède, il nous semble approprié de suggérer qu'il existe effectivement des signes précurseurs d'une sorte de *"jus commune"* pan-arabe en voie de se développer dans les divers aspects touchant au Droit des Affaires. Ce droit commun en formation se caractérise par la réalisation d'un mélange heureux entre les traditions juridiques islamiques et la culture juridique européenne, en préparant la voie pour une intégration plus vaste dans la communauté économique internationale qui a une vocation à devenir universelle.

19. En d'autres termes, à l'heure actuelle il n'y a pas d'obstacle réel sur le plan juridique à l'adhésion des pays arabes aux conventions collectives internationales, tels que l'Organisation Mondiale du Commerce (OMC), pour s'associer aux groupements économiques régionaux, tels que l'Union Européenne, ou pour accepter la soumission aux règles internationales qui régissent le commerce et la solution des litiges par la voie de l'arbitrage. Même l'Arabie Saoudite qui reste le dernier bastion de la résistance contre l'adoption des codifications inspirées du modèle occidental commence à signaler un fléchissement dans sa position doctrinale rigide, en acceptant d'adhérer à la Convention de New York sur la reconnaissance et l'exécution des sentences arbitrales étrangères. Ceci doit en principe ouvrir la porte vers l'application des autres systèmes juridiques non-islamiques et à la participation des arbitres non-musulmans ou des femmes à la procédure arbitrale.

20. Faut-il noter en conclusion que, sur le plan inter-gouvernemental, le Monde Arabe reste loin de manifester le même dynamisme qui se manifeste ailleurs. Contrairement à ce qui se passe en Amérique Latine ou en Afrique, la marche vers l'harmonisation et l'intégration dans le domaine juridique connaît la même lenteur et approche bureaucratique qui caractérise la Ligue des Etats Arabes et les autres organisations intergouvernementales qui existent entre ses membres. Les travaux des Ministres Arabes de la Justice entrepris durant plusieurs décades de réunions périodiques n'ont abouti à rien de comparable à l'OHADA en Afrique de l'Ouest, et ceci malgré l'existence de tous les ingrédients susceptibles de faciliter leur tâche, y compris les facteurs décrits dans les pages précédentes.

Une nouvelle génération des responsables armés par l'esprit de *Sanhoury* et ses disciples serait-elle capable de combler cette lacune? Nous l'espérons sincèrement.

Dirk Otto

Islamisierung des Rechts in Pakistan und Bangladesch

I. Einleitung, historische Entwicklung bis 1971

Der Begriff der "Islamisierung", das Thema dieses Beitrages, bedarf zunächst der Erläuterung. Der Begriff selbst wird heute von europäischen Betrachtern zumeist als eine rückwärtsgewandte Veränderung des Rechts- und Staatssystems zu einer strengen – und meist gegen Andersgläubige und Frauen gerichteten – Anwendung heute archaisch anmutender Regeln aus dem Koran (oder besser dem, was als derartige Regel behauptet wird) verstanden. Der Begriff enthält somit zugleich eine Bewertung. Vom Wortsinn her ist der Begriff wertmäßig jedoch zunächst neutral und bedeutet lediglich eine Anlehnung an die vom Islam vorgegebenen Regeln, ohne daß damit bereits eine Aussage über Existenz und Inhalt solcher Regeln getroffen wird. Wie nachfolgend darzustellen ist, muß der Begriff der "Islamisierung" nicht notwendigerweise auf einen Rückschritt weisen, vielmehr gibt es auch Bestrebungen, aus dem Islam heraus eine den Erfordernissen unserer Zeit angepaßte Rechtsauslegung zu betreiben, die keineswegs rückständig sein muß. Die Berufung auf den Islam kann sowohl in die eine oder die andere Richtung verwendet werden.

Die beiden Staaten Pakistan und Bangladesch, die bis 1971 ein gemeinsamer Staat waren, spiegeln die unterschiedlichen Möglichkeiten der Rechtsentwicklung in einem moslemischen Staat wider. Bis zur Unabhängigkeit Pakistans im Jahre 1948 waren Pakistan und das heutige Bangladesch fester Bestandteil von Britisch-Indien und damit auch Teil des dortigen Rechtssystems. Britisch-Indien hatte ein säkulares Rechtssystem, im Familien- und Erbrecht wurden von der Kolonialmacht jedoch nur in Teilbereichen Kodifikationen vorgenommen. In weiten Bereichen galten die überlieferten Gruppenrechte der verschiedenen Religionsgruppen als personale Gewohnheitsrechte fort, welche jedoch von englischer Kolonialrechtsprechung beeinflußt wurden. Infolge der Anwendung auch des moslemischen Gruppenrechts ergibt sich die Eigentümlichkeit, daß das in Pakistan und Bangladesch geltende moslemische Familien- und Erbrecht stark von der durch britische Kolonialgerichte vorgenommenen Interpretation, die in einer Fülle von Präzedenzfällen resultierte, geprägt ist. Aufgrund dieses Einflusses weicht das moslemische Recht in einigen Punkten von den Kompilationen der klassischen islamischen Juristen ab.

1948 teilte die britische Kolonialmacht den Subkontinent in einen pakistanischen und einen indischen Teil auf und entließ beide Staaten in die Unabhängigkeit. Zu Pakistan gehörte damals noch das heutige Bangladesch, welches erst 1971 ein eigener Staat wurde. Der Grund für die Teilung lag in der Zusammensetzung der Bevölkerung. In Indien lebten mehrheitlich Hindus (über 80 %), während in Pakistan die Bevölkerung zu 80 % moslemisch war und die Moslems einen eigenen Staat verlangten, in dem sie die Mehrheit stellten.

II. Das Verhältnis von Recht und Islam

1. Verfassungsrecht

a) Erste Verfassung von Pakistan

Nach der Unabhängigkeit trat in Pakistan die erste Verfassung 1956 in Kraft. Bereits die Präambel der Verfassung spiegelt die Ursache für die Unabhängigkeit und damit die religiöse Ausrichtung des Staates wider. Die Präambel lautete:

> "Whereas sovereignty over the entire universe belongs to Allah Almighty alone and the authority which He has delegated to the State of Pakistan, through its people for being exercised within the limits prescribed by him is a sacred trust".

In der Verfassung wurde die Islamisierung des Rechtssystems als Staatsziel aufgenommen, d.h. es sollte ein Gemeinwesen geschaffen werden, das nach den Bestimmungen des islamischen Rechts lebt. Es wurde jedoch davon Abstand genommen, dieses Staatsziel mit einem Automatismus zu seiner Durchsetzung zu verknüpfen. Den Gerichten wurde keine Kompetenz zur Überprüfung der bestehenden Gesetze im Hinblick auf die vorgenannte Staatszielbestimmung eingeräumt; sie konnten deshalb keine Gesetze als "un-islamisch" verwerfen. Stattdessen wurde lediglich die Einrichtung einer Beratungskommission vorgesehen, welche die Aufgabe hatte, Empfehlungen abzugeben, inwieweit gesetzgeberische Reformen erforderlich seien, um das Recht in Einklang mit islamrechtlichen Prinzipien zu bringen. Diese Beratungskommission konnte über diese Empfehlungen hinaus keine Veränderungen durchsetzen; die ultimative Entscheidungskompetenz, ob und inwieweit Gesetzesreformen stattfinden, lag somit beim Parlament.

b) Neue Verfassung von 1962

Bereits seit Beginn seiner Existenz stand der pakistanische Staat in einer permanenten Spannung zwischen Verfechtern eines strikteren Islam und säkularen Kräften. Bei Verabschiedung der ersten Verfassung konnten liberale Kräfte ihre Vorstellungen von einem eher säkularen Staat nicht voll durchsetzen. Andererseits konnten auch konservative Kräfte ihre Ideale von einer strengen Islamisierung nicht durchsetzen. Die erste Verfassung war letztlich ein Kompromiß (der immerhin erst nach fast 8 Jahren zustande kam), in dem zwar die Programmsetzung der Islamisierung aufgenommen, deren Umsetzung jedoch wegen eines fehlenden Automatismus und der Einrichtung machtloser Kommissionen praktisch ausgesetzt wurde.

Im Jahre 1962 erhielten liberalere Kräfte im Parlament eine Mehrheit und setzten eine neue, säkulare Verfassung durch. Der Name "Islamische Republik Pakistan" wurde geändert in "Republik Pakistan". Nicht entfernt wurde allerdings die Zielbestimmung der Islamisierung des Rechts, die Entscheidung lag jedoch unverändert in den Händen des Parlaments (Art. 6 der Verfassung).

In der Präambel wurde die bisher darin enthaltene Einschränkung der verfassunggebenden Gewalt des Volkes "within the limits prescribed by him" gestrichen, so daß nunmehr das Volk die uneingeschränkte Macht zur Rechtssetzung für sich in Anspruch nahm. Dies währte jedoch nicht lange. Auf Druck religiöser Kräfte wurde dieser Passus bereits 1964 wieder in die Präambel aufgenommen und auch die Bezeichnung "Islamische Republik" wieder eingeführt[1]. Eine von islamischen Gruppen geforderte unmittelbare Durchsetzbarkeit islamrechtlicher Prinzipien durch Gerichte wurde jedoch weiterhin nicht aufgenommen[2]. Die Idee der "Islamisierung" dürfte zum Teil auch auf die gerade beendete Kolonialzeit zurückzuführen sein. Die Rezeption europäischen Rechts wurde zum Teil als eine Entfremdung von der eigenen Kultur angesehen. Mit Hilfe einer Rückbesinnung auf "islamische Werte" sollte dies überwunden werden.

Bangladesch wurde nach einem Bürgerkrieg 1971 unabhängig, so daß ab diesem Zeitpunkt eine getrennte Betrachtung beider Staaten erforderlich wird.

2. Zivilrecht bis 1971

Die Veränderungen im Zivilrecht bis zur Unabhängigkeit von Bangladesch sind geprägt von dem Bestreben, das moslemische Familienrecht an die Veränderungen der Moderne anzupassen.

a) Moslemisches Familienrecht – die Muslim Family Laws Ordinance

Bereits 1961 wurde im damals noch geeinten Pakistan der Versuch unternommen, das moslemische Familien- und Erbrecht zu kodifizieren. Bis dahin handelte es sich um mit Ausnahme einiger Randbereiche unkodifiziertes Gewohnheitsrecht, welches von der damaligen, eher säkularen Parlamentsmehrheit als dringend reformbedürftig angesehen wurde. In der Muslim Family Laws Ordinance 1961 (im folgenden MFLO) wurde allerdings keine abschließende Kodifizierung vorgenommen. Da es sich nach pakistanischer Vorstellung beim moslemischen Recht um gottgegebenes Recht handelte, kam eine echte Reform nicht in Betracht, stattdessen wurden in einzelnen Bereichen, die in den überlieferten Rechtsbestimmungen lückenhaft waren, materiellrechtliche Regelungen geschaffen. In anderen Bereichen, in denen der Gesetzgeber meinte, sich nicht in Widerspruch zum überlieferten Schariatsrecht stellen zu können, wurde versucht, durch Ordnungsvorschriften und prozessuale Bestimmungen wenigstens mittelbar Veränderungen durchzusetzen.

---

[1] Constitution (First Amendment) Act, 1964.

[2] Vgl. *Lau*, "Pakistan", in: Yearbook of Islamic and Middle Eastern Law 3 (1996), S. 381.

(1) Polygamie

Als Beispiel kann die Polygamie herangezogen werden. Der Gesetzgeber scheute vor einer materiellrechtlichen Beschränkung oder gar Abschaffung der Polygamie zurück. Stattdessen wurde in Sec. 6 MFLO versucht, die Polygamie durch das Erfordernis einer staatlichen Genehmigung vor Eingehung einer polygamen Ehe einzuschränken. Bei Mißachtung dieses Genehmigungsvorbehaltes drohten Geldstrafen, eine dennoch geschlossene polygame Ehe bleibt aber materiellrechtlich wirksam[3]. Allerdings ist nach Sec. 2 (ii-a) des Dissolution of Muslim Marriages Act[4] die Eingehung einer polygamen Ehe durch den Mann ohne eine derartige Genehmigung ein Scheidungsgrund zugunsten der ersten Ehefrau[5].

(2) Registrierung der Eheschließung

Bei der Eheschließung, die nach islamischem Recht ein privatrechtlicher Vertrag ist, wurde die obligatorische Registrierung eingeführt, die allerdings nur deklaratorischer Natur ist. Eine nicht registrierte Ehe ist voll gültig. In Bangladesch tendiert die Rechtsprechung allerdings dazu, die Registrierung über ihre bloße Ordungsfunktion hinaus als einen Beweis für eine wirksame Eheschließung anzusehen; umgekehrt wird bei fehlender Registrierung dies als (widerlegbare) Vermutung dafür angesehen, daß keine wirksame Eheschließung erfolgt ist[6].

(3) Das Recht des "talaq"

Auch im Scheidungsrecht wurde versucht, die bis dahin mögliche Privatscheidung durch Einschaltung staatlicher Stellen zur Vermittlung und ggf. Registrierung einer Scheidung einzuschränken. Die materielle Gültigkeit einer unter Mißachtung der Vorschrift vorgenommenen Scheidung als solche bleibt erhalten, ein Verstoß ist aber strafbewehrt. Allerdings wurde zugleich bestimmt, daß eine Privatscheidung unter Mißachtung der Vorschrift erst 90 Tage nach Zugang bei der dafür vorgesehenen Stelle wirksam wird. Faktisch wird so also die

---

3 *C.M. Samuel v. C. Samuel*, PLD 1967 S.C. 334; *Naseem Akhtar v. Shaheen Kausar*, PLD 1995 Lah. 475 (479); *Mian Dad v. The State*, PLD 1983 FSC, 518; *Zullay Khan v. Noor Muhammad*, PLD 1986 Quetta, 290; *Mahmood*, a.a.O., S. 32; *Pearl/Menski*, Muslim Family Law, 3. Aufl. London 1998, S. 256 ff.

4 Diese Bestimmung wurde durch Sec. 13 der Muslim Family Laws Ordinance eingefügt.

5 Vgl. dazu *Matin*, The Law on Cruelty to Women and Dissolution of Marriages, Dhaka 1992, S. 91; *Abid*, Manual of Family Laws in Pakistan, Lahore 1995, S. 178.

6 *Abdullah v. Rekeya* Khatoon, 21 DLR (1969), 213; *Haq*, Some Legal Aspects of Muslim Marriage in Indian Sub-Continent, 1991 Dhaka University Studies, 12 mwN zur Rspr.

Wirksamkeit der Scheidung hinausgeschoben; ohne Registrierung bleibt der talaq zwar gültig, wird aber nicht wirksam[7].

(4) Internationales Privatrecht

Neben zahlreichen privatrechtlichen Vorschriften enthält die MFLO auch eine eigene Kollisionsnorm. Sec. 1 (2) MFLO erklärt die MFLO anwendbar für "alle moslemischen Bürger Pakistans, wo immer diese sich befinden". Diese einseitige Kollisionsnorm weicht von der bisher in Pakistan geltenden internationalprivatrechtlichen Anknüpfung an das Domizil ab und knüpft stattdessen bei pakistanischen Moslems an die Staatsangehörigkeit an[8]. Deren Domizil wird damit irrelevant. Diese Bestimmung durchbricht auch die in Pakistan bisher geltende erbrechtliche Kollisionsregel, nach der hinsichtlich von beweglichem Nachlaß an das Domizil des Erblassers, bei unbeweglichem Vermögen an den Lageort des Vermögens angeknüpft wird. Stattdessen richtet sich gemäß Sec. 1 (2) MFLO vom pakistanischen Standpunkt aus auch das Erbrecht bei pakistanischen Moslems bezüglich von im Ausland belegenem Nachlaß (einschließlich von Immobilien) immer nach pakistanischem Recht[9]. Für Angehörige anderer Staaten oder Religionen änderte sich nichts. Insoweit blieb es internationalprivatrechtlich bei der Domizilanknüpfung und ggf. interpersonalrechtlich bei der Anknüpfung an die jeweilige Religionszugehörigkeit.

b) Andere Bereiche des Zivilrechts

In anderen Bereichen des Zivilrechts fanden kaum Reformen statt. Das Schuldrecht, Handels- und Gesellschaftsrecht und das Prozeßrecht blieben weitgehend unverändert. Nur in einzelnen Bereichen, insbesondere bei modernen Industrien, im Bereich des Wirtschaftsverwaltungsrechts und im Bereich des geistigen Eigentums wurden neuere Kodifikationen geschaffen. Die Frage einer "Islamisierung" wurde dort nicht gestellt. Es fällt aber auf, daß die Zulässigkeit von Zinsen eine wesentliche Basis der Wirtschaft, auch bei der wirtschaftlichen Tätigkeit des Staates, bildet.

III. Pakistan ab 1971

1. Verfassungsrecht

1973 wurde in Pakistan erneut eine neue Verfassung verabschiedet. Auch diese enthielt eine Islamisierung des Rechtswesens als Staatszielbestimmung und be-

---

[7] Vgl. *Safiqul Islam v. State*, 46 DLR (1994), 700 (701), so früher auch die pakistanische Rechtsprechung, vgl. *Ali Nawaz Gardezi v. Lt.-Col. Muhammad Yusuf*, PLD 1963 SC, 51 (75).

[8] Farani, Manual of Family Laws in Pakistan, Lahore 1997, S. 501.

[9] *Yusuf Abbas v. Ismat Mustafa*, PLD 1968 Kar. 480 (503), dazu auch *Pearl/Menski* (Fn. 3), S. 107 ff.

stimmte, daß alle Gesetze und Rechtsvorschriften im Einklang mit dem Islam, wie in Sunnah und Koran niedergelegt, stehen sollen. Sie beschränkte deren Durchsetzung jedoch weiterhin auf die Legislative. Gerichte hatten kein Recht, Rechtsvorschriften auf ihre Vereinbarkeit mit dem Islam zu überprüfen.

Während der Militärdiktatur unter *Zial-ul-Haq* ab 1977 änderte sich dies. Zunächst wurden das Bundesparlament und die Provinzparlamente aufgelöst, das Kriegsrecht verhängt und die Grundrechte suspendiert. 1978 wurden bei den vier pakistanischen High Courts sog. "Schariatssenate" eingerichtet und ein weiterer Schariatssenat beim obersten Gerichtshof. Diesen Senaten wurde das Recht eingeräumt, alle bestehenden und künftigen Gesetze auf ihre Vereinbarkeit mit dem Islam zu überprüfen und sie im Falle der Unvereinbarkeit für unwirksam zu erklären. Einige Bereiche wurden jedoch ausdrücklich davon ausgenommen, nämlich die Verfassung selbst, ferner das moslemische Familien- und Erbrecht[10], das gesamte Verfahrensrecht, das Steuerrecht und die Vorschriften über Bankgebühren und Versicherungsgeschäfte. 1980 wurden diese Schariatssenate zu einem eigenen Gerichtshof, dem Federal Shariat Court, umfunktioniert; beim obersten Gerichtshof wurde ein Schariats-Revisionssenat gebildet[11].

In der Zakat & Ushr Ordinance wurde versucht, eine Art Sozialisierung von Einkommensgewinnen vorzunehmen. Danach war jeder Moslem verpflichtet, von dem innerhalb eines Jahres erwirtschafteten Gewinn ("surplus") 2,5 % an die Gemeinschaft zu zahlen. Diese Art "Steuer" wurde aber nie richtig durchgesetzt[12].

Bemerkenswert ist, daß auch nach dem Ende des Kriegsrechts die in der Verfassung enthaltenen Grundrechte unverändert blieben. Der Grundrechtskatalog der Verfassung von 1973 basierte im wesentlichen auf säkularen Vorstellungen und beinhaltet keine ausdrückliche Beschränkung durch den Islam. Die Frage, inwieweit Grundrechte derartigen Beschränkungen durch den Islam unterworfen sind, war mehrfach Gegenstand von Entscheidungen des obersten Gerichtshofes. In vielen Fällen versuchte das Gericht das Problem dadurch zu umgehen, daß es keinen Widerspruch zwischen beiden feststellte, sondern häufig zu dem Ergebnis kam, daß der Islam die gleichen (oder sogar noch weitergehende) Grundrechte gewähre[13]. In einem Fall hat der oberste Gerichtshof allerdings die verfassungsrechtlichen Grundfreiheiten dem Islam untergeordnet. Dieser Fall

---

[10] Vgl. *Muhammad Hassan Musa v. Muhammad Javed Musa*, 1995 CLC, 51 (55), wo der Quetta High Court eine Kompetenz zur Überprüfung der Vereinbarkeit von Bestimmungen der Muslim Family Laws Ordinance mit der Shariat verneinte. Ähnl. zuvor *Massu v. United Bank*, 1990 MLD, 2304.

[11] Constitution (Amendment) Order 1984.

[12] *Mehdi,* The Islamization of the Law in Pakistan, Richmond 1994, S. 26.

[13] Vgl. *Lau* (Fn. 2), S. 382.

betraf die religiöse Gruppe der *Ahmadiyas*, die in Pakistan seit 1974 als eine vom Islam abgefallene Glaubensgemeinschaft behandelt[14] und faktisch verfolgt wird. Das Verbot für *Ahmadiyas*, sich als "Moslems" zu bezeichnen, wurde mit einer Verfassungsbeschwerde angegriffen. Der oberste Gerichtshof entschied jedoch, daß die verfassungsrechtlichen Grundfreiheiten sich dem höherrangigen islamischen Recht unterzuordnen haben und nicht gegen islamrechtliche Prinzipien verstoßen dürfen, und wies die Verfassungsbeschwerde zurück[15].

2. Strafrecht

Seit Ende der 70er Jahre wurde das Strafrecht an islamrechtliche Vorschriften angepaßt und insbesondere die in der Shariat vorgesehenen Strafen eingeführt, welche für unsere Vorstellungen z.T. archaisch anmuten. Die islamrechtlichen Bestimmungen über Sexualstraftaten (Vergewaltigung, Ehebruch und außerehelicher Geschlechtsverkehr) wurden in den *Huddood*-Verordnungen umgesetzt[16]. 1984 wurde das Beweisrecht an die Shariat angepaßt[17]. Als Folge sind zwar zahlreiche, drakonisch wirkende Straftatbestände an erhöhte Beweisvorschriften geknüpft (z.B. drei männliche, moslemische Zeugen) und damit in ihrer Auswirkung herabgestuft; dies führte jedoch zugleich dazu, daß der Beweiswert weiblicher Zeugenaussagen abgewertet wurde, da insbesondere bei Sexualstraftaten weibliche Zeugen oder sonstige Beweismittel für verschiedene Straftatbestände nicht mehr ausreichend sind[18].

Auch die Rechtsprechung wirkte an einer strengeren Anwendung islamrechtlicher Regeln im Strafrecht mit. Der oberste Gerichtshof erklärte 1989 zahlreiche strafrechtliche Bestimmungen für unvereinbar mit dem Islam. Das Gericht beanstandete unter anderem, daß die Todesstrafe für Mord nicht absolut gelten dürfe, da die Scharia dem Täter die Möglichkeit gebe, durch Vereinbarung mit den Angehörigen des Opfers und Zahlung eines Blutgeldes von der Strafe freizukommen. Auch beanstandete das Gericht, daß die Straftatbestände der Körperverletzung nicht alle entsprechenden Straftatbestände der Scharia abdeckten[19]. Er erklärte aber auch das Gnadenrecht für grundsätzlich unvereinbar, weil es dem Präsidenten die Möglichkeit einer Begnadigung des Täters gebe, obwohl

---

14 *Mehdi* (Fn. 12), S. 25.

15 *Zaheer-du-din v. The State*, 1993 SCMR, 1718; dazu auch *Lau*, Islam and Fundamental Rights in Pakistan, in: Yearbook of Islamic and Middle Eastern Law 1 (1994), S. 565 ff.

16 Vgl. dazu *Shah*, Islamization of Laws in Pakistan, PLD 1995, Journal, 42 ff.; *Patel*, Islamisation of Laws in Pakistan?, Karachi 1986, S. 36 ff.; *Mehdi* (Fn. 12), S. 111.

17 *Qanun-e-Shahadat*, 1984.

18 *Begum Rashida Patel v. Federation of Pakistan*, PLD 1989 FSC, 95.

19 *Secretary, Ministry of Law v. Gul Hasan Khan*, PLD 1989 SC, 633.

die Scharia in vielen Fällen ein Absehen von Strafe an die Zustimmung des Opfers bzw. seiner Angehörigen knüpfe[20].

3. Enforcement of Shariat Act – Aktivitäten der Rechtsprechung

Auch nach dem Ende der Militärdiktatur wirkt diese Entwicklung fort. Nach den Bestimmungen des Enforcement of Shariat Act von 1991 sind alle Gesetze und Rechtsvorschriften so auszulegen, wie dies am ehesten der Shariat entspricht.

Zu Beginn der 90er Jahre versuchten Teile der Rechtsprechung, über die die Zuständigkeit der Gerichte zur Überprüfung von Gesetzen einschränkenden Verfassungsbestimmungen hinaus eine Islamisierung des Rechts voranzutreiben. Insbesondere der Federal Shariat Court unter seinem damaligen Vorsitzenden *Tanzil-ur-Rahman* interpretierte die Präambel der Verfassung, welche die Souveränität und Gesetzgebungsgewalt des pakistanischen Volkes unter den Vorbehalt islamischer Prinzipien stellte, als eine überkonstitutionelle Norm, die es erlaube, sich über zuständigkeitsbeschränkende Verfassungsprinzipien hinwegzusetzen. Mit dieser Begründung verwarf der Federal Shariat Court insbesondere gesetzliche Vorschriften über Zinsen als un-islamisch[21]. Die Regierung legte Revision beim obersten Gerichtshof ein, wodurch die Wirksamkeit der Entscheidung suspendiert ist. Der oberste Gerichtshof wartete neun Jahre, bis er das Revisionsverfahren begann. Kürzlich hat er überraschenderweise die Entscheidung in weiten Teilen bestätigt und entschieden, daß alle gesetzlichen Zinsbestimmungen ab dem Sommer 2001 unwirksam werden[22]. Die Finanzierung müsse auf "islamische" Finanzierungsformen, z.B. durch Beteiligung an Gewinn und Verlust, umgestellt werden. Bemerkenswert ist allerdings, daß das Gericht Zinsverpflichtungen des Staates gegenüber ausländischen Kreditgebern ausdrücklich vom Zinsverbot ausnahm, da nach der "doctrine of necessity" der Staat sonst kreditunwürdig werde. Diese Entscheidung wird weitreichende Auswirkungen haben, da das gesamte pakistanische Wirtschaftssystem wie auch zahlreiche wirtschaftslenkende Maßnahmen des Staates auf der Zulässigkeit von Zinsen beruhen[23]. Dies gilt besonders für die landbesitzende Klasse. Deren Stellung beruht darauf, daß sie den Großteil des landwirtschaftlich nutzbaren

---

[20] *Hakim Khan v. Government of Pakistan*, PLD 1992 SC, 595. Aus prozessualen Gründen wurde die Klage aber zurückgewiesen, weil dies in die Zuständigkeit des Parlaments falle. Den Gerichten komme keine Kompetenz zu, Gesetze als unislamisch aufzuheben.

[21] *Mahmood-ur-Rehman v. Government of Pakistan*, PLD 1992 FSC, 1. Allg. zur Islamisierung auch *Shah*, "Pakistan", in: International Encyclopedia of Comparative Law, Vol. I, S. P-6 ff.; *Kennedy*, Repugnancy to Islam - Who Decides? - Islam and Legal Reform in Pakistan, ICLQ 41 (1992), 769 ff.

[22] *Allah Rakha vs. Federation of Pakistan*, 2000 CLR, 349.

[23] Vgl. *Lau*, "Pakistan", in: Yearbook of Islamic and Middle Eastern Law 3 (1996), S. 378 (insb. dort Fn. 15).

Bodens kontrolliert und ihre Einkünfte aus Verpachtung des Landes an Kleinbauern und aus der Finanzierung derselben durch Darlehen (gegen Zinsen) gewinnt. Eine Abschaffung des Zinssystems knüpft deren Einkünfte an den wirtschaftlichen Erfolg der Kleinbauern und dürfte diesen damit wesentlich mindern.

Der oberste Gerichtshof stoppte den Aktivismus des Federal Shariat Court aber in anderen Bereichen und entschied, daß die Präambel keine überkonstitutionelle Norm sei, daß die Gerichte sich somit nicht über verfassungsmäßige Beschränkungen ihrer Zuständigkeit zur Überprüfung von Rechtsvorschriften hinwegsetzen könnten und daß vielmehr in den Bereichen, die der Kompetenz der Gerichte entzogen seien, nur das Parlament als oberste Autorität entscheiden könne, ob eine bestimmte Regelung mit dem Islam vereinbar sei oder nicht[24].

Es finden sich aber auch andere Bestrebungen. So nutzt die Rechtsprechung im Zuge einer neuen "public interest litigation" gezielt islamrechtliche Grundsätze, um individuelle Grundfreiheiten wie z.B. die Pressefreiheit zu verbessern und mit der Feststellung, daß solche Grundrechte sogar vom Islam garantiert seien, eine Einschränkung zu erschweren[25]. Islamrechtliche Argumente wurden auch herangezogen, um eine Auflösung des Parlaments durch den Staatspräsidenten für unzulässig zu erklären[26], wie auch um die Regierung zu verpflichten, Gesetze zum Schutz von Frauen vor Sexualstraftaten zu verbessern[27]. Hier besteht aber keine klare Linie. Islamrechtliche Argumente werden von einzelnen Richtern zu einer Fortentwicklung des Rechts genutzt, während ein anderer Teil der Richterschaft derartige Argumente für eine konservative Rechtsentwicklung nutzt.

4. Zivilrecht

In Pakistan wurden im Zuge einer fortschreitenden Islamisierung des Rechts die reformerischen Regelungen der Muslim Family Laws Ordinance zurückgedrängt.

---

24 *Hakim Khan v. Government of Pakistan*, PLD 1992 SC, 595; ähnl. *Dero Ismail v. Federation of Pakistan*, PLD 1996 SC, 71.

25 *Federation of Pakistan v. Public at Large*, PLD 1988 SC, 202. Vgl. dazu auch *Lau*, Islam and Judicial Activism: Public Interest Litigation and Environmental Protection in the Islamic Republic of Pakistan, in: *Boyle/Anderson*, Human Rights Approaches to Environmental Protection, Oxford 1996, S. 285 ff.

26 *Muhammad Nawaz Sharif v. Federation of Pakistan*, PLD 1993 SC, 473.

27 Nachw. bei *Lau* (Fn. 23), S. 385.

a) Talaq

Die Bestimmung in Sec. 7 (3) MFLO, daß eine Privatscheidung (talaq) erst 90 Tage nach Zugang der Registrierung beim moslemischen Familienschiedsmann ("Arbitration Council") wirksam wird, wurde vom obersten Gerichtshof als unvereinbar mit der Shariat und damit ungültig angesehen[28]. Diese Entscheidungen betrafen allerdings Fälle, wo die Frau durch talaq von ihrem Mann verstoßen wurde und später wieder geheiratet hat. Der Mann hatte es unterlassen, die Scheidung registrieren zu lassen, und erhob später Bigamievorwürfe. Das Gericht entschied hier zugunsten der Frau, die gutgläubig von einer wirksamen Scheidung ausgegangen sei, um sie nicht durch das Fehlverhalten des Mannes einer strafgerichtlichen Verfolgung auszusetzen. Die Scheidung wurde trotz fehlender Registrierung aus allgemeinen Billigkeitserwägungen als wirksam behandelt. Diese Entscheidung bietet deshalb Raum für Interpretation, ob eine Nichtregistrierung der Scheidung die Wirksamkeit stets unbeeinflußt läßt, oder ob dies nur in Mißbrauchsfällen gilt[29]. In der Folgezeit interpretierten die Untergerichte diese Entscheidung aber als absolut und gingen davon aus, daß eine Scheidung auch ohne Registrierung stets wirksam ist[30] (vorausgesetzt, es liegen keine anderen Unwirksamkeitsgründe vor). Es ist deshalb davon auszugehen, daß in Pakistan eine Registrierung der Ehescheidung kein Wirksamkeitserfordernis mehr ist.

---

[28] *Zahida Shaheen v. The State*, 1994 SCMR, 2098; ähnl. zuvor *Allah Dad v. Mukhtar*, 1992 SCMR, 1273. Letztere Entscheidung wurde vom obersten Gerichtshof im Jahre 1993 mit der Begründung verworfen, den Gerichten fehle die Zuständigkeit zur Aufhebung der MFLO, vgl. *Kaneez Fatima v. Wali Muhammad*, PLD 1993 SC, 901; das Gericht ließ aber die Frage offen, ob Nichtregistrierung der Scheidung diese unwirksam mache. In Bangladesch demgegenüber hält die Rechtsprechung daran fest, daß die Scheidung erst 90 Tage nach der Registrierung rechtswirksam wird, vgl. *Safiqul Islam v. State*, 46 DLR (1994), 700; *Haq*, Muslim Law of Talaq, Dhaka University Studies 1992, Part F, 17; anders jedoch *Sirajul Islam v. Helana* Begum, 48 DLR (1996), 48 (51 f.), in einem Fall, bei dem der Ehemann eine Registrierung der Scheidung unterließ, um der Zahlung der Morgengabe (die nach dem Ehevertrag erst bei Scheidung fällig wurde) zu entgehen. Die High Court Division entschied hier, daß die unterlassene Registrierung die Scheidung nicht unwirksam mache. Sie lehnte sich an die neuere pakistanische Rechtsprechung an, berücksichtigte dabei jedoch nicht, daß die Verfassung von Bangladesch die Schariat gerade nicht als "überkonstitutionelle" Norm festschreibt.

[29] Vgl. *Shah* (Fn. 16), PLD 1995, Journal, 51, der die Entscheidung als Ausnahme für den Fall interpretiert, daß die Frau gutgläubig von einer wirksamen Scheidung ausging.

[30] *Batool Bibi v. Muhammad* Hayat, 1995 CLC, 724 (728); *Anila v. Muhammad Munir*, PLD 1996 Lah. 65 (70); *Rehmat Ara v. Mehmood Ul Hassan*, MLD 1998, 486 (489). Vgl. zur Problematik auch *Makhdoom*, Law in Transformation: Talaq - a Case Study, PLD 1998, Journal, 91 ff.; *Hayat*, The Manual of Family Laws, Lahore 1996, S. 46.

b) Scheidungsrecht

In Sec. 13 MFLO wurde in den Dissolution of Muslim Marriages Act als weiterer Scheidungsgrund zugunsten der Ehefrau die Eingehung einer polygamen Ehe durch den Ehemann ohne die in Sec. 6 MFLO vorgeschriebene Erlaubnis eingefügt. Diese Sec. 13 wurde durch die Federal Laws (Revision and Declaration) Ordinance (XXVII of 1981), item 18, gestrichen[31]. Die Bestimmung in Sec. 2 (ii-a) des Dissolution of Muslim Marriages Act, in welchen durch Sec. 13 MFLO die Eingehung einer polygamen Ehe ohne Erlaubnis des Schiedsrates als Scheidungsgrund eingefügt wurde, ist selbst jedoch nicht ausdrücklich aufgehoben worden. Es ist deshalb zweifelhaft, ob allein mit der Aufhebung einer Vorschrift, die eine Ergänzung von Sec. 2 Dissolution of Muslim Marriages Act bestimmt, auch die eingefügte Vorschrift aufgehoben ist. Von der Gesetzestechnik her hätte Sec. 2 (ii-a) Dissolution of Muslim Marriages Act selbst aufgehoben werden müssen. Dies ist jedoch nicht erfolgt. Die pakistanische Fachliteratur gibt hierzu keine Stellungnahme ab. Dort wird in den Kommentierungen zum Dissolution of Muslim Marriages Act Sec. 2 (ii-a) weiterhin als Gesetzesbestandteil aufgeführt[32], während lediglich in der Kommentierung zur MFLO deren Sec. 13 als aufgehoben ausgewiesen wird.

c) Kollisionsrecht

Auch kollisionsrechtlich entwickelte sich eine neue Tendenz: Wenngleich die Kollisionsnorm in der MFLO diese nur für pakistanische Staatsangehörige moslemischen Glaubens für anwendbar erklärt und es damit für Angehörige anderer Staaten grundsätzlich bei der Anknüpfung an das Domizil bleibt, hat die pakistanische Rechtsprechung in den letzten Jahren einen Vorrang islamrechtlicher Normen angenommen. Danach ist aus ordre public-Erwägungen auch auf Ausländer mit Domizil im Ausland, die aber moslemischen Glaubens sind, das Schariatsrecht (allerdings nicht die MFLO, sondern das Schariats-Gewohnheitsrecht) anwendbar[33]. Damit hat sich in Pakistan eine weitere einseitige Kollisionsnorm für Moslems entwickelt, wonach auf diese immer das moslemische Recht anwendbar ist, wobei pakistanische Gerichte dann immer das eigene "moslemische" Recht anwenden, ohne auf etwaige Abweichungen in anderen Rechtsordnungen zu achten.

d) Gewohnheitsrecht

Immerhin hat die Islamisierung in einigen Bereichen auch gewisse Fortschritte gebracht. Während der britischen Kolonialzeit galten neben den Gruppenrechten

---

[31] Vgl. auch *Hayat/Gill,* The Manual of Family Laws, Lahore 1996, S. 117 u. 140; *Farani* (Fn. 8), S. 126, dort Fn. 31.

[32] *Farani* (Fn.8), S. 146; *Hayat/Gill* (Fn. 31), S. 140. Zu dieser Ungereimheit vgl. auch *Pearl/Menski* (Fn. 3), S. 264.

[33] *Amira Bokhari v. Jameluud Din Bokari,* 1995 MLD, 34 (37).

der verschiedenen Religionsgruppen auch gewohnheitsrechtlich entwickelte Regeln, die in einigen Bereichen die Scharia verdrängten. Besonders im Erbrecht haben sich in einigen Provinzen Gewohnheitsrechte entwickelt, die weibliche Nachkommen teilweise vom Erbrecht ausschließen. Die Rechtsprechung hat gewohnheitsrechtliche Bestimmungen, welche gegen das Schariatsrecht verstoßen, für unzulässig und ungültig erklärt, so daß weibliche Erben damit immerhin die – allerdings nicht gleichberechtigten – Ansprüche nach islamischem Erbrecht für sich in Anspruch nehmen können[34].

IV. Bangladesch

Bangladesch erlangte seine Unabhängigkeit Ende 1971 nach einem Unabhängigkeitskrieg gegen Pakistan, der mit indischer Unterstützung gewonnen wurde.

1. Verfassungsrecht

Im Gegensatz zu Pakistan bezeichnet die Verfassung von Bangladesch das Land als eine Volksrepublik. Die Verfassung gründet sich nach ihrer Präambel auf den Willen des Volkes. Eine Einschränkung der absoluten Souveränität des Volkes unter Hinweis auf den Islam ist darin nicht enthalten. Vielmehr bestimmt Art. 7 der Verfassung die Verfassung als höchstes Recht im Staat. Die erste Verfassung von 1972 enthielt in Art. 12 sogar den ausrücklichen Auftrag, den Säkularismus im ganzen Staat durchzusetzen. Der Hintergrund dafür lag in den schlechten Erfahrungen mit der Verquickung von Religion und Politik vor der Abspaltung von Pakistan. Allerdings war dieses Bekenntnis zum Säkularismus nicht das Ergebnis einer bewußten Reflektion, sondern lediglich eine Abwehrhaltung zur pakistanischen Einstellung. Eine echte Diskussion über die genannten Bestimmungen hat nicht stattgefunden.

Mit dem Sturz der ersten Regierung im Jahre 1975 kam auch in Bangladesch die Frage einer Ausrichtung am Islam auf. Das Bekenntnis zum Säkularismus in Art. 12 der Verfassung wurde gestrichen und in der Präambel der Verfassung die Worte "In the name of Allah, the Beneficient, the Merciful" eingefügt. Zugleich wurde in Art. 9 der Grundsatz des "Vertrauens in Gott" als Grundlage jeglichen staatlichen Handelns bezeichnet; im Gegenzug wird aber ausdrücklich in Abs. 3 festgelegt, daß dieser Grundsatz "gerichtlich nicht durchsetzbar" ist. Durch diesen Zusatz hat der Verfassungsgeber Auseinandersetzungen wie in Pakistan über die Frage, inwieweit die Rechtsprechung etwaigen gesetzgeberischen Bestrebungen des Parlamentes vorgreifen konnte, eine klare Absage erteilt. Es handelt sich also um einen bloßen Programmsatz. 1988 wurde in Art. 2a der Verfassung der Islam als Staatsreligion festgeschrieben; dieser Artikel

[34] Vgl. *Sardar Ali v. Ghulam Sarwar*, PLD 1990 SC, 1 ff.

bestimmte aber zugleich, daß auch andere Religionen praktiziert werden dürfen. Weitere gesetzgeberische Aktivitäten erfolgten seitdem nicht[35].

Seit dem Ende der Militärdikatur, während der es einzelne Überlegungen zu einer strengeren Durchsetzung des Islam gab, hatte Bangladesch nicht mit Spannungen zwischen liberalen und konservativen Kräften zu kämpfen, wie dies in Pakistan geschah. Nach dem Ende der Militärdiktatur stand eine durch den Staat betriebende Islamisierung nie ernsthaft auf der Tagesordnung. Die Regierung verfolgte vielmehr auch aus wirtschaftlichen Gründen eine Politik der zunehmenden Öffnung gegenüber dem Westen in der Hoffnung, dadurch die Entwicklung des Landes voranzutreiben. Die Bereitschaft, sich gegenüber dem Ausland zu öffnen, ermöglichte gerade in der Entwicklungshilfe zahlreiche erfolgreiche Projekte, die durch Stärkung der Wirtschaftskraft weiblicher Bevölkerungsgruppen (z.B. durch Gründung von Kooperativen, spezielle Darlehens- und Existenzgründungsprogramme für Frauen) die wirtschaftliche Situation verändern konnten.

2. Keine "Islamisierung" des Rechts

In Bangladesch fand im Gegensatz zu Pakistan kein Versuch statt, das materielle Recht im Hinblick auf islamrechtliche Vorstellungen zu verändern. Da in Bangladesch die Scharia nicht als "gottgegebenes" Recht Vorrang genießt, sondern nur als Gewohnheitsrecht aufgrund eines Anwendungsbefehls des Gesetzgebers gilt, hat der Staat keine Legitimationsprobleme bei Reformversuchen. Von seiten des Gesetzgebers sind allerdings in Bangladesch bisher keine Reformen des moslemischen Rechts vorangebracht worden. Die Rechtsprechung ist dort jedoch sehr aktiv bei der Fortentwicklung des moslemischen Familienrechts. Bemerkenswert an dieser Fortentwicklung ist, daß die Scharia nicht als nicht zeitgemäß abgelehnt wurde, sondern daß die Rechtsprechung versucht, aus dem Islam selbst heraus eine Fortentwicklung bzw. Neuinterpretation des moslemischen Rechts zu betreiben. Das moslemische Recht als solches wird nicht angegriffen, sondern die Authenzität der gewohnheitsrechtlich überlieferten Regeln in Frage gestellt, um dann gegebenenfalls mit der Feststellung, daß überlieferte Stellen falsch interpretiert worden seien, zu einem gewünschten Ergebnis zu gelangen. Folgende Beispiele sind hier besonders bemerkenswert:

a) Nachehelicher Unterhalt

Nach dem überlieferten Schariatsrecht steht einer geschiedenen Frau Unterhalt maximal für die sog. *iddat*-Periode, d.h. ca. drei Monate nach der Scheidung, zu. Mitte der 90er Jahre hat die High Court Division des obersten Gerichtshofes aber unter Zuhilfenahme zahlreicher Koranstellen entschieden, daß die bisherige Beschränkung des nachehelichen Unterhaltes auf ca. drei Monate gar nicht der

---

[35] Vgl. *Malik*, Recent Case Law on Custody and Second Marriage in Bangladesh: A Trend towards Secularisation of the Legal system, VRÜ 1995, 103.

"wahren" Scharia entspreche[36]. Die Beschränkung auf ca. drei Monate sei zwar in zahlreichen klassischen Rechtswerken enthalten gewesen. Das Gericht sei aber nicht an die Ansichten der klassischen moslemischen Juristen gebunden, sondern könne eine eigene Interpretation der koranischen Regelungen vornehmen[37]. Das Gericht kam zu dem Ergebnis, daß der Koran selbst keine Beschränkung auf drei Monate vorsehe; die Interpretation durch frühere Juristen sei unrichtig. Vielmehr könne bei Anwendung allgemeiner Gerechtigkeitserwägungen eine geschiedene Frau Unterhalt bis zu einer etwaigen Wiederheirat beanspruchen.

Diese Entscheidung wurde allerdings von einem Revisionssenat des obersten Gerichtshofes aufgehoben, da die Klägerin in ihrer Klage nur Unterhalt für die *iddat*-Periode geltend gemacht hat und der High Court nicht mehr zusprechen durfte, als beantragt war[38]. *Obiter* führte das Gericht allerdings auch aus, daß es der Ansicht des High Court, das Schariatssrecht sei über Jahrhunderte falsch interpretiert worden, nicht folgt. Es sei vielmehr Aufgabe des Gesetzsgebers, das Unterhaltsrecht neu zu regeln. Das Gericht könne die Aufgabe des Gesetzgebers nicht selbst übernehmen.

b) Polygamie

Sec. 6 der Muslim Family Laws Ordinance geht von der grundsätzlichen Zulässigkeit der Polygamie bei moslemischen Männern aus, knüpft diese jedoch an eine (allerdings nicht als materiellrechtliche Voraussetzung, sondern lediglich als Ordnungsvorschrift zu qualifizierende) Genehmigung an. Nachdem Gerichte bereits in der Vergangenheit an die Zulässigkeit einer Genehmigung strenge Anforderungen knüpften und insbesondere die Familien- und Vermögensverhältnisse prüften[39], hat die High Court Division des obersten Gerichtshofes in einer neueren Entscheidung die Möglichkeit zur Eingehung polygamer Ehen noch weiter eingeschränkt. Im Hinblick auf die koranische Bestimmung, daß ein Mann seine mehreren Frauen alle gleich behandeln muß, kam das Gericht zu dem Ergebnis, daß der Mensch viel zu unvollkommen sei, um diese Bestimmung erfüllen zu können, und daß deshalb regelmäßig eine Genehmigung verweigert werden müsse[40]. Interessant ist hier die Parallele zu Tunesien, welches mit einer ähnlichen Begründung die Polygamie generell abgeschafft hat.

---

[36] *Hefzur Rahman v. Shamsun Nahar Begum*, 47 DLR (1995), 54 ff.

[37] Zum Recht der Gerichte zur Fortentwicklung des moslemischen Rechts durch Auslegung auch die Appellate Division des obersten Gerichtshofes in *Jamila Khatun v. Rustom Ali*, 48 DLR (AD)(1996) , 110 (115).

[38] *Hefzur Rahman v. Shamsun Nahar Begum*, 51 DLR (AD) (1999), 172 ff.

[39] Vgl. nur *Makbul Ali v. Munwara Begum*, 39 DLR (1979), 181. Zur restriktiven Handhabung auch *Malik* (Fn. 35), VRÜ 1995, 114.

[40] *Jesmin Sultana v. Mohammad Elias*, 17 BLD (1997), 4 (6).

c) Sorgerecht

Schließlich gingen Gerichte in Bangladesch auch im Sorgerecht neue Wege. Die Regelung in der Scharia, nach der der Mutter das Sorgerecht über minderjährige Mädchen bis zur Pubertät und über Jungen bis zum siebten Lebensjahr zusteht, wird nur noch als widerlegbare Vermutung für das Kindeswohl angesehen mit der Folge, daß Gerichte immer dann andere Regelungen treffen und z.B. der Mutter auch über diese Zeit hinaus das Sorgerecht zusprechen können, wenn dies dem Wohl des Kindes entspricht[41].

d) Testamentarisches Erbrecht

Im Erbrecht hat die High Court Division des obersten Gerichtshofes in einer fast revolutionären Entscheidung die Testierfreiheit moslemischer Erblasser gestärkt. Nach der bisherigen Auslegung des moslemischen testamentarischen Erbrechts konnte ein Erblasser nur über 1/3 seines Vermögens testamentarisch frei verfügen. Die restlichen 2/3 standen als eine Art Pflichtteil den gesetzlichen Erben zu, so daß eine über das verfügungsfreie Drittel hinausgehende Verfügung zu ihrer Wirksamkeit der Zustimmung der gesetzlichen Erben bedurfte[42]. Das Gericht stellte jedoch fest, daß diese Regel auf einer unrichtigen Übersetzung und Auslegung der maßgeblichen Koranstellen beruhte. Die genannte Ein-Drittel-Regel sei keine starre Vorgabe, sondern nur eine unverbindliche Empfehlung. Das Gericht entschied, daß in Bangladesch ein Moslem deshalb über seinen gesamten Nachlaß frei testamentarisch verfügen könne[43].

Resümee

Die Entwicklung in Pakistan und Bangladesch ging entgegengesetzte Wege. Während in Pakistan Gesetzgeber und Rechtsprechung einen Kurs der "Islamisierung" des Rechts verfolgten, hat in Bangladesch die Legislative überhaupt keine Versuche unternommen, das Recht "islamischer" zu machen. Sie hat vielmehr aus den schlechten Erfahrungen Pakistans mit einer Judikative, welche

---

41 *Ayesha Kaman v. Major Sabbir Amed*, 46 DLR (1994), 399 (402); ähnl. *Abdul Jalil v. Sharon Laily Begum*, 18 BLD (AD) (1998), 21 (30). Bereits früher hat die Appellate Division des obersten Gerichtshofes es abgelehnt, die Sorgerechtsregeln des moslemischen Rechts gleichsam automatisch, ohne eine Ergebniskontrolle anzuwenden, vgl. *A. Baker Siddique v. S.M.A. Baker*, 38 DLR (1986) (AD), 106. Immerhin finden sich vorsichtige Ansätze auch in Pakistan, wo in einigen neueren Entscheidungen Gerichte in Ausnahmefällen aus Erwägungen des Kindeswohls das Sorgerecht abweichend von den islamrechtlichen Regeln zugesprochen haben, vgl. *Zar Bibi v. Abdul Ghaffar*, MLD 1998, 1697 (1701 ff.); *Syed Ali Mehdi v. Baqar Ali Rana*, MLD 1998, 1003 (1005); *Niqhat Firdous v. Khadin Hussain*, 1998 SCMR, 1593.

42 *Fyzee*, Outlines of Muhammadan Law, 4. Aufl. Oxford/Delhi 1974, 7. Nachdruck 1993; *Mulla*, Principles of Mahomedan Law, 19. Aufl. Bombay 1990, 101; *Qureshi*, Textbook on Muslim Law, Allahabad 1997, 265.

43 *Khodeja Banu Chowdhury v. Amin Ahmed Chowdhury*, BLD 1997 (HCD), 57 (59 ff.).

losgelöst vom Parlament eine Islamisierung des Rechts betrieb, gelernt und durch eine Verfassungsbestimmung, welche die gerichtliche Durchsetzung islamrechtlicher Vorstellungen ausschließt, Entwicklungen wie in Pakistan ausgeschlossen. Die Rechtsprechung verfolgt sogar zielgerichtet einen Kurs der Modernisierung mit dem Ziel, auch das moslemische Recht den aktuellen Verhältnissen anzupassen.

In Pakistan wird allerdings auch erkennbar, daß die Regierung die "Geister, die sie gerufen hat", nicht mehr so leicht los wird und daß eine Islamisierung insbesondere im Bereich des Wirtschaftslebens den Interessen der Regierung und der herrschenden Klasse widerspricht. Es fällt auf, daß die "Islamisierung" von der Militärregierung erst richtig ins Rollen gebracht wurde; nach Ansicht pakistanischer Autoren erfolgte dies insbesondere vor dem Hintergrund, einem illegalen diktatorischen Regime durch Berufung auf "höhere Werte" eine gewisse Legitimität zu verschaffen[44]. Da sich Pakistan zu einer vollständigen Islamisierung bekannt hat, fällt eine rationale Auseinandersetzung mit Islamisierungsbestrebungen schwer, da rationale Argumente im Widerspruch zum absoluten Geltungsanspruch des islamischen Rechts stehen können. Stattdessen wird mit verfahrensrechtlichen Mitteln versucht, eine in Teilen übereifrige Justiz im Zaum zu halten und Entwicklungen Einhalt zu gebieten, ohne daß allerdings eine sachliche Auseinandersetzung über Sinn und Zweck stattfinden kann.

[44] *Mehdi* (Fn. 12), S. 31.

Holger Jung

Ägyptisches internationales Vertragsrecht*

I. Hintergründe

Die Diskussion um das internationale Privatrecht Ägyptens ist kolonialgeschichtlich belastet. Napoleons "Expedition" (1798) markierte den Auftakt für den schleichenden Schwund staatlicher Souveränität, später wurde Ägypten von Großbritannien kontrolliert, und erst durch die von *Nasser* geführte Revolution (1952) konnte Ägypten die volle politische Unabhängigkeit zurückgewinnen[1]. Die Briten betrieben die Europäisierung der ägyptischen Verwaltung und Wirtschaft; sie wurde von der Rezeption französischen Rechts begleitet und kulminierte in einer aus heutiger Sicht besonders anstößigen Form des Kolonialismus: Die ausländischen Richter der Konsular- und "Fremdengerichte" sprachen auf ägyptischem Boden ein von Ausländern gesetztes Recht[3]. Vermögensrechtliche Streitigkeiten, die ausländische Interessen berührten[4], wurden der ägyptischen Rechtspflege gänzlich entzogen - eine Erfahrung, die nicht nur bei älteren ägyptischen Juristen fortwirkt und auch das heutige internationale Vertragsrecht

* Der Aufsatz beruht auf der gleichnamigen Dissertation des Verfassers.

1 Ägypten stand seit 1882 unter britischer Herrschaft, geriet aber schon vorher wirtschaftlich und politisch zunehmend in britische Abhängigkeit. Daß Ägypten im Jahre 1922 formal unabhängig wurde, berührte die faktisch fortbestehende britische Herrschaft wenig; siehe z.B. *Owen*, State, power and politics in the making of the modern Middle East, London, New York 1993, S. 122-152, 216-243.

2 Die "*machâkim mukhtalita*", wörtlich "Gemischten Gerichte", nahmen ihre Arbeit im Jahre 1876 auf. Ihre Abschaffung im Jahre 1949 wurde durch den Vertrag von Montreux (1937) beschlossen.

3 Die Gesetzbücher der Gemischten Gerichte, die *Codes mixtes*, waren den entsprechenden französischen Vorbildern zum Verwechseln ähnlich: *Code civil mixte* (1875); *Code de commerce mixte* (1875); *Code de commerce maritime mixte* (1883).

4 Hiermit sind vor allem Rechtsstreitigkeiten zwischen Ausländern oder zwischen einem Ägypter und einem Ausländer gemeint, siehe Art. 9 Gerichtsordnung für die *Tribunaux Mixtes* (GTM). Vor Inkrafttreten des ZGB boten die Gerichtsorganisation und die Verteilung der sachlichen Zuständigkeit zwischen den verschiedenen Zivilgerichten ein verwirrendes Bild. Die Zuständigkeit der verschiedenen ägyptischen Zivilgerichte hing von der Staatsangehörigkeit der Parteien, ihrem religiösen Bekenntnis und dem Gegenstand des Streites ab. Für vermögensrechtliche Streitigkeiten zwischen Ägyptern waren die "Nationalen Gerichte" (*al-machâkim al-ahliya*) sachlich zuständig, die eigene Gesetzbücher anwandten: *Code civil indigène* (1883); *Code de commerce indigène* (1883); *Code de commerce maritime indigène* (1883). Für Personalstatutsangelegenheiten hatte jede Religionsgemeinschaft eigene geistliche Gerichte. Umfassend zum Gerichtssystem vor Inkrafttreten des ZGB: *Hoyle*, Mixed Courts of Egypt, London, Dordrecht, Boston 1991; *Brinton*, The Mixed Courts of Egypt, 2. Aufl. New Haven, London 1968; *Messina*, Les Tribunaux Mixtes et les rapports interjuridictionnels en Egypte, in: Recueil des Cours (1941-II), S. 367-494.

beeinflußt. Noch im Jahre 1982 rechtfertigte sich das ägyptische Kassationsgericht dafür, daß ein ägyptischer Richter in gewissen Fällen ausländisches Recht anwenden müsse[5]. In jüngerer Zeit sprachen ägyptische Juristen in der Debatte um die Regeln des neuen Schiedsgerichtsgesetzes[6] von einem unannehmbaren Souveränitätsverlust ägyptischer Gerichte und der Umgehung ägyptischen Rechts. Und den Streit um den objektiven und den subjektiven Ansatz bei der Rechtfertigung der Parteiautonomie (und vor allem ihrer Einschränkung) kann wohl nur verstehen, wer um das geschichtlich gewachsene Bedenken ägyptischer Juristen weiß, Ausländern Verfügungsmacht über das Recht zu geben.

Dennoch denken ägyptische Juristen ausgesprochen international. In einigem Widerspruch zum in der Kolonialzeit geborenen und unter *Nasser* gewachsenen panarabischen Nationalismus genießen ausländische Autoren und vor allem die Rechtsprechung französischer Gerichte große Autorität in Ägypten; die rechtsvergleichende Vorgehensweise ist geradezu kennzeichnend für die ägyptische Jurisprudenz[7]. Vor allem französisches Recht hat, mit Ausnahme des islamisch gebliebenen Erb- und Familienrechts, seinen prägenden Einfluß auf die ägyptische Gesetzgebung, Judikatur und Rechtswissenschaft beibehalten. Während das Studium der französischen *doctrine* dort seine Berechtigung hat, wo tatsächlich französisches Recht rezipiert wurde, faßt der manchmal allzu starre Blick auf die französische Mutterrechtsordnung dort zu kurz, wo das ZGB ausnahmsweise originär "ägyptisch" bzw. nicht französisch ist. Wie tückisch es sein kann, sich im ägyptischen Diskurs auf französische *doctrine* zu berufen, zeigt sich gerade im internationalen Vertragsrecht. Denn hier mußte der ägyptische Gesetzgeber eigene Wege gehen. Als das ZGB im Jahre 1948 verabschiedet wurde, gab es in Frankreich keine Kodifikation des internationalen Vertragsrechts, die hätte übernommen werden können. Hier drängt sich die Frage auf, ob sich ägyptische Lehre und Judikatur zum internationalen Vertragsrecht vom sonst allenthalben zu beobachtenden Sog französischer *doctrine* gelöst haben.

II. Allgemeine Anknüpfungen

1. Rechtswahl

Das internationale Privatrecht der Schuldverträge hat der ägyptische Gesetzgeber in Art. 19 ZGB geregelt:

> Abs. 1: "Auf vertragliche Verbindlichkeiten findet das Recht des Staates Anwendung, in dem sich der gemeinsame Wohnsitz der vertragsschließenden Parteien befindet, falls sie

---

5 *Hawary*, qadâ` al-naqd fi munâza'ât al-'amal wa ta`minât al-ijtimâ'iya (Revisionsurteile in arbeits- und sozialversicherungsrechtlichen Streitigkeiten), Bd. 5, S. 10 f.

6 *Qânûn al-tahkîm fi-l-mawadd al-madaniya wa-l-tijâriya*, Gesetz Nr. 27/1994.

7 Hierzu *Börner*, Die Anerkennung ausländischer Titel in den arabischen Staaten, Heidelberg 1996, S. 29 ff.

einen gemeinsamen Wohnsitz haben. Fallen die Wohnsitze auseinander, findet das Recht des Staates Anwendung, in dem der Vertrag geschlossen wurde. Dies gilt nur, wenn sich die Vertragsschließenden nicht geeinigt haben oder es sich aus den Umständen ergibt, daß es ein anderes Recht ist, dessen Anwendung gewollt ist."

Abs. 2: "Hingegen ist es das Recht am Ort des Grundstückes, das auf Verträge Anwendung findet, die im Hinblick auf dieses Grundstück geschlossen wurden."[8]

Durch Art. 19 Abs. 1 S. 3 ZGB wird den Parteien eines Schuldvertrages die Möglichkeit eingeräumt, das anzuwendende Recht durch ausdrückliche oder konkludente Rechtswahl zu bestimmen. Zweifelhaft ist, welchen Rang das ZGB der Parteiautonomie einräumt. In Art. 19 Abs. 1 ZGB wird die Rechtswahlfreiheit erst im letzten Satz nach den Anknüpfungen an den gemeinsamen Wohnsitz und an den Abschlußort genannt (Art. 19 Abs. 1 S. 3 ZGB). Auffällig ist auch die negative Formulierung des Art. 19 Abs. 1 S. 3 ZGB ("*Dies gilt nur, wenn sich die Vertragsschließenden nicht geeinigt haben* ..."), die auf ein Regel-Ausnahme-Verhältnis zwischen den vorrangig zu beachtenden objektiven Anknüpfungen der ersten beiden Sätze und dem Parteiwillen hindeuten könnte.

Gegen die Subsidiarität des Parteiwillens spricht aber entscheidend, daß Art. 19 Abs. 1 S. 3 ZGB anderenfalls keinen Anwendungsbereich mehr hätte: Es ist ausgeschlossen, daß beide der vermeintlich vorrangigen objektiven Anknüpfungen versagen. In vielen Fällen haben die Parteien zwar keinen gemeinsamen Wohnsitz (Art. 19 Abs. 1 S. 1 ZGB), doch hat jeder Vertrag einen Abschlußort (Art. 19 Abs. 1 S. 2 ZGB). Die ägyptische Literatur greift das Problem nicht auf und geht stillschweigend vom Vorrang des Art. 19 Abs. 1 S. 3 ZGB aus wie auch die einschlägigen Entscheidungen des Kassationsgerichts, in denen vorrangig auf eine Rechtswahl abgestellt wird[9]. Auch im ägyptischen internationalen Vertragsrecht gilt also der Primat des Parteiwillens.

---

[8] Die Übersetzung mutet wenig geschliffen an. Tatsächlich hätte es dem Autor hier und an anderer Stelle einige Mühsal erspart, flüssiger, d.h. sinngemäß zu übersetzen. Sprachliche Eleganz wäre aber unweigerlich zu Lasten des "Geistes" und der Diktion des Originaltextes gegangen. Es mußte ein Kompromiß gefunden werden. Der Leser sei aber gewarnt: Viele Satzkonstruktionen und Wortwendungen des semitischen Arabischen lassen sich schlechterdings nicht ohne inhaltliche Verkürzungen in eine indoeuropäische Sprache wie das Deutsche übersetzen. Besondere Schwierigkeiten bereiten die vielen Termini islamrechtlichen Ursprunges, deren schariatrechtliche Bedeutung auch im modernen säkularen Recht durchschimmert, sich aber nur bei der Lektüre des arabischen Originales erschließt. Zum Beispiel wird der Ort des Vertragsabschlusses im internationalen Vertragsrecht (Art. 19 Abs. 1 S. 2 ZGB) unter anderem durch den "Ort der Vertragssitzung" (arab.: *majlis al-'aqd*) bestimmt, ein Rechtsbegriff islamrechtlicher Herkunft, der für eine ganz eigentümliche Vertragsschlussmechanik steht.

[9] Kassationsgericht 19.5.1979, majmû'a, 30. Jg., 843-852 (845); Kassationsgericht 23.3.1971, majmû'a, 22. Jg., 371-378 (S. 375); Kassationsgericht 22.2.1982, in: Hawary, qadâ' al-naqd fi munâza'ât al-'amal wa ta'mînât al-ijtimâ'iya (Revisionsurteile in arbeits- und sozialversicherungsrechtlichen Streitigkeiten), Bd. 5, Kairo 1984, S. 10 f.; Kassations-

Zur Eingliederung der Parteiautonomie in die Dogmatik des kollisionsrechtlichen Systems diskutiert vor allem die ältere ägyptische Lehre die Lokalisierungstheorie *Batiffols*[10]. Der in der französischen Rechtsprechung seit einer Entscheidung aus dem Jahre 1910 anerkannten Parteiautonomie[11] gab *Batiffol* mit seiner Lokalisierungstheorie erstmals eine dogmatische Grundlage[12]. Die Lokalisierungstheorie besagt in ihrem Kern, daß die Parteien das auf ihre Rechtsverhältnisse anzuwendende Recht nicht unmittelbar durch bloßen Konsens wählen können[13]. Der Vertrag müsse objektiv angeknüpft werden; als soziales Phänomen unterstehe er dem Recht der Gemeinschaft, in dem er wurzele. Folglich erkennt *Batiffol* keine "autonomie de la volonté" an, sondern lediglich die "loi d'autonomie"[14]. Allerdings können die Parteien die Lokalisierung in ihrem Sinne manipulieren, indem sie jenes Vertragselement spezifizieren, das nach der vertraglichen Zwecksetzung die stärkste Verbindung zu einer der vom Vertrag berührten Rechtsordnungen aufweist[15].

Heute sind die führenden ägyptischen Kollisionsrechtler aber der Auffassung, daß der Parteiwille ein echter Anknüpfungspunkt ist und sich nicht auf die "Lokalisierung" des Vertrages beschränkt[16]. Anders als (anfangs) in Frankreich

---

gericht Entscheidung Nr. 408 vom 22.2.1982; Kassationsgericht Entscheidung Nr. 226 vom 26.4.1973 (die letzten beiden Entscheidungen sind nicht veröffentlicht).

10 Vor allem 'Izz-ad-din, al-qânûn al-dauliy al-khâss, al-juz` al-thâniy (Internationales Privatrecht, 2. Teil), 9. Aufl. Kairo 1986 [zitiert: IPR], S. 422-427. Das Lehrbuch 'Izz-ad-*dins* ist *der* Klassiker zum ägyptischen internationalen Privatrecht. *'Izz-ad-din* prägte früher die herrschende Meinung und genießt auch heute noch Autorität, obwohl sein Werk nicht aktualisiert wurde und daher teilweise veraltet ist (Die erste Auflage ist 1953 erschienen. Das Kapitel zum internationalen Privatrecht wurde 1968 ergänzt. Zur Entwicklung des Lehrbuches siehe *'Izz-ad-din*, IPR, Vorwort auf den Seiten g)-h)).

11 *Cass* 5.12.1910, Recueil Sirey 1911.1.129-132 (S. 132). Schon im Jahre 1884 wurde der Parteiwille als Anknüpfungspunkt diskutiert, *Cass* 19.5.1884, Recueil Sirey, 1885.1.113-115 (S. 115).

12 *Batiffol*, Les conflits de lois en matière de contrats, Paris 1938. Umfassend zum Objektivismus, *Sadiq*, al-qânûn al-wâjib al-tatbîq 'ala `uqûd al-tijâriya al-dauliya (Das auf internationale Handelsverträge anzuwendende Recht), Alexandria 1995 [zitiert: Int. HandelsR], S. 382-414 und *'Âl*, qânûn al-'amaliyât al-masrafiya al-dauliya (Internationales Bankrecht) Alexandria 1994 [zitiert: Int. BankR], S. 16-25.

13 *Batiffol*, Aspects philosophiques du droit international privé, Paris 1956, S. 87.

14 Das arabische Wortkompositum für "Parteiautonomie" ist ein an die *batiffolschen* Wortprägung "loi d'autonomie" angelehnter Terminus (arab.: *qânûn al-irâda*), die sowohl bei Objektivisten als auch bei Subjektivisten gebräuchlich ist.

15 *Batiffol*, Objectivisme et subjectivisme dans le droit international privé des contrats, in: Mélanges offerts à Jaques Maury, Bd. 1, [zitiert: Mélanges Maury], Paris 1960, S. 39-58 (53).

16 *Sadiq*, tanâzu' al-qawânîn (Gesetzeskonflikte), 3. Aufl. Alexandria 1974, S. 652 f. bekennt sich in seinem IPR-Lehrbuch von 1973 (unveränderte Neuauflage von 1993) noch zum

bedarf man in Ägypten nicht des *batiffolschen* Kunstgriffs, um die Parteiautonomie zu rechtfertigen. Art. 19 Abs. 1 S. 3 ZGB spricht ausdrücklich von der Anknüpfung an den Parteiwillen.

Wie der Rechtswahlfreiheit Schranken zum Schutze der vertragsschwächeren Partei zu setzen sind, ist in der ägyptischen Lehre nicht abschließend geklärt. Alle ägyptischen Autoren stimmen darin überein, daß eine Rechtswahl nur bei internationalen Verträgen zulässig ist[17]. Als international werden solche Verträge bezeichnet, die ein "grenzüberschreitendes Element"[18] aufweisen, das Inlandsverträgen fehlt. Bei bloßen Inlandsverträgen ist eine Rechtswahl unzulässig und in eine materiellrechtliche Verweisung[19] auf das gewählte Recht umzudeuten[20]. Im übrigen ist bei ägyptischen Autoren eine Tendenz erkennbar, eine Rechtswahl nur in krassen Ausnahmefällen scheitern zu lassen, nämlich wenn überhaupt keine objektive Verbindung zum gewählten Recht besteht[21] oder die Rechtswahl mißbräuchlich erscheint[22].

Objektivismus, während er in seinen Büchern "al-mujaz fi-l-qânûn-al-dauliy-al-khâss" (Abriß zum internationalen Privatrecht), Alexandria 1993 [zitiert: mujaz] und "Internationale Handelsverträge" subjektivistische Positionen bezieht.

17 *Sadiq*, IPR, S. 660; *'Izz-ad-din*, IPR, S. 440 f.; *Riad*, tanâzu' al-qawânîn wa-l-ikhtisâs al-qada'iy al-dauliy (Gesetzeskonflikte und internationale Zuständigkeit), unveränderte Neuauflage Kairo 1994 [zitiert: *Riad*: IPR], S. 321, 326; *Muqaddam*, tanâzu' al-qawânîn fi sanadât al-shachn al-safîna (Gesetzeskonflikte bei Seefrachtbriefen), Beirut 1981 [zitiert: Int.SeeR], S. 86; *Sadiq*, Int. HandelsR, S. 47-99 (53, 95); *Shauqi*, al-wasît fi-l-qânûn al-dauliy al-khâss al-misriy, al-juz' al-thâniy (Einführung in das ägyptische internationale Privatrecht), Kairo 1991 [zitiert: IPR], S. 185; *Fahmi*, usûl al-qânûn al-dauliy al-khâss (Grundzüge des internationalen Privatrechts), 2. Aufl. Kairo 1985 [zitiert: IPR], S. 589.

18 Arab.: *'unsur ajnabiy*, wörtlich "ausländisches Element".

19 Die materiellrechtliche Verweisung ist nicht etwa ein *tertium* neben Privatautonomie und Parteiautonomie, sondern bezeichnet einen speziellen Anwendungsfall der Privatautonomie. Bei der materiellrechtlichen Verweisung werden Vorschriften einer fremden Rechtsordnung in den Vertrag "implantiert", wobei der Vertrag aber einem anderen Statut untersteht. Folglich brechen sich die fremden Vorschriften schon am *ius cogens* des (meist objektiv bestimmten) Vertragsstatuts, siehe *Sadiq*, Int. HandelsR, S. 792; *Kropholler*, Internationales Privatrecht, 2. Aufl. Tübingen 1994, §40 I (S. 264 f.).

20 *Sadiq*, Int. HandelsR, S. 54, 791 f.

21 *Sadiq*, IPR, S. 660 f.; ähnlich *'Izz-ad-din*, IPR, S. 440-443.

22 *Sadiq*, al-mujaz fi-l-qânûn al-dauliy al-khâss (Abriß zum internationalen Privatrecht), Alexandria 1993 [zitiert: mujaz], S. 306; vgl. auch Int.HandelsR, S. 344-358 (346 f.) und *'Âl*, Int.BankR, S. 49-57.

2. Gemeinsamer Wohnsitz

a) Vorbemerkungen

Der Wohnsitz ist ein wichtiger Anknüpfungspunkt im internationalen Privatrecht Ägyptens[23]. Der Wohnsitz dient als fakultativer Anknüpfungspunkt bei der Ermittlung des Formstatuts (Art. 20 3. Var. ZGB), und er bestimmt das Personalstatut des Staatenlosen (Art. 25 ZGB)[24]. Von Bedeutung ist der Wohnsitz auch im internationalen Vertragsrecht, wo er sich als subsidiäres Anknüpfungsmoment auf der zweiten Stufe der dreigliedrigen Anknüpfungsleiter des Art. 19 Abs. 1 ZGB findet: Sofern die Parteien das auf den Schuldvertrag anzuwendende Recht nicht parteiautonom bestimmt haben (Art. 19 Abs. 1 S. 3 ZGB), ist an ihren gemeinsamen Wohnsitz anzuknüpfen (Art. 19 Abs. 1 S. 1 ZGB).

Die herausgehobene Stellung des gemeinsamen Wohnsitzes als primärer der in Art. 19 Abs. 1 ZGB genannten beiden objektiven Anknüpfungspunkte steht allerdings in einigem Gegensatz zu seiner praktischen Bedeutung. Bei den für das internationale Vertragsrecht typischen grenzüberschreitenden Schuldverträgen haben die Parteien meist keinen gemeinsamen Wohnsitz in demselben Staat. Sind die Parteien ausnahmsweise doch durch einen gemeinsamen Wohnsitz (in einem Land) miteinander verbunden, wird sich, wegen des starken Inlandsbezuges, die Frage nach dem anzuwendenden Recht oft nicht stellen[25].

In der ägyptischen Literatur wird ausführlich diskutiert, wie das Qualifikationsstatut für die Anknüpfung an den Wohnsitz zu bestimmen ist. Teilweise wird

---

23 Wenn *Sadiq*, Int.Wohnsitz, S. 702-707 und *Fahmi*, IPR, S. 252 f. dem Wohnsitzrecht gar herausragende Bedeutung für das internationale Privatrecht beimessen, beruht ihre Wertung auf einem andersgearteten Begriff des internationalen Privatrechts. Wie auch im französischen Recht üblich, wird das Staatsangehörigkeitsrecht und das Ausländerrecht zum internationalen Privatrecht Ägyptens gerechnet; Rechtsgebiete, deren Normen oftmals darauf abstellen, ob ein Wohnsitz im Inland besteht. Wenn im folgenden vom internationalen Privatrecht die Rede ist, ist das Kollisionsrecht im deutschen Sinne gemeint.

24 Siehe al-chukûma al-misriya, wizâra al'adl, al-qânûn al-madaniy, majmû'a al-'amâl al-tachdiriya, al-juz` al-auwal - juz` al-râbi' (Gesetzesprotokolle zum Zivilgesetzbuch, Bd. 1-4) [zitiert: Prot.], Art. 25, S. 309 f. (der ägyptische Gesetzgeber hat bei der Formulierung des Art. 25 Abs. 1 ZGB den Art. 29 EGBGB a.F. vor Augen gehabt); *Sadiq*, IPR, S. 406-408 (407 f.); *Tulba*, al-wasît fi-l-qânûn al-madaniy (Einführung in das Zivilgesetzbuch), Bd.1, Kairo 1987) [zitiert: ZGB], Art. 25 (S. 141-144).

25 Im "Vorschlag für den Entwurf eines Zivilgesetzbuches gemäß den Vorschriften des islamischen Rechts" (mashrû` taqnîn achkâm al-sharî'a al-islâmiya fi-l-mu'âmalât al-madaniya), Kairo 1982, wird die Anknüpfung ersatzlos gestrichen, ansonsten bleibt es bei den Anknüpfungen des Art. 19 ZGB (siehe Art. 26 des Vorschlages). In den Materialien heißt es zur Begründung, daß der gemeinsame Wohnsitz eine konkludente Wahl des Wohnsitzrechts bedeute und der gemeinsame Wohnsitz meist mit dem Abschlußort (vgl. Art. 19 Abs. 1 S. 2 ZGB) zusammenfalle.

behauptet, daß die Vorschrift des Art. 10 ZGB, wonach *lege fori* zu qualifizieren ist, eine Antwort auf die hier interessierende Frage bereithält[26], allerdings ohne hinreichend zu beachten, daß Art. 10 ZGB nur den Verweisungsbegriff einer Kollisionsnorm betrifft, nicht aber Anknüpfungsmomente. Art. 10 ZGB spricht von der Qualifikation der Rechtsbeziehungen, meint also den Verweisungsbegriff einer Kollisionsnorm[27]. Eine analoge Anwendung auf Anknüpfungsmomente ist also zumindest fraglich[28]. Andere ägyptische Autoren möchten in Anlehnung an die von *Levasseur* entwickelte Interpretationsmethode[29] dem Statut die Interpretationskompetenz für den Wohnsitzbegriff geben, das Rechtswirkungen an den Wohnsitz knüpft[30]. Wieder andere wollen den Wohnsitz *lege loci* bestimmen. Ob eine Person innerhalb eines bestimmten Gebietes einen Wohnsitz habe, müsse sich nach dem Recht beurteilen, das in diesem Gebiet gelte. Denn der Wohnsitzbegriff habe öffentlich-rechtlichen Charakter, ähnlich der Staatsangehörigkeit, die auch eine Verbindung zwischen Staat und einer Person herstelle. Ob dieses Band bestehe und wie es beschaffen sei, könne nur das Recht des Staates beantworten, das für seinen Geltungsbereich in Anspruch nimmt, daß dort ein Wohnsitz bestehe[31].

Die ägyptische Rechtsprechung allerdings scheint ohne weiteres davon auszugehen, daß bei der Anknüpfung an den Wohnsitz ägyptisches Recht gilt. In der TWA-Entscheidung aus dem Jahre 1967[32] knüpfte das Kassationsgericht einen Arbeitsvertrag an den gemeinsamen ägyptischen Wohnsitz der Parteien an, der nach ägyptischem Sachrecht bestimmt wurde. Auch in der Entscheidung Nil Export./.Midland Bank stellte das Kassationsgericht zur Anknüpfung eines Akkreditives an den durch den Wohnsitz bestimmten Leistungsort ohne weiteres auf ägyptisches Wohnsitzrecht ab[33].

---

26 Allgemein zur Qualifikation: *Sadiq*, IPR, S. 111-164 (vor allem 147-161); *ders.*, mujaz, S. 43-82; *Riad*, IPR, S. 56-76; *Shauqi*, IPR, S. 31-46; *Fahmi*, IPR, S. 397-417.

27 Herrschende Meinung, z.B. *'Izz-ad-din*, IPR, S. 132 f.

28 Anders *Rahman*, al-qânûn al dauliy al-'arabiy, al-juz' al-thâniy fi-l-mautin al-dauliy wa markaz al-ajânib fi-l-bilâd al-'arabiya (Kurztitel: Wohnsitz im internationalen Privatrecht) [zitiert: Int.Wohnsitz], Kairo 1968, S. 31, der ohne weiteres davon ausgeht, daß Art. 10 ZGB auch auf die Bestimmung von Anknüpfungsmomenten anzuwenden ist. Vgl. auch *Sadiq*, al-jinsiya wa-l-mautin wa markaz al-ajânib, al-majallad al-auwal fi-l-jinsiya wa-l-mautin (Kurztitel: Staatsangehörigkeit und Wohnsitz im internationalen Privatrecht) [zitiert: Int.Wohnsitz], Alexandria 1977, S. 764-767.

29 *Levasseur*, Le Domicile et sa Détermination en Droit International Privé, Paris 1931.

30 *Sadiq,* Int. Wohnsitz, S. 772.

31 *Rahman*, Int. Wohnsitz, S. 32 f., *Shauqi*, dirâsât fi-l-qânûn al-dauliy al-khâss al-misriy (Studien zum ägyptischen internationalen Privatrecht, Kairo 1990 [zitiert: IPR], S.259 f.

32 *Kassationsgericht* 5.4.1967, majmû'a, 18. Jg., S. 798-805.

33 *Kassationsgericht* 27.2.1984, majmû'a, 35. Jg., S. 551-563 (558 f.).

b) Materielles Wohnsitzrecht für die Zwecke des internationalen Vertragsrechts

aa) Überblick – allgemeiner Wohnsitz

Die Wurzeln des ägyptischen Wohnsitzrechts liegen im deutschen Recht, das rezipiert wurde, um - erstaunlich aus deutscher Sicht - den islamrechtlichen Anteil im ägyptischen ZGB zu stärken. So soll das deutsche Wohnsitzrecht der §§ 7-11 BGB, insbesondere weil es mehrere Wohnsitze und Wohnsitzlosigkeit kenne, dem klassischen islamischen Recht besonders nahe kommen[34]. Art. 40 S. 1 ZGB definiert den allgemeinen Wohnsitz wie folgt:

> "Der Wohnsitz ist der Ort, an dem sich die Person für gewöhnlich aufhält."

Ein allgemeiner Wohnsitz wird begründet durch tatsächliche Niederlassung, die vom Willen dauerhaften Aufenthalts getragen und so beständig sein muß, daß die Niederlassung zur gewöhnlichen wird[35]. Neben dem allgemeinen Wohnsitz kennt das ZGB noch verschiedene besondere Wohnsitze, von denen der Geschäftssitz und der gewillkürte Wohnsitz von besonderer praktischer Bedeutung sind[36]:

bb) Geschäftssitz (Art. 41 ZGB)

Art. 41 ZGB bestimmt[37]:

> "Der Ort, an dem die Person ein Handelsgeschäft oder ein Gewerbe betreibt, ist im Hinblick auf die mit dem Handelsgeschäft oder dem Gewerbe zusammenhängende Geschäftsführung als ihr Wohnsitz zu betrachten."

Über den Wortlaut des Art. 41 hinaus werden neben den Kaufleuten alle Freiberufler erfaßt, wie Ärzte, Rechtsanwälte[38] und Ingenieure[39]. Der besondere geschäftliche Wohnsitz entsteht kraft Gesetzes, so daß es auf den Willen der Person nicht ankommt[40]. Er setzt auch keinen dauernden Aufenthalt voraus[41] und besteht daher meist neben dem allgemeinen Wohnsitz[42]. Sachlich bezieht sich

---

34 *Prot. I*, Art. 40, S. 343.

35 *Kassationsgericht* 12.1.1956, majmû'a, 7. Jg., S. 74-93 (89); *Kassationsgericht* 1.6.1977, majmû'a, 28. Jg., S. 1354-1360 (1357 f.).

36 Von den besonderen Wohnsitzen ist der gesetzliche Wohnsitz der Verschollenen, Abwesenden, Entmündigten und Minderjährigen (Art. 42 ZGB) zu erwähnen.

37 Art. 41 ZGB soll auf Art. 23 Abs. 3 des schweizerischen Personengesetzbuches beruhen, *Prot. I*, Art. 40, S. 344.

38 *Kassationsgericht* 20.1.1979, majmû'a, 30. Jg., S. 298-305 (303 f.).

39 So die beispielhafte Aufzählung bei *Tulba*, ZGB, Art. 41 (S. 178).

40 *Sadiq*, Int. Wohnsitz, S. 737.

41 *Tulba*, ZGB, Art. 41 (S. 180).

42 Vgl. *Sadiq*, Int. Wohnsitz, S. 737.

der Geschäftssitz nur auf geschäftlich veranlaßte Verrichtungen; für den Bereich des internationalen Vertragsrechts also auf Schuldverträge mit einem grenzüberschreitenden Element, die im Zusammenhang mit dem Geschäftsbetrieb stehen.

cc) Gewillkürter Wohnsitz (Art. 43 ZGB)

Das ZGB kennt mit Art. 43 ZGB einen besonderen, vereinbarten Wohnsitz:

> Abs. 1: "Ein Wohnsitz darf für die Vornahme eines bestimmten Rechtsgeschäfts[[43]] genommen werden."
>
> Abs. 2: "Der Beweis des Wohnsitzes kann nur durch Schriftform erfolgen."
>
> Abs. 3: "Der für die Vornahme eines Rechtsgeschäftes gewählte Wohnsitz gilt als Wohnsitz in Bezug auf alle Rechtshandlungen, die mit diesem Geschäft zusammenhängen, einschließlich der Zwangsvollstreckung, es sei denn, es wurde ausdrücklich bestimmt, daß dieser Wohnsitz auf bestimmte Rechtshandlungen beschränkt ist."

Art. 43 ZGB lehnt sich an Art. 111 des französischen Code civil an, nach dem die Parteien einen vom allgemeinen Wohnsitz[44] abweichenden gewillkürten Wohnsitz (frz.: *domicile élu*, arab.: *mautin mukhtâr*) in Ansehung eines Rechtsgeschäftes vereinbaren können, mit der Folge, daß der gewillkürte Wohnsitz als Wohnsitz für alle mit dem Rechtsgeschäft zusammenhängenden Handlungen gilt[45]. Obwohl der gewillkürte Wohnsitz alle sachrechtlichen Wirkungen eines allgemeinen Wohnsitzes zeitigt, wird er von den Parteien vor allem im Hinblick auf seine prozessualen Wirkungen vereinbart. Ein gewillkürter Wohnsitz bedeutet nämlich eine indirekte Gerichtsstandsvereinbarung.

Kann der durch Abrede bestimmte Wohnsitz bei der objektiven Anknüpfung an den gemeinsamen Wohnsitz beachtlich sein? Das Problem ist von einigem theoretischen Interesse; in der Praxis aber wird es nur in seltenen Fällen akut. In der Vereinbarung eines Wohnsitzes liegt nämlich regelmäßig die konkludente Wahl des am Wohnsitz geltenden Rechts, so daß die zweite Stufe der Anknüpfungsleiter des Art. 19 Abs. 1 ZGB gar nicht erreicht wird. In Ägypten wird das Pro-

---

[43] Arab.: *'amal qânûniy*, das dem französischen Begriff "*acte juridique*" entspricht. Siehe *Ferid/Sonnenberger*, Das Französische Zivilrecht, Bd.1/1 Erster Teil: Allgemeine Lehren des Französischen Zivilrechts: Einführung und Allgemeiner Teil des Zivilrechts, 2. Aufl. Heidelberg 1994 [zitiert: FrzZR], §1 Rdnr. 1 B 89-91.

[44] Zum französischen Wohnsitzrecht siehe *Ferid/Sonnenberger*, FrzZR, Bd.1/1 §1 1 D Rdnr.179 mwN.

[45] *Goubeaux*, Traité de Droit Civile, Tome 7, Les personnes, Paris 1989, Rdnr.194 f.; *Kassationsgericht* 27.2.1984, majmû'a, 35. Jg., S. 551-563 (558 f.); *Kassationsgericht* 21.4.1980, majmû'a, 31. Jg., S. 1173-1177 (1176 f.).

blem nicht diskutiert und die ägyptische Literatur und Rechtsprechung knüpfen auch an den durch Parteivereinbarung bestimmten Wohnsitz an [46].

dd) Gesellschaftssitz

Art. 53 Buchst. d S. 1 ZGB definiert den Sitz einer Gesellschaft wie folgt:

> "Als ihr Wohnsitz gilt der Ort, an dem sich ihr Verwaltungssitz befindet."

Eine Gesellschaft mit unselbständigen Niederlassungen hat ihren "Verwaltungssitz" am Sitz der Hauptverwaltung[47]. Dies folgt im Umkehrschluß aus Art. 53 Buchst. d S. 2 ZGB, wonach ausnahmsweise auf eine unselbständige ägyptische Zweigniederlassung abzustellen ist, falls eine Gesellschaft mit ausländischem Hauptverwaltungssitz in Ägypten tätig wird:

> "Für den Bereich des Sachrechts[[48]] bestimmt sich der Wohnsitz der in Ägypten tätigen Gesellschaften mit ausländischem Hauptsitz nach dem Ort, in dem sich ihre örtliche Verwaltung befindet."

Obwohl das ZGB detaillierte Regeln zur Bestimmung des Gesellschaftssitzes enthält, möchte sich *Sadiq* von der sachrechtlichen Definition des Gesellschaftssitzes lösen. Bei der Bestimmung des internationalprivatrechtlichen Wohnsitzbegriffes müsse die in Art. 11 Abs. 2 ZGB zum Ausdruck gekommene Wertung beachtet werden, wonach sich das Personalstatut von Gesellschaften grundsätzlich nach ihrem Hauptsitz bestimmt, es sei denn, sie wird hauptsächlich in Ägypten tätig[49]:

> "Hingegen bestimmt sich die Rechtsstellung der ausländischen juristischen Personen, wie Handelsunternehmen, Gesellschaften oder andere Vereinigungen, nach dem Recht des Staates, in dem sich ihre tatsächliche Hauptniederlassung befindet. Üben sie ihre Haupttätigkeit in Ägypten aus, findet ägyptisches Recht Anwendung."

Sadiqs Lösung führt insbesondere dann zu einem anderen Ergebnis als die Bestimmung des Wohnsitzes gemäß Art. 53 ZGB, wenn eine Gesellschaft ihren Hauptverwaltungssitz im Ausland hat, die Haupttätigkeit aber in Ägypten entfaltet wird. Knüpfte man den Vertrag an den gem. Art. 53 Abs. 2 Buchst. d S. 1 ZGB ermittelten Gesellschaftssitz an, wäre das Recht am ausländischen Hauptverwaltungssitz anzuwenden. Die Ausnahmevorschrift des Satzes 2 fände keine Anwendung, da sie sich ausschließlich auf Fragen des Sachrechts beschränkt. Bestimmte man den Gesellschaftssitz hingegen nach Maßgabe des Art. 11

---

[46] *Kassationsgericht* 27.2.1984, majmû'a, 35. Jg., S. 551-563 (558 f.).

[47] *Qalyubi*, al-sharkât al-tijâriya (Handelsgesellschaften), Kairo 1984 [zitiert: HandelsGes], S. 62.

[48] Arab.: *qânûn dâkhiliy*, im Gegensatz zum internationalen Privatrecht.

[49] *Sadiq,* Int. Wohnsitz, S. 799-801.

Abs. 2 ZGB, wäre auch dann auf den ägyptischen Verwaltungssitz abzustellen (Art. 11 Abs. 2 S. 2 ZGB), wenn die Hauptverwaltung im Ausland läge.

Die ägyptische Rechtsprechung hat – soweit ersichtlich – die Problematik bislang nicht behandelt. Gegen die international-privatrechtliche Bestimmung des Gesellschaftssitzes sprechen allerdings gewichtige Gründe. Art. 11 ZGB definiert den Gesellschaftssitz nicht, sondern betrifft nur das Personalstatut von Gesellschaften. *Sadiq* erläutert auch nicht, weshalb auf die Anknüpfungsmomente des Art. 11 Abs. 2 ZGB zurückzugreifen ist, obwohl Art. 53 Abs. 2 Buchst. d ZGB eine ausdrückliche Definition des Wohnsitzes bereithält, die offensichtlich auch für das internationale Privatrecht gilt. Denn die Ausnahme von dem Grundsatz, daß sich der Sitz einer Gesellschaft nach ihrem Hauptverwaltungssitz bestimmt (Art. 53 Buchst. d Abs. 2 S. 1 ZGB), sieht Art. 53 Buchst. d S. 2 ZGB ausdrücklich nur für den Bereich des Sachrechts (arab.: *qânûn dâkhiliy*) vor. Art. 53 Abs. 2 Buchst. d S. 2 ZGB kann also entnommen werden, daß der Satz 1 als allgemeine Vorschrift auch für das Kollisionsrecht gilt.

3. Ort des Vertragsabschlusses

a) Vorbemerkung

Haben die Parteien keine Rechtswahl getroffen und verbindet sie auch kein gemeinsamer Wohnsitz, entscheidet der Ort des Vertragsabschlusses über das Vertragsstatut (Art. 19 Abs. 1 S. 2 ZGB). Die Anknüpfung an den Ort des Vertragsabschlusses kennt das internationale Vertragsrecht schon seit der Statutenlehre[50], allerdings wird sie heute allgemein als veraltet und innerlich unbegründet[51] angesehen. Den Vertrag vom Recht am Abschlußort regieren zu lassen, ist nur noch eine Verlegenheitslösung, die im Einzelfall zu einem gänzlich unangemessenen Schuldvertragsstatut führen kann. Moderne Kommunikations- und Transportmittel ermöglichen und begleiten die zunehmende Verflechtung internationaler Wirtschaftsbeziehungen und machen jeden Ort dieser Welt leicht erreichbar. Im Extremfall steht das Recht am Abschlußort in keinerlei innerer Beziehung zum Vertrag[52]. Treffen sich z.B. ein Ägypter und ein Deutscher auf halber Wegstrecke zu Vertragsverhandlungen in Rom, besteht nicht mehr als ein äußerer Zusammenhang zwischen Vertrag und italienischer Rechtsordnung. Sehr

---

[50] *Schnitzer*, Handbuch des Internationalen Privatrechts, Bd. 1, 4. Aufl. Basel 1958, S. 621; *Vischer*, Internationales Vertragsrecht - Die kollisionsrechtlichen Regeln der Anknüpfung bei internationalen Verträgen, Bern 1962, S. 95.

[51] So schon *Schnitzer* im Jahre 1944: Handbuch des Internationalen Privatrechts, Bd. 1, 2. Aufl. Basel 1944, S. 121-123. In diesem Sinne auch *Vischer*, IPR, S. 97.

[52] *Rabel*, The Conflict of Laws: A Comparative Study, 2. Aufl., prepared by *Ulrich Drobnig*, Band 2: Foreign corporations, torts, contracts in general (1960), S. 462-464 (463) will niemals *nur* auf den *locus contractus* abstellen: "The rule is a device insufficient in itself, because it needs supplementary facts to operate, and is inadequate in many cases."

kritisch ist daher *Sadiq*, der zu Recht darauf hinweist, daß die Anknüpfung an den Abschlußort in Art. 19 Abs. 1 ZGB zwar an letzter Stelle genannt wird, praktisch aber weit wichtiger als die Anknüpfung an den gemeinsamen Wohnsitz ist. Denn die Anknüpfung an den vorrangig zu beachtenden gemeinsamen Wohnsitz wird im grenzüberschreitenden Waren- und Dienstleistungsverkehr meist versagen[53].

b) Bestimmung des Abschlußortes

Im ägyptischem Sachrecht wird bei der Bestimmung des Abschlußortes zwischen Verträgen unter Abwesenden und den in einer Vertragssitzung geschlossenen Verträgen unterschieden.

aa) Allgemeiner Wohnsitz

Anders als beim Vorbild des ZGB, dem französischen Code Civil, beendete der ägyptische Gesetzgeber die Diskussion, wie Ort und Zeitpunkt der Begründung des Vertragsbandes zu ermitteln sind. Für die Bestimmung des Abschlußortes bei Verträgen zwischen Abwesenden hält Art. 97 Abs. 1 ZGB eine ausdrückliche Regelung bereit:

> "Der Vertragsabschluß zwischen Abwesenden gilt als an dem Ort und zu der Zeit erfolgt, in der der Anbietende Kenntnis von der Annahme erhält."

Beim Vertragsabschluß[54] zwischen Abwesenden werden Angebot und Annahme zwischen räumlich getrennten Parteien ausgetauscht. Zu beachten ist hierbei, daß der telephonisch oder mit Hilfe gleichartiger Kommunikationsmittel geschlossene Vertrag trotz räumlicher Trennung nicht als Vertrag zwischen Abwesenden behandelt wird. Er wird den im Rahmen einer "Vertragssitzung"[55] geschlossenen Verträgen gleichgestellt (Art. 94 Abs. 1 S. 2 ZGB)[56]. Die in Art. 97 Abs. 1 ZGB normierte Kenntnisnahmetheorie wird vom ZGB allerdings

---

[53] *Sadiq*, Int. HandelsR, S. 786 f.

[54] Zur Vertragsabschlußmechanik im allgemeinen siehe *Sanhuri*, al-wasît, Bd.1, Erstes Buch, 1. Abschnitt, 1. Kapitel; *Murqus*, al-wafi fi sharch al-qânûn al-madaniy, 2, fi-l-iltizamât, al-majallad al-auwal, nazhariya al-`aqd wa-l-irâdat al-munfarida, (Kommentar zum Zivilgesetzbuch, 2, Verbindlichkeiten, 1. Band, Vertrag und einseitige Willensäußerung), 4. Aufl. Kairo 1987 [zitiert: ZGB 2/1], S. 131-203.

[55] Arab.: *majlis al-'aqd.*

[56] Art. 94 Abs. 1 S. 1, 2 ZGB lautet: "Wurde das Angebot in einer Vertragssitzung abgegeben, ohne daß eine Annahmefrist bestimmt wurde, so wird der Anbietende von seinem Angebot frei, falls die Annahme nicht unverzüglich erfolgt. Das gleiche gilt, wenn das Angebot einem anderen gegenüber telephonisch oder auf ähnlichem Wege abgegeben wird."

eingeschränkt, das eine (widerlegbare[57]) Vermutung für die tatsächliche Kenntnisnahme aufstellt (Art. 97 Abs. 2 ZGB):

> "Es wird vermutet, daß der Anbietende von der Annahme an dem Ort und zu der Zeit Kenntnis genommen hat, in der ihm die Annahme zugegangen ist, es sei denn, daß eine Vereinbarung oder eine gesetzliche Bestimmung etwas anderes bestimmen."

bb) Vertragschluß durch Schweigen

Die in Art. 97 Abs. 1 ZGB normierte Kenntnisnahmetheorie wird vom ZGB durchbrochen. Das ZGB normiert verschiedene Fallgruppen, in denen Schweigen als Annahmeerklärung fingiert wird (Art. 98 ZGB). In Art 98 ZGB hat der ägyptische Gesetzgeber, beeinflußt vom schweizerischen Obligationenrecht und französischen Richterrecht[58], verschiedene Fallgruppen zusammengefaßt, in denen dem Schweigen des Antragsempfängers ausnahmsweise die Wirkung einer Annahmeerklärung verliehen wird[59]. Hier hilft die Kenntnisnahmetheorie, wie sie in Art. 97 ZGB formuliert wurde, nicht weiter: Vom Wortsinn her und erkenntnistheoretisch ist es zwar möglich, von einem Schweigen "Kenntnis" zu nehmen, doch gibt diese Einsicht keinen Aufschluß über den Abschlußort. Schweigen hat nämlich keine ontologische Realität[60] und kann sich nicht wie eine Annahmeerklärung an einem bestimmten Ort manifestieren. Die Bestimmung des Abschlußortes beim Vertragsabschluß durch Schweigen muß auf dem

---

[57] *Sanhuri*, al-wasît, Bd.1, S. 248; *Farag*, an-nazhariya al-'âmma l-il-iltizâm, fi masâdir al-iltizâm (Allgemeine Theorie der Obligationen, Quellen der Obligationen), Beirut 1988 [zitiert: SchuldR], S. 107.

[58] Vgl. zum Vertragsabschluß durch Schweigen im französischen Recht grundlegend *Cass* 25.5.1870, *Dalloz* 1870.1.257. Im einzelnen: Ghestin-*Ghestin*, Les Obligations - Le Contrat: Formation [zitiert: Formation du Contrat], 3. Aufl. Paris 1993, Nr. 295; *Carbonnier*, Les Obligations, 16. Aufl. Paris 1992, Nr. 39; *Terré-Simler*, *Leqette*, Les Obligations, 5. Aufl. Paris 1993, Nr.118. Neben den gesetzlich geregelten Fällen des Schweigens als Erklärung (z.B. Art. 1759 CC) gilt Schweigen als Annahme, wenn die Parteien eine entsprechende Vereinbarung getroffen haben oder die Verkehrssitte eine ausdrückliche Ablehnung erfordert, wenn ein Vertrag nicht zustande kommen soll (z.B. bei Bestätigungsschreiben).

[59] Im Kollisionsrecht wird der Vertragsabschluß durch Schweigen oftmals besonderen Anknüpfungsregeln unterworfen. So kann es unbillig sein, dem Schweigenden eine Rechtswahl bzw. den Abschluß eines Hauptvertrages nach den Regeln einer anderen als der ihm bekannten Heimatrechtsordnung zu oktroyieren (siehe zur Problematik *Kropholler,* IPR, §52 I 3a, S. 394 f.). Im Rahmen der Anknüpfung an den Abschlußort besteht jedoch kein Grund, das Schweigen einer Partei auch dann als Willenserklärung zu fingieren, wenn sie hiermit nicht zu rechnen brauchte. Die Anknüpfung an den Abschlußort dient nur dazu, den Vertrag einer bestimmten Rechtsordnung zuzuweisen, und zwar nach den Kriterien, welche die *lex fori* für angemessen hält. Der Vertrag muß einer Rechtsordnung unterworfen werden und dies unabhängig vom Parteiwillen. Folglich gibt es keinen Raum, individuelle Parteiinteressen schützend zu berücksichtigen.

[60] Vgl. hierzu die *Prot. I*, S. 57, in denen das Schweigen als "ausschließlich negativer Zustand" (arab.: *mujarrad wad' silbiy*), als *nullum* beschrieben wird.

Boden der Kenntnisnahmetheorie erfolgen. Ihr sind modifizierte Regeln für die Frage zu entnehmen, an welchem Ort der Anbietende von dem Schweigen des anderen "Kenntnis" nimmt. Ausgangspunkt für die folgenden Überlegungen soll sein, daß die Ermittlung des Abschlußortes und die Bestimmung des Abschlußzeitpunktes eng miteinander zusammenhängen. In der Sache nämlich bestimmen die Regeln über den Vertragsabschluß durch Schweigen, bis zu welchem *Zeitpunkt* der Erklärungsempfänger den Vertragsabschluß verhindern kann. Der Vertrag kommt zu dem Zeitpunkt (und an dem Ort) zustande, in dem die Ablehnungsfrist abläuft. Wendete man die Kenntnisnahmetheorie vor diesem Hintergrund entsprechend an, läge der Abschlußort dort, wo sich der Anbietende bei Ablauf der Ablehnungsfrist befände. Diese Lösung wäre aber für die schweigende Partei gänzlich unbillig. Sie lädt zu Manipulationen ein. Der Anbietende könnte einseitig das für ihn günstigste Recht wählen, indem er kurz vor Ablauf der Ablehnungsfrist in das Land seiner Wahl reiste. Es erscheint richtiger, nicht an den einfachen Aufenthaltsort des Anbietenden zum Zeitpunkt des Ablaufes der Annahmefrist anzuknüpfen, sondern auf den stabileren Wohn- bzw. Geschäftssitz abzustellen (je nach seiner Geschäftsbeziehung zum Antragsgegner).

4. Reichweite des Vertragsstatuts

Entgegen einer beachtlichen Mindermeinung, die den Vertragsabschluß von Art. 19 ZGB ausnimmt und der *lex fori* unterstellt[61], ist der Anknüpfungsgegenstand des Art. 19 ZGB weit auszulegen. Er erfaßt grundsätzlich alle schuldvertraglichenen Rechte und Pflichten. Bei der Frage, ob einzelne Fragen des Vertragsverhältnisses gesondert anzuknüpfen sind, beschränken sich die ägyptischen Autoren darauf, in Frankreich, Großbritannien, den U.S.A. und Deutschland vertretene Meinungen zu wiederholen, ohne eigene Ansätze zu entwickeln.

Die Form des Vertrages untersteht Art. 20 ZGB (es gelten fakultativ die *lex causae*, die *lex loci contractus*, das am Wohnsitz der Parteien geltende Recht sowie das durch die Staatsangehörigkeit der Parteien bestimmte Heimatrecht).

Die Rechtsfähigkeit ist akzessorisch anzuknüpfen, richtet sich beim Erwerb vertraglicher Rechte und Pflichten also nach dem Vertragsstatut. Die Geschäftsfähigkeit ist grundsätzlich an die Staatsangehörigkeit anzuknüpfen (Art. 11 Abs. 1 ZGB).

---

[61] *Fahmi*, IPR, S. 586-588, der allerdings Willensmängel und gewisse Nichtigkeitsgründe dem präsumtiven Statut unterstellen möchte.

III. Besondere Vertragstypen

1. Ausschließlichkeit von Art. 19 Abs. 1 ZGB ?

Mit Ausnahme der gesondert anzuknüpfenden Immobiliarschuldverträge (Art. 19 Abs. 2 ZGB) erfaßt der Anknüpfungsgegenstand des Art. 19 Abs. 1 ZGB seinem Wortlaut nach alle Schuldverträge – gleich welcher Art und welchen Inhalts. Die unterschiedlichsten Schuldvertragstypen über einen Kamm zu scheren und, falls eine Rechtswahl nicht getroffen wurde, an den gemeinsamen Wohnsitz oder hilfsweise an den Abschlußort anzuknüpfen, wird dem international-privatrechtlichen Ideal oftmals nicht gerecht, ein Rechtsverhältnis der Rechtsordnung zu unterstellen, in der es wurzelt. Während die parteiautonome Rechtswahl grundsätzlich Gewähr dafür bietet, daß der Vertrag von einer "angemessenen" Rechtsordnung beherrscht wird (ansonsten hätten sich die Parteien nicht geeinigt), stehen das Recht am gemeinsamen Wohnsitz und vor allem das am Abschlußort oftmals nur in einem äußeren Zusammenhang zum Vertrag und sind gegenüber den Besonderheiten verschiedener Vertragstypen gleichgültig.

Dem Gesetzestext läßt sich nicht entnehmen, ob Art. 19 Abs. 1 ZGB eine abschließende Regelung für alle Schuldverträge trifft oder nur den Charakter einer Generalklausel hat, neben der Sonderanknüpfungen zulässig sind. Neuerdings unternimmt *Sadiq* den Versuch, neuen Anknüpfungsregeln die Bahn zu brechen[62]. *Sadiq* hat die Anknüpfungsregeln für internationale Handelsverträge, insbesondere vor Schiedsgerichten, rechtsvergleichend analysiert und kommt zum Ergebnis, daß die Regeln des Art. 4 EuSchVÜ den Interessen der Parteien am besten gerecht würden[63]. *Sadiq*, der die Zulässigkeit der Sonderanknüpfung ausführlich begründet, kann allerdings entgegengehalten werden, daß Art. 4 EuSchVÜ seinerseits eine Generalklausel ist, die grundsätzlich auf alle Schuldverträge angewandt werden kann. Rezipierte man Art. 4 EuSchVÜ, würde Art. 19 Abs. 1 ZGB faktisch abrogiert – was nicht zulässig sein kann. Dennoch sind besondere Regeln zulässig und werden von der Rechtsprechung anerkannt. Ausweislich der gesetzgeberischen Motive wurde Art. 19 Abs. 1 ZGB als Generalklausel formuliert. Abweichungen sind im Einzelfall zulässig, sofern Art. 19 Abs. 1 ZGB den Besonderheiten eines bestimmten Schuldvertrages nicht gerecht wird[64].

---

62 *Sadiq*, Int. HandelsR, S. 784 und vorher. Auf *Sadiqs* Linie auch *'Âl*, Int.BankR, S. 235 f.

63 Die Gründe für *Sadiqs* Ansicht, Art. 4 EuSchVÜ gebe im internationalen Vergleich die "besten" Anknüpfungsregeln, werden hier nicht dargestellt, da sie für die in diesem Kapitel interessierende Thematik nichts hergeben.

64 *Prot. I*, Art. 19, S. 287-291 (291).

2. Immobiliarschuldverträge (Art. 19 Abs. 2 ZGB)

Art. 19 Abs. 2 ZGB sieht eine Sonderanknüpfung für Schuldverträge vor, die Immobilien[65] zum Gegenstand haben:

> "Hingegen [adversativ gegenüber Art. 19 Abs. 1 ZGB, der Verf.] ist es das Recht am Ort des Grundstückes, das auf Verträge Anwendung findet, die im Hinblick auf dieses Grundstück geschlossen wurden."

Die einhellige ägyptische Rechtslehre wendet Art. 19 Abs. 2 ZGB auf alle Immobiliarschuldverträge an. Die *lex rei sitae* gilt nicht nur zwingend für Verträge, die zu einer sachenrechtlichen Verfügung, also zum Erwerb, zur Übertragung oder zur Belastung eines Grundstücksrechts verpflichten, sondern findet auch auf Verträge Anwendung, die nur relative Rechte am Grundstück einräumen[66]. Insbesondere Miet- oder Pachtverträge über Grundstücke bzw. Wohnungen sind gem. Art. 19 Abs. 2 ZGB anzuknüpfen[67]. Ausweislich der Gesetzesprotokolle hatte der ägyptische Gesetzgeber bei der Ausdehnung der *lex rei sitae* auf alle Arten von Immobiliarschuldverträgen vor allem den Schutz öffentlicher Interessen auf dem Gebiet des Mietrechts im Auge:

> "... die Rechte, die aus dem Mietvertrag folgen, sind von außerordentlicher Wichtigkeit und betreffen die Sozialpolitik eines jeden Staates."[68]

3. Bankverträge

In einer Entscheidung aus dem Jahre 1984 knüpfte das Kassationsgericht ein Akkreditiv an den (ägyptischen) Leistungsort an, den es durch den gewillkürten Wohnsitz (Art. 43 ZGB) der Parteien bestimmte[69]. Das Urteil gibt keinen Aufschluß darüber, weshalb das Kassationsgericht von Art. 19 Abs. 1 ZGB abwich. Die Entscheidung ist sehr angreifbar; es ist zu vermuten, daß das Kassationsgericht seinem Heimatstreben nachgegeben hat. Ob das Kassationsgericht auch andere Bankverträge an den Leistungsort anknüpfen würde, bleibt abzuwarten.

In der ägyptischen Literatur hat sich *'Âl* umfassend mit der Anknüpfung internationaler Bankverträge beschäftigt, deren Besonderheiten die Anknüpfungsregeln des Art. 19 Abs. 1 ZGB nicht gerecht würden. *'Âl* möchte im Ergebnis das

---

[65] Welche Gegenstände als Immobilien zu qualifizieren sind, ergibt sich aus Artt. 82, 83 ZGB i.V.m. Art. 10 ZGB. Zur Anknüpfung von Immobiliarschuldverträgen siehe *Sadiq*, IPR, S. 682-684, 808.

[66] So ausdrücklich *Prot. I*, S. 289.

[67] H.M., z.B. *'Izz-ad-din*, IPR, S. 386.

[68] *Prot. I*, S. 289 (Fußnotentext). Das ägyptische Wohnraummietrecht ist sehr stark reguliert und zwingend ausgestaltet, vgl. *Birns McCall*, The Effects of Rent Control in Egypt, A.L.Q. Bd. 3 (1988), Part 1, S. 151-166, Part 2, S.274-286, Part 3, S. 344-365.

[69] *Kassationsgericht*, 27.2.1984, majmû'a, 35. Jg., S. 551-563.

am Bankensitz geltende Recht angewendet wissen. Hier liege der Schwerpunkt des Rechtsverhältnisses, und nur so könne der Gleichlauf zwischen dem Bankvertragsstatut und den von den Banken zu beachtenden "zwingend anzuwendenden Vorschriften" (frz.: *normes d'application nécessaire*, arab.: *al-qawâ'id al-darûriya al-tatbîq*) am Banksitz gewährleistet werden[70]. Nachdem *'Âl* begründet hat, daß internationale Bankverträge gesondert anzuknüpfen seien und welches Recht gelten solle, begibt er sich auf die Suche nach einer geeigneten Anknüpfungsregel. *'Âl* will die Bankverträge nicht unmittelbar an den Sitz der Bank anknüpfen. Gleich *Sadiq* versucht *'Âl*, Art. 24 ZGB eine *allgemeine* Anknüpfungsregel zu entnehmen, und er schlägt vor, Art. 4 EuSchVÜ zu rezipieren. Wie schon gezeigt, führt dies zur Aufhebung des Art. 19 Abs. 1 ZGB und ist mit dem positiven ägyptischen Recht schwerlich vereinbar[71].

4. Internationales Arbeitsrecht

Im internationalen Arbeitsrecht besteht rechtsvergleichend die Tendenz, die Rechtswahlfreiheit im Interesse des schutzbedürftigen Arbeitnehmers auszuschließen oder zumindest zu beschränken. Für den deutschen Arbeitgeber, der in Ägypten investiert, ist es von eminenter Bedeutung zu wissen, ob eine Rechtswahl wirksam ist bzw. welches Arbeitsvertragsstatut zwingend berufen wird. So hängt der unternehmerische Erfolg eines Engagements im Ausland nicht zuletzt von der flexiblen Gestaltung der Arbeitsverträge ab.

a) Qualifikation

Das ägyptische Recht unterscheidet nicht zwischen der Anknüpfung von Dienst- und Arbeitsverträgen. Charakteristisch für einen Arbeitsvertrag ist ein Abhängigkeitsverhältnis (arab.: *taba'iya*, frz.: *dépendance*) zwischen den Beteiligten, wobei die ägyptische Rechtsprechung geringe Anforderungen an die Bejahung eines Abhängigkeitsverhältnisses stellt.

b) Anknüpfungen

Das internationale Arbeitsrecht als eigene Sparte des internationalen Vertragsrechts ist unkodifiziert, aber teilweise von der Rechtsprechung entwickelt. In seinem ersten Urteil zum internationalen Arbeitsrecht (TWA-Entscheidung) aus dem Jahre 1967 hat das Kassationsgericht, ohne Art. 19 ZGB auch nur zu erwähnen, das Arbeitsverhältnis eines Piloten an den Hauptsitz des Unternehmens

[70] *'Âl*, Int.BankR, S. 235.

[71] Auch bei *'Âl* ist die Bezeichnung "internationale Bankverträge" inhaltlich nicht so eng gefaßt, daß Art. 4 EuSchVÜ im Ergebnis den Charakter einer *lex specialis* gewönne. *'Âl* zählt zu den Bankverträgen eine ganze Reihe unterschiedlichster Geschäfte, siehe *'Âl*, Int.BankR, S. 482-486 (Inhaltsverzeichnis).

angeknüpft[72]. Im *obiter dictum* zu der Entscheidung erklärte das Gericht den Sitz einer ägyptischen Zweigniederlassung für maßgeblich, sofern der Arbeitsvertrag mit ihr geschlossen wurde. In der zweiten Entscheidung aus dem Jahre 1982 (SAUDI CONSTRUCTION) knüpfte das Kassationsgericht einen Arbeitsvertrag an den Abschlußort (Art. 19 Abs. 1 S. 2 ZGB) und an den gemeinsamen Wohnsitz (Art. 19 Abs. 1 S. 1 ZGB) an[73]. Aus den Entscheidungsgründen ergibt sich, daß das Gericht eine (konkludente) Rechtswahl wohl anerkannt hätte.

Die Vereinbarkeit der beiden Entscheidungen ist zweifelhaft, läßt sich aber damit begründen, daß es im TWA-Fall im Unterschied zur SAUDI CONSTRUCTION-Entscheidung um den Sonderfall eines "mobilen" Arbeitsverhältnisses eines Piloten ging, man also eines stabilen Anknüpfungspunktes bdurfte.

c) Arbeitnehmerschutz

Die ägyptische Rechtsprechung zum internationalen Arbeitsrecht steht nicht unter dem Zeichen des Arbeitnehmerschutzes, was erstaunt, weil das ägyptische Sachrecht sonst ausgesprochen arbeitnehmerfreundlich ist. Die Anknüpfung an die Hauptniederlassung des Unternehmens (TWA-Entscheidung) bevorzugt einseitig die Interessen des Arbeitgebers, die Vielzahl seiner Arbeitsverhältnisse einem Statut zu unterwerfen. Die soziale Indifferenz des Kassationsgerichts wird im SAUDI-CONSTRUCTION-Fall besonders deutlich, in dem der Arbeitsvertrag wie jeder andere Schuldvertrag gem. Art. 19 Abs. 1 ZGB angeknüpft wurde. Die ägyptische Rechtsprechung läßt auch keinerlei Ansätze erkennen, Arbeitsverträge mit Rücksicht auf ein für den Arbeitnehmer günstiges materiellrechtliches Ergebnis anzuknüpfen (in der TWA-Entscheidung gelangte das Kassationsgericht im Ergebnis zu einem für den Piloten ungünstigen amerikanischen Arbeitsstatut).

5. Technologietransfer

Am 1. Oktober 1999 ist das neue ägyptisches Handelsgesetzbuch in Kraft getreten[74], dessen 772 Artikel das Handelsgesetzbuch von 1873 ablösen und das ägyptische Handels- und Insolvenzrecht von Grund auf reformieren. Unter anderem wurde das Recht des Technologietransfers erstmalig geregelt; ein Thema mit einiger (entwicklungs-)politischen Brisanz. Entwicklungsländer wie Ägypten sind in hohem Maße auf ausländische Expertise, Technik und Wissen ange-

---

72 *Kassationsgericht* 5.4.1967, majmû'a, 18. Jg., S. 798-805. *Sadiq* hat die Entscheidung besprochen in der majallad idâra qadâya al-chukûma, Nr.1 (Januar-März) 1971, S. 15-20.

73 Dem Verfasser liegt die vollständige Entscheidung vor. Eine Zusammenfassung kann bei *Hawary*, ArbeitsRspr, Bd. 5, S. 10 f. nachgelesen werden.

74 Gesetz Nr. 17/1999. Das im HGB geregelte Scheckrecht ist am 1. Oktober 2000 in Kraft getreten.

wiesen. Entsprechend besteht aus ägyptischer Sicht ein volkswirtschaftliches Interesse daran, den (marktschwächeren) Importeur vor vertraglichen Beschränkungen beim Gebrauch und der Verwertung ausländischer Technologie zu schützen.

In den Artt. 72–87 enthält das neue ägyptische HGB detaillierte Regeln zum Recht des Technologietransfers. Damit der Schutzzweck des neuen Rechts des Technologietransfers nicht per Rechtswahl ausgehebelt werden kann, gilt für alle Technologietransferverträge nunmehr zwingend ägyptisches Recht, anderslautende Rechtswahlklauseln sind nichtig. Im letzten Artikel des Abschnitts über den Technologietransfer (Art. 87 Abs. 2 HGB) heißt es:

> "In allen Fällen ist über den Gegenstand des Streites nach Maßgabe ägyptischen Rechts zu entscheiden, und jede anderslautende Vereinbarung ist nichtig."

Die zwingende Geltung ägyptischen Sachrechts ist international-zivilprozessual durch Art. 87 Abs. 1 HGB abgesichert, wonach ägyptische (Schieds-)Gerichte für die Entscheidung in Technologietransfersachen ausschließlich zuständig sind.

Wie aber ist der Anknüpfungsgegenstand, der Rechtsbegriff "Technologietransfer", zu verstehen? "Technologietransfer" kann rechtlich durch Veräußerung von "know-how" jeder Art (insbes. Lizenzverträge), durch Direktinvestitionen, durch Gründung von joint-ventures oder durch Import fertiger Konsum- und Investitionsgüter erfolgen[75]. In Ziffer 1.2 des "Draft International Code of Conduct on the Transfer of Technology"[76] wird "Transfer of Technology" definiert als "... the transfer of systematic knowledge for the manufacture of a product, for the application of a process or for the rendering of a service and does not extend to the transactions involving the mere sale or mere lease of goods." Nicht grundsätzlich anders heißt es auch im ägyptischen Recht zum schillernden Begriff des "Technologietransfers":

> Art. 73: "Technologietransfervertrag ist jeder Vertrag, auf dessen Grundlage ein Technologieexporteur gegen Entgelt verspricht, technische Informationen an einen Technologieimporteur zu liefern, so daß er sie mittels eines besonderen technischen Verfahrens für die Produktion oder Entwicklung bestimmter Güter oder die Montage oder die Bearbeitung von Materialien oder Geräten oder für die Erbringung von Dienstleistungen benutzt. Der bloße Kauf, Verkauf oder die Miete oder Vermietung von Gütern gilt nicht als Technologietransfer. Gleiches gilt für den Verkauf von Handelsmarken oder Handelsnamen oder die Konzession, sie zu benutzen, es sei denn, dies erfolgt als Teil eines Technologietransfervertrages oder ist mit ihm verbunden".

---

[75] So *Ebenroth*, Code of Conduct, Ansätze zur vertraglichen Gestaltung internationaler Investitionen [zitiert: Technologietransfer], Konstanz 1987, Rdnr. 3.

[76] Abgedruckt bei *Ebenroth*, Technologietransfer, Annex VI.

In Art. 73 HGB wird der Begriff "Technologie" weniger definiert als vielmehr schon vorausgesetzt. Die positive Definition von "Technologietransfer" als Vertrag über die Lieferung "technischer Informationen" wird auch dadurch nicht viel klarer, daß die Informationen der "Produktion, Entwicklung etc. von Gütern" dienen müssen bzw. "Dienstleistungen" zum Gegenstand haben. Auch die negative Abgrenzung gegenüber bloßen Kauf- und Mietverträgen, die nicht als Technologietransfer zu qualifizieren sind, klärt das schemenhafte Bild nur an den Rändern. "Technologie"(-transfer) ist im ägyptischen Recht ein unpräziser Begriff, der seine Konturen erst durch Gerichte finden muß. Bei aller Vorsicht ist jedoch zu vermuten, daß Lizenzverträge, alle Arten von Verträgen über die entgeltliche Veräußerung von technischer Hilfe und "know-how" (Dienst- und Werkverträge) dem Technologiebegriff des Art. 73 HGB unterfallen. Auch die Gesetzesprotokolle zu Art. 73 HGB gehen von einem denkbar weitem Technologiebegriff aus. "Technologie" sei die "Gesamtheit aller Informationen zur Produktion von Gütern und Dienstleistungen"[77]. "Technologie" sei die praktische Anwendung wissenschaftlicher Erkenntnisse, "sie umfasse alle Arten von know-how"[78].

Grundsätzlich kann der Technologieimporteur mit dem erhaltenen "know-how" tun und lassen, was er will (Art. 75 Abs. 1 HGB), einschränkende Vereinbarungen sind nur dann wirksam, wenn hierdurch der Verbraucher geschützt werden soll oder sie durch ein wichtiges Interesse des Technologieexporteurs gerechtfertigt sind (Art. 75 Abs. 2 HGB). Das neue Recht des Technologietransfers macht ausländischen "Technologieexporteuren" die Entscheidung über ein Engagement in Ägypten nicht eben leichter.

6. Schenkungen

Die Regeln zur Anknüpfung und Qualifikation von Schenkungen waren bis in die jüngere Zeit stark durch islamisches Recht geprägt und wurden erst in den vergangenen 50 Jahren schrittweise säkularisiert. Das Schenkungsrecht gehört nach islamischem Verständnis zum Personalstatut, so daß bis 1949 das Heimatrecht des Schenkers Anwendung fand (Art. 29 Gerichtsordnung für die Tribunaux Mixtes). Nach Inkrafttreten des ZGB im Jahre 1949 entstand eine Dichotomie zwischen sachrechtlicher und international-privatrechtlicher Behandlung der Schenkung, die für die Zwecke des Sachrechts nunmehr als vermögensrechtlicher Vertrag galt, während auf international-privatrechtlicher Ebene das Qualifikationsstatut gesondert angeknüpft wurde. Art. 14 des Gerichtsverfassungsgesetzes sah vor, daß "[*b*]*ei Nichtägyptern ... die Schenkung als dem Personalstatut zugehörig zu betrachten* [*ist*], *falls ihr Heimatrecht dies tut.*"

[77] *Gesetzesprotokolle* zu Art. 73 HGB, zitiert bei *'Abd al-Fattah Murad*, sharch al-qânûn al-tijâra al-jadîd [Kommentar zum neuen Handelsgesetzbuch], 1999, Art. 73 (S. 269).

[78] In den Gesetzesprotokollen wird der englische Begriff "know-how" wörtlich verwandt, siehe *'Abd al-Fattah Murad*, aaO, Art. 73 (S.270).

Nachdem diese Vorschrift im Jahre 1965 ersatzlos gestrichen wurde, sind Schenkungen heute durchweg als vermögensrechtlich zu qualifizieren und gemäß Art. 19 ZGB anzuknüpfen.

IV. Grenzen des Vertragsstatuts

1. Ordre public

a) Einführung

Wie auch im französischen Recht unterscheidet man in Ägypten zwischen dem internationalprivatrechtlichen ordre public (arab.: *al-nithâm al-'âmm al-dauliy*, frz.: *ordre public international*) und dem für Inlandsfälle (arab.: *al-nithâm al-'âmm al-dâkhiliy*, frz.: *ordre public interne*). Der international-privatrechtliche ordre public ist in Art. 28 ZGB geregelt:

> "Die Anwendung der Vorschriften eines ausländischen Rechts, das durch die vorstehenden Bestimmungen berufen wurde, ist unzulässig, wenn diese Vorschriften den ordre public oder die guten Sitten in Ägypten verletzen."

In der Rechtsprechung des Kassationsgerichts zu Art. 28 ZGB haben die guten Sitten (arab.: *adab*) bislang keine selbständige Bedeutung neben dem ordre public erlangt. Das Kassationsgericht urteilt in ständiger Rechtsprechung, daß Art. 28 ZGB ausländische Rechtsvorschriften dann ausschließe, wenn sie "*den Bestand des Staates beeinträchtigen oder das allgemeine Wohl und die Grundlagen der Gesellschaft berühren.*"[79] Unklar ist, wie diese Leerformel zu konkretisieren ist. Eindeutig ist nur, daß der internationalprivatrechtliche ordre public enger ist als der inländische[80]. Der inländische ordre public ist schon dann verletzt, wenn die Vertragschließenden zwingendes Recht mißachten[81]. Bei Art. 28 ZGB liegt die Meßlatte höher. Nach der ständigen Rechtsprechung des Kassationsgerichts zu Art. 28 ZGB reicht es nicht aus, daß das Sachrecht der *lex fori* zwingend oder vorteilhafter ist als das ausländische Recht[82].

In diesem Aufsatz soll nicht die gesamte ordre public-Diskussion aufgerollt werden[83], sondern eine Teilfrage erörtert werden, die sich nur in einem islami-

---

79 Z.B. *Kassationsgericht* 5.4.1967, majmû'a, 18. Jg., S. 798-805 (799 f., 804 f.).

80 *Sadiq*, IPR, S. 316 f.

81 *Sadiq*, IPR, S. 316.

82 Z.B. *Kassationsgericht* 2.3.1953, majmû'a, 4. Jg., S. 678-683 (680 f.); *Kassationsgericht* 4.4.1961, majmû'a, 12. Jg., S. 223-229 (226).

83 *Börner*, Die Anerkennung ausländischer Titel in den arabischen Staaten, Heidelberg 1996, S. 232-251 beschäftigt sich ausführlich mit der ordre public-Diskussion in der arabischen Welt. Allgemein zum ordre public aus jüngerer Zeit: *Spickhoff*, Der ordre public im internationalen Privatrecht, Neuwied, Frankfurt 1989. Schrifttumshinweise finden sich bei *Kegel*, IPR, 8. Aufl. München 2000, Vor §16 (S. 450 ff.)

schen Land wie Ägypten stellt. "*Im internationalen Vertragsrecht hat der ordre public kaum Bedeutung*" - diese auf westliche Rechtsordnungen gemünzte Feststellung gilt in ihrer Apodiktik nicht für Ägypten. Hier könnte der ordre public durchaus von Bedeutung sein, nämlich als Einfallstor für islamisches Recht, das einen praktisch wichtigen Vertrag verbietet. Die Mehrheit der *fuqahâ`*, der islamischen Rechtsgelehrten, ist der Ansicht, daß das verzinsliche Darlehen gegen das islamische "Zinsverbot" (arab.: *ribâ* [84]) verstößt[85].

b) Zinsen im ZGB

Die Zulässigkeit von Zinsnahme wird von den Artt. 226-233 ZGB vorausgesetzt, die unter anderem Voraussetzungen und Höhe gesetzlicher und vertraglicher Zinsen regeln. Trotzdem wird in Ägypten heiß diskutiert, ob Zinsnahme schon *de lege lata* unzulässig ist. Viele ägyptische Juristen sind der Ansicht, daß die Bestimmungen des ZGB und HGB, die Zinsnahme gestatten, nichtig sind, weil sie gegen das *ribâ*-Verbot des islamischen Rechts verstoßen. Juristischer Anknüpfungspunkt hierfür ist der im Jahre 1980 neugefaßte Art. 2 der ägyptischen Verfassung[86]. Während es früher hieß, daß das islamische Recht *eine* der Quellen der Gesetzgebung ist, lautet Art. 2 der Verfassung nunmehr: "Das islamische Recht ist *die Haupt*quelle der Gesetzgebung."[87] Hiermit, so meinen viele islamische Juristen, habe der Verfassungsgeber zu erkennen gegeben, daß von nun an alle Rechtsvorschriften im Einklang mit dem islamischen Recht stehen müssen. Vorschriften, die Zinsnahme gestatten, seien verfassungswidrig und daher nichtig, weil sie *ribâ* zuließen. Tatsächlich haben einige unterinstanzliche Gerichte die gesetzliche Vorschrift für Rechtshängigkeitszinsen (Art. 226 ZGB) für nichtig erklärt[88]. Die Frage wurde dem ägyptischen Ver-

---

[84] Zum *ribâ*-Verbot gibt es eine fast unüberschaubare Literatur. Siehe z.B. *Amereller*, Hintergründe des "Islamic Banking", Rechtliche Problematik des *ribâ*-Verbotes in der Shari'a und seine Auswirkungen auf einzelne Rechtsordnungen arabischer Staaten, Berlin 1995; *Elwan*, Der Scheck im ägyptischen Recht, in: FS Serick, Heidelberg 1992 [zitiert: ScheckR], S. 74-84; *Krüger*, Recht van de Islam 5 (1987), S. 98-168 (121-124); *Bälz*, Versicherungsvertragsrecht in den Arabischen Staaten, Karlsruhe 1997, S. 17-20 sowie S. 52 f.; *Rida*, al-ribâ wa-l-mu'âmalât fi-l-islâm (*Ribâ* und Geschäfte im Islam), Kairo 1960; *Zaky Al-Din Badawi*, nazhariya al-ribâ al-mucharram (Die Theorie der verbotenen *ribâ*), Kairo 1964; *Saleh*, Unlawful Gain and Legitimate Profit in Islamic Law [zitiert: Unlawful gain], 2. Aufl. London, Dordrecht, Boston 1992.

[85] Die genaue Bedeutung von *ribâ* ist durchaus nicht unumstritten. Teilweise wird behauptet, daß *ribâ* nur ein Wucherverbot bedeutet oder nur bestimmte Zinsgeschäfte erfaßt. Heute scheint sich aber ein breiter Konsens gebildet zu haben, wonach jedes Zinsgeschäft *ribâ* ist.

[86] Verfassungsänderung vom 22.5.1980.

[87] Kursivsetzung durch den Verfasser.

[88] Die bekannteste Entscheidung erging unter dem Vorsitz von *Ashmawi*, einem in der ägyptischen Öffentlichkeit weithin bekannten Juristen, Urteil vom 5.1.1987, abgedruckt in *Ashmawis* Buch "al-ribâ wa-l-fâ`ida fi-l-islâm" (*Ribâ* und Zinsen im Islam), Kairo 1988, S. 95-105.

fassungsgerichtshof vorgelegt, der zu einer vermittelnden Lösung kam. Art. 2 der Verfassung sei auf das ZGB von 1949 nicht anwendbar, da die Verfassungsbestimmung keine rückwirkende Kraft habe[89]. Das Kassationsgericht folgt dieser Rechtsprechung[90]. Ergänzend führt das Gericht aus, daß sich Art. 2 der Verfassung ausschließlich an den Gesetzgeber richte, der nur den politischen Auftrag habe, das ägyptische Recht zu islamisieren. Die Judikative hingegen, so das Kassationsgericht, könne sich über Art. 2 Verf. nicht unmittelbar auf das islamische Recht berufen[91]. Mit dem eigentlichen Problem aber, der Vereinbarkeit der Zinsbestimmungen des ZGB mit dem islamischen Recht, hat sich die höchstrichterliche Rechtsprechung noch nicht auseinandergesetzt.

c) Ribâ und internationaler ordre public

> "Die Vergabe verzinslicher Kredite sowie die Annahme verzinslicher Einlagen sind verboten. Die Beteiligung an Unternehmen oder Geschäften, die Zinsgeschäfte tätigen, ist untersagt."

So oder ähnlich müßte sachrechtliche Gesetzgebung zum *ribâ*-Verbot im Kern lauten. Nun verstößt ein Darlehensvertrag, für den ein ausländisches Statut gilt, nicht schon deswegen gegen den ordre public (Art. 28 ZGB), weil zwingende Normen des ägyptischen Sachrechts verletzt sind. Es dürften aber wenig Zweifel daran bestehen, daß in einer Wirtschaft, in der das Zinsverbot Dreh- und Angelpunkt des Finanzsystems ist, Zinsnahme "den Bestand des Staates beeinträchtigte bzw. das allgemeine Wohl und die Grundlagen der Gesellschaft berührte" (so die gängige Formel der Rechtsprechung zum ordre public), zumindest wenn eine gewisse Inlandsbeziehung besteht. Denn das Verbot, Zinsen zu nehmen, revolutionierte das ägyptische Finanzwesen, das zum großen Teil auf Zinsnahme beruht. Ein islamisches Finanzsystem muß völlig andersgeartete Finanzierungs- und Anlagemodelle entwickeln[92]. Schließlich bedeutete es eine

---

89 *Äg. Verfassungsgerichtshof* 4.5.1985, abgedruckt in der jarîda rasmiya, dem ägyptischen Staatsanzeiger, vom 15.5.1985. Eine englische Übersetzung findet sich im A.L.Q. (1985), S. 100-107.

90 *Kassationsgericht* 21.1.1987, majmû'a, 38. Jg., S. 145-148 (148); in der Entscheidung *Kassationsgericht* 8.1.1990, majmû'a, 41. Jg., S. 137-140 (140) weist das *Kassationsgericht* zusätzlich darauf hin, daß gem. Art. 191 der Verfassung alle vorkonstitutionellen Bestimmungen in Kraft bleiben, die zeitlich spätere Verfassungsänderung also keine rückwirkende Kraft gegenüber dem ZGB von 1949 haben.

91 *Kassationsgericht* 8.1.1990, majmû'a, 41. Jg., S. 137-140 (140). Unter Berufung auf Art. 2 der Verfassung hatte die Vorinstanz eine Zinsbestimmung für *ribâ* und damit für verfassungswidrig gehalten.

92 Zum "islamischen Finanz- und Wirtschaftssystem" gibt es eine reichhaltige Literatur, siehe *Nienhaus*, Islam und moderne Wirtschaft - Positionen, Probleme und Perspektiven, Graz 1982; *ders.*, Islamic economics, finance and banking theory and practice, in: Banche Islamiche In Contesto Non Islamico, hrsg. v. *G.M. Piccinelli,* Rom 1994; *Ray*, Arab Islamic Banking and the Renewal of Islamic Law, London, Dordrecht, Boston 1995.

kaum tolerierbare Wettbewerbsverzerrung, wenn sich beispielsweise ausländische Banken per Rechtswahl vom Zinsverbot befreien könnten.

2. Eingriffsnormen

Die Anwendung ausländischen Rechts unter gänzlichem Ausschluß des Sachrechts der *lex fori* kann aus der Sicht des Forumstaates unannehmbar sein. So stimmt man international darin überein, daß Vorschriften, die tragend für das Rechtssystem des *forums* sind, durch eine kollisionsrechtliche Verweisung nicht ausgeschlossen werden dürfen, sondern auch gegenüber einem durch Anknüpfung ermittelten fremden Statut durchzusetzen sind[93]. Über diesen ersten Ansatz hinaus ist vieles streitig. So besteht international keine Einigkeit, wie eine Norm international zwingenden Charakters (Eingriffsnorm) zu erkennen ist, ob der Richter des Forumstaates auch ausländische Eingriffsnormen zu beachten hat und wie es um ihr Verhältnis zur kollisionsrechtlichen Anknüpfung bestellt ist.

Die Problematik zwingenden Rechts ist - soweit ersichtlich - in der ägyptischen Judikatur bislang noch nicht aufgegriffen worden. Das verwundert, herrschte in dem ehemals sozialistische Ägypten doch bis in die achtziger Jahre hinein ein ausgeprägter Staatsdirigismus, der die gesamte Wirtschaft durchdrang. Erst in jüngerer Zeit beschäftigt sich die ägyptischen Rechtswissenschaft mit zwingenden Normen. Die ägyptischen Autoren greifen die Begriffe "*lois de police et sûreté*", "*lois d'ordre public*" und "*lois d'application immédiate*" auf, mit denen das amorphe Phänomen der zwingenden Normen in der französischen Judikatur und Doktrin beschrieben wird. Eine neuere Strömung hält die überkommenen Begriffe französischen Ursprungs für verfehlt und bringt eine italienische Wortschöpfung, die "*norme di applicazione necessaria*"[94], ins Spiel, die der besonderen Bedeutung zwingenden Rechts besser gerecht würde. Im übrigen ist die Problematik der Eingriffsnormen ein gutes Beispiel für die eklektische Methodik der ägyptischen Literatur. Man übernimmt französische und italienische Lehrmeinungen, ohne sie an die örtlichen Verhältnisse anzupassen oder originär "ägyptische" Lösungen zu entwickeln.

---

[93] Umfassend zur Problematik zwingenden Rechts, *Salama*, al-qawâ'id al-tatbîq al-darûriy wa-l-qawâ'id al-qânûn al-'âmm (frz.: règles d'application nécessaire et règles du loi public), Kairo o.J. [zitiert: Eingriffsnormen]; *Sadiq*, Int. HandelsR, S. 574-753; *'Âl*, Int.BankR, S. 169-219.; *Schnyder*, Wirtschaftskollisionsrecht. Sonderanknüpfung und extraterritoriale Anwendung wirtschaftsrechtlicher Normen unter besonderer Berücksichtigung von Marktrecht, Zürich 1990.

[94] Arab.: *qawa'id al-tatbîq al-darûriya* (*Salama*, Eingriffsnormen, S. 40 f.). Im folgenden wird die französische Übersetzung "*normes d'application nécessaire*" verwandt. Vgl. *Sperduti*, Les lois d'application nécessaire en tant que lois d'ordre public, Rev. crit. d.i.p., 66 (1977), S. 257-270.

V. Schluß

Das ZGB ist bald ein halbes Jahrhundert alt. Das internationale Vertragsrecht Ägyptens ist immer noch im Werden begriffen:

Gerichtsentscheidungen sind rar und widersprechen sich teilweise. Die Urteilsgründe sind auf das Wesentlichste reduziert, die Motive des Gerichts bleiben meist im Dunkeln, und eine offene Auseinandersetzung mit Literaturansichten fehlt gänzlich. Die mangelnde Transparenz des gerichtlichen Entscheidungsprozesses darf aber nicht mit richterlicher Willkür verwechselt werden. Es deutet vielmehr einiges darauf hin, daß sachrechtliche Gerechtigkeit die wichtigste international-privatrechtliche Maxime des Kassationsgerichts ist. Das Kassationsgericht kam in keinem Fall zu einem unangemessenen sachrechtlichen Ergebnis.

Der sonst zu beobachtende starke Einfluß französischen Rechts und *doctrine* auf die ägyptische Jurisprudenz ist im internationalen Vertragsrecht Ägyptens nur eingeschränkt wirksam. Schließlich ist die Kodifikation (Art. 19 ZGB) ausnahmsweise nicht französischen Ursprunges, sondern eine *mélange* aus Anknüpfungsregeln verschiedener westlicher Staaten. Rechtswissenschaftler der "ersten Generation" (vor allem *'Izz-ad-din 'Abd-Allah*) neigten noch dazu, dem internationalen Privatrecht Ägyptens französische Lehren zu oktroyieren - ungeachtet der unterschiedlichen Anknüpfungsregeln in Frankreich. Die jüngere ägyptische Rechtslehre hingegen hat einen Wandel eingeleitet und *beginnt*, das originär Ägyptische an "ihrem" internationalen Vertragsrecht zu entdecken. *Sadiq* und andere versuchen, den besonderen Gegebenheiten der ägyptischen Rechtslage besser gerecht zu werden. Hierbei geht die "zweite Generation" ausgesprochen eklektisch vor (wie auch der ägyptische Gesetzgeber bei der Rezeption international-vertragsrechtlicher Regeln). Um der ägyptischen Rechtslage angemessene Lösungen zu finden, werden teilweise "ägyptische" Lehren entwickelt, vor allem aber dort Anleihen beim kontinentaleuropäischen und anglo-amerikanischen Recht genommen, wo es passend für die Eigenheiten der ägyptischen Rechtslage erscheint.

Das internationale Vertragsrecht Ägyptens ist ein gutes Beispiel für die Nachteile einer Kodifikation. In den letzten Jahren setzt sich in der ägyptischen Rechtswissenschaft zunehmend die Erkenntnis durch, daß die objektiven Anknüpfungen des Art. 19 ZGB, insbesondere die Anknüpfung an den Ort des Vertragsabschlusses, nicht mehr zeitgemäß sind. Rechtswissenschaftler der "zweiten Generation" versuchen, Art. 19 Abs. 1 ZGB mit seinen als überholt empfundenen Anknüpfungsregeln zurückzudrängen. Auch das Kassationsgericht ist aufgeschlossen, Sonderanknüpfungen zu schaffen, ohne aber Regeln für Zulässigkeit und Inhalt von Sonderanknüpfungen entwickelt zu haben. Auch hier gilt: Das internationale Vertragsrecht Ägyptens ist noch im Flusse.

Kilian Bälz

Die islamische Scharia als Vertragsstatut? Kollisionsrechtliche Aspekte des Islamic Banking

"Islamisches und arabisches Recht als Problem der Rechtsanwendung" - das Leitthema des vorliegenden Bandes bringt zweierlei zum Ausdruck: Zum einen, daß ein Unterschied zwischen islamischem und arabischem Recht besteht. Das moderne Recht der arabischen Staaten ist nicht einfach gleichzusetzen mit dem "islamischen Recht". Denn heute sind in den meisten arabischen Staaten moderne Kodifikationen europäischen Zuschnitts weitgehend an die Stelle des islamischen Rechts getreten; legislative Akte des modernen Territorialstaates verdrängen oder überlagern zumindest die Bestimmungen der islamischen Scharia. Zum anderen aber klingt in dem Leitthema an, daß es sich bei der Dichotomie von islamischem und staatlich gesetztem Recht nicht nur um einen Gegenstand von wissenschaftlichem Interesse handelt. Es geht weder ausschließlich um - rechtshistorisch gesehen - einen Prozeß der Rezeption europäischen Rechts noch um - so die soziologische Perspektive - einen Zustand des Rechtspluralismus, der für die modernen arabischen Rechtsordnungen charakteristisch ist. Vielmehr führt die Dichotomie von islamischem und staatlich gesetztem Recht auch in der Rechtsanwendung zu ganz konkreten Problemen. Um diese geht es in dem folgenden Beitrag, der sich mit den kollisionsrechtlichen Aspekten der sogenannten islamischen Bankgeschäfte befaßt. Mit dem Bankrecht knüpfe ich an ein zentrales Forschungsinteresse des Jubilars an. Denn Professor *Elwan* hat sich bekanntlich immer wieder mit dem arabischen Bankrecht aus wissenschaftlicher und praktischer Sicht auseinandergesetzt; Fragen des modernen, staatlich gesetzten Rechts fanden ebenso seine Aufmerksamkeit wie solche der islamischen Scharia[1]. Der Beitrag berührt aber zugleich auch zwei kontrovers diskutierte Fragen des deutschen internationalen Vertragsrechts, und zwar ob auch nichtstaatliches Recht Gegenstand einer kollisionsrechtlichen Rechtswahl sein kann und wie verbundene Verträge objektiv anzuknüpfen sind. So handelt es sich um den Versuch, einen Bogen zu spannen zwischen einer für die arabischen Rechtsordnungen typischen Problematik auf der einen Seite und Fragen des deutschen internationalen Vertragsrechts auf der anderen.

---

1 Hingewiesen sei nur auf "Der Scheck im ägyptischen Recht mit vergleichenden Hinweisen auf das Recht anderer arabischer Staaten," FS Serick, 1992, S. 57 ff. sowie "Rechtsfragen der Begebung libanesischer Staatsanleihen im Ausland, RIW 1998, 526 ff. (zusammen mit *Otto*).

I. Islamische Banken und islamisches Recht

Islamische Banken gibt es heute in fast allen Staaten der arabischen Welt[2]; seit mehr als einem Jahrzehnt bestehen derartige Geldinstitute auch in verschiedenen europäischen Staaten. Das nach islamischen Prinzipien angelegte Vermögen wird inzwischen auf 100 Milliarden US-Dollar geschätzt. In Anbetracht eines Wachstums von 15 % p.a. handelt es sich beim *Islamic Banking* - wie die Branche im internationalen Jargon heißt - um einen zwar kleinen, aber auch für westliche Banken zunehmend interessanten Geschäftsbereich.

Islamic Banking bedeutet kurzgefaßt "Banking im Einklang mit den Bestimmungen des islamischen Rechts"[3]. Hintergrund des Islamic Banking ist das islamische Verbot des *ribâ*, meist übersetzt als Verbot des "Wuchers" oder des "Zinses"[4]. Das Verbot des *ribâ* ist an verschiedener Stelle im Koran erwähnt, unter anderem in Sure II:275, die bestimmt: "Gott hat den *Kauf* erlaubt und den *ribâ* verboten." Heute sind allerdings in den meisten arabischen Staaten Zivilgesetzbücher nach dem Vorbild des französischen *Code civil* an die Stelle des islamischen Vertragsrechts getreten[5]; und in den modernen arabischen Kodifikationen des Zivil- und Handelsrechts finden sich nur sehr vereinzelt "Nachwirkungen" des islamischen *ribâ*-Verbots. Im großen und ganzen spielt das islamische Verbot des *ribâ* in der gerichtlichen Praxis daher keine Rolle mehr[6].

Dessen ungeachtet hat das Verbot des *riba* weiterhin Bedeutung für das Verbraucherverhalten. Auch wenn dieses Verbot nicht mehr umfassend staatlich sanktioniert ist, wird es von gläubigen Muslimen als religiöses Gebot beachtet. So besteht ein wachsender Markt für Finanzdienstleistungen, die im Einklang mit den Bestimmungen des islamischen Rechts stehen. Das ist der Markt der islamischen Banken. Im Rahmen der vom staatlichen Recht eingeräumten Pri-

---

2 Ein Überblick findet sich bei *Piazolo*, ZfK 1997, 122 ff.

3 Vgl. *Grahammer*, Islamische Banken, 1993, S. 185 ff.

4 Zum Verbot des *ribâ* im klassischen islamischen Recht ausführlich: *Wichard*, Zwischen Markt und Moschee, 1995, S. 180 ff.; *Saleh*, Unlawful gain and legitimate profit in Islamic law, 2. Aufl. 1992, S. 11 ff.; *Vogel/Hayes*, Islamic Law and Finance, 1998, S. 72 ff.; *Lohlker*, Das islamische Recht im Wandel, 1999, S. 23 ff. Zu modernen Interpretationen des *ribâ*-Verbotes siehe auch: *Mallat*, in: *ders.* (Hrsg.), Islamic Law and Finance, 1988, S. 69 ff.; *Amereller*, Hintergründe des Islamic Banking, 1995, S. 72 ff.

5 Für einen Überblick siehe etwa *Elwan*, in: *Steinbach/Robert* (Hrsg.), Der Nahe und Mittlere Osten, Bd. 1, 1988, S. 221 ff.; *Krüger*, Recht van de Islam 14 (1997), 67 ff.; *Castro*, Revista di diritto civile 31 (1985), 1, 387 ff.; *Comair-Obeid*, Les contrats en droit musulman des affaires, 1995, S. 121 ff.

6 Vgl. etwa *Amereller* (Fn. 4), S. 133 ff.; *Krüger*, Recht van de Islam 14 (1997), 67, 80 ff.; *Elwan*, in: FS Serick, 1992, S. 57, 78 ff.; *Comeir-Obeid* (Fn. 5), S. 164 ff.; *dies.*, Middle East Commercial Law Review 1 (1995), 87 ff.; *Bälz*, RabelsZ 62 (1998), 437, 445 ff.

vatautonomie haben sie moderne Bankgeschäfte entwickelt, die den Anspruch erheben, den Bestimmungen des islamischen Rechts zu entsprechen. Die erste islamische Bank i.e.S. wurde 1963 in Mit Ghamr, einer Kleinstadt im ägyptischen Nildelta, gegründet[7]. Die "zinslose Sparkasse" hatte zum Ziel, für Kleinsparer eine der ländlichen Kultur angepaßte, islamisch erlaubte Art der Kapitalanlage zur Verfügung zu stellen, um bislang in Bar- oder Sachwerten gehortetes Kapital zu mobilisieren. Heute beschränkt sich das Islamic Banking jedoch längst nicht mehr auf entwicklungspolitisch motivierte Kreditinstitute nach dem Vorbild der deutschen Raiffeisenbanken. Als eine Folge des Ölreichtums entstanden in den Staaten des Arabischen Golfes große islamische Geschäftsbanken, die sowohl auf dem Gebiet der Exportfinanzierung als auch im Investmentgeschäft tätig sind[8]. Des weiteren haben auch die ersten internationalen Banken islamische Tochterunternehmen gegründet oder islamische Finanzdienstleistungen in ihre Produktpalette aufgenommen[9].

II. Islamische Bankgeschäfte im Spannungsfeld von Staat, Markt und Religion

Die modernen islamischen Bankgeschäfte[10] entstanden in einem Spannungsfeld von ökonomischer, rechtlicher und religiöser Rationalität. Denn die islamischen Banken konkurrieren auf den meisten Märkten mit konventionellen Banken. Dies erforderte die Entwicklung von Finanzdienstleistungen, die in ökonomischer Hinsicht mit den konventionellen Vertragsgestaltungen wettbewerbsfähig sind. Des weiteren ist heute auch in den meisten islamischen Staaten das Vertragsrecht ebenso wie das Gesellschafts-, Bank- und Börsenrecht gesetzlich geregelt. So müssen die einzelnen Vertragsgestaltungen auch den Anforderungen des staatlichen Rechts genügen. Endlich müssen die von den islamischen Banken getätigten Geschäfte im Einklang mit den Bestimmungen des islamischen Rechts stehen. Hierüber wacht oft ein *Shari'a Supervisory Board* der Bank, eine Art Beirat, der die islamische Erlaubtheit der von der Bank getätigten Geschäfte überprüft.

Der wichtigste Geschäftsbereich der islamischen Banken ist die Exportfinanzierung; sie macht 80 % der Geschäftstätigkeit aus[11]. Grundlage der islamischen Exportfinanzierung ist die *murâbaha*, der "Kauf mit Wiederverkauf unter Ge-

---

[7] Zu diesem Projekt ausführlich: *Najjar*, Zinslose Sparkassen, 2. Aufl. 1982.

[8] Hierzu etwa *Ray*, Arab Islamic Banking and the Renewal of Islamic Law, 1995, S. 8 ff. sowie allg. die Beiträge in *Wilson* (Hrsg.), Islamic Financial Markets, 1990. In den Golfstaaten halten die islamischen Banken inzwischen 10 % der Einlagen.

[9] So eröffnete die City-Bank 1996 eine Islamic Branch. Bei Kleinwort Benson betrug das Volumen der islamischen Handelsfinanzierung 1996 insgesamt 5,5 Milliarden US-Dollar.

[10] Hierzu aus letzter Zeit etwa: *Vogel/Hayes* (Fn. 4); *Saleh* (Fn. 4), S. 126 ff.; *Ray* (Fn. 8), S. 37 ff.; *Wegen/Wichard*, RIW 1995, 826 ff., *Amereller* (Fn. 4), S. 110 ff.

[11] *Vogel/Hayes* (Fn. 4), S. 135.

winnangabe". Die *murâbaha* ist ein anerkannter Typenvertrag des klassischen islamischen Rechts[12]. Die *murâbaha* besteht aus zwei hintereinandergeschalteten Kaufverträgen: Der Verkäufer verkauft den Kaufgegenstand zunächst an einen Zwischenkäufer. Dieser verkauft den Kaufgegenstand dann mit einem offengelegten "Aufschlag" an den Endkäufer weiter. Dabei ist der Kaufpreis des ersten Kaufvertrages sofort fällig, der Kaufpreis des zweiten Kaufvertrages wird gestundet; der "Aufschlag" vergütet die Finanzierung durch den Zwischenkäufer (heute in der Regel eine Bank). So wird aus der *murâbaha* eine Form der Zwischenfinanzierung, mit der das Verbot des *ribâ* umgangen wird. Denn es handelt sich - bei Zugrundelegung einer juristischen Betrachtungsweise - um zwei Kaufverträge und nicht um ein Kreditgeschäft.

Anwendung findet die *murâbaha*-Finanzierung zum Beispiel im Kraftfahrzeughandel. Hier ist - etwas schematisiert - die folgende Vorgehensweise verbreitet[13]:

1. Der Importeur mit Sitz z.B. in einem der Golfstaaten erteilt einer islamischen Bank den Auftrag, ein bestimmtes Kaufgeschäft zu tätigen.
2. Die Bank kauft die spezifizierten Waren bei dem Exporteur, zum Beispiel einem Großhändler in Europa. Die Bank zahlt den Kaufpreis an den Exporteur und die Waren werden verfrachtet.
3. Die Bank verkauft die Waren mit einem Aufschlag an den Importeur weiter. Die Gewährleistung der Bank gegenüber dem Importeur wird ausgeschlossen, im Gegenzug dafür tritt die Bank dem Importeur ihre Gewährleistungsansprüche gegen den Exporteur ab. Der Importeur zahlt den Kaufpreis mitsamt Aufschlag bei Erhalt der Waren (oder zu einem späteren Zeitpunkt) an die Bank.

In ihrer heutigen Ausgestaltung in der Kautelarpraxis kommt die *murâbaha* der im internationalen Exportgeschäft allgemein üblichen Vertragsabwicklung mittels Akkreditiv nahe, jedenfalls wenn man berücksichtigt, daß einem Akkreditiv neben der Zahlungs- und Sicherungsfunktion auch eine Kreditfunktion zukommen kann[14]. Aus Sicht des deutschen internationalen Privatrechts sind dabei zwei Rechtsverhältnisse von Interesse: zum einen der Anspruch des Exporteurs gegen die Bank auf Zahlung des Kaufpreises und zum anderen die Mängelgewährleistungsansprüche des Importeurs gegen den Exporteur.

III. Rechtswahl: die islamische Scharia als Vertragsstatut?

Nach Art. 27 Abs. 1 S. 1 EGBGB unterliegt ein Vertrag "dem von den Parteien gewählten Recht"; ein Schiedsgericht hat gemäß § 1051 Abs. 1 ZPO den Rechtsstreit nach "den Rechtsvorschriften zu entscheiden, die von den Parteien

[12] *Wichard* (Fn. 4), S. 260 ff.; *Saleh* (Fn. 4), S. 117 ff.

[13] Vgl. *Vogel/Hayes* (Fn. 4), S. 241 ff.

[14] Vgl. *Canaris*, Bankvertragsrecht, 4. Aufl. 1988, Rdnr. 916 ff.

als auf den Inhalt des Rechtsstreits anwendbar bezeichnet worden sind." Zwar unterstellen auch die islamischen Banken ihre internationalen Verträge oft dem Recht eines bestimmten Staates. Dann wirft die Rechtswahl keine besonderen Probleme auf. Doch finden sich in der Kautelarpraxis auch Rechtswahlklauseln, die den Vertrag den "*principles of the Islamic sharî'a*" oder schlicht "*Islamic law*" unterstellen[15]. In diesen Klauseln wird nicht auf das Recht eines bestimmten Staates Bezug genommen, stattdessen wird der Vertrag dem *nichtstaatlichen* islamischen Recht unterstellt. Eine solche Rechtswahl enspricht dem Selbstverständnis der islamischen Banken, Finanzdienstleistungen im Einklang mit den Bestimmungen des islamischen Rechts zu erbringen, sich also an einer alternativen Rechtsordnung jenseits der eines bestimmten Staates zu orientieren. Ob die kollisionsrechtliche Parteiautonomie gestattet, einen internationalen Vertrag einer nichtstaatlichen Rechtsordnung zu unterstellen, wird insbesondere am Beispiel der *lex mercatoria* und der UNIDROIT-Prinzipien diskutiert[16]. Die wohl überwiegende Ansicht differenziert hier danach, ob es sich um eine Entscheidung eines staatlichen Gerichts oder eine solche der Schiedsgerichtsbarkeit handelt.

In der *Schiedsgerichtsbarkeit* wird die Wahl nichtstaatlichen Rechts ganz überwiegend für zulässig gehalten[17]. Denn § 1051 Abs. 1 S. 2 ZPO n.F. spricht von der Wahl "des Rechts *oder* der Rechtsordnung eines bestimmten Staates" (Hervorhebung d. Verf.), woraus folge, daß nicht nur eine nationalstaatliche Rechtsordnung, sondern auch allgemeine Rechtsprinzipien oder Privatkodifikationen wie die UNIDROIT-Prinzipien Gegenstand der kollisionsrechtlichen Rechtswahl sein können. Zudem könne ein Schiedsgericht auch zu einer Billigkeitsentscheidung ermächtigt werden (§ 1051 Abs. 3 ZPO). So dürfe dieses - eine entsprechende schiedsvertragliche Vereinbarung vorausgesetzt - erst recht aufgrund der Prinzipien der *lex mercatoria* oder der UNIDROIT-Prinzipien entscheiden. Das muß auch für den Fall gelten, daß anstelle der *lex mercatoria* die Prinzipien des islamischen Rechts oder die Praxis des Islamic Banking als deren *islamische* Ausprägung gewählt werden. Anders als bei der Wahl der *lex mercatoria* läßt sich in diesem Fall nur schwerlich bestreiten, daß es sich bei den Bestimmungen der islamischen Scharia um Recht handelt. Daß eine Streitentscheidung unter Rekurs auf eine historische Rechtsordnung nicht schlechthin ausgeschlossen ist,

---

[15] Beispiele nach *Vogel/Hayes* (Fn. 4), S. 51.

[16] Hierzu aus letzter Zeit etwa: *Spickhoff*, RabelsZ 56 (1992), 116 ff.; *Stein*, Lex Mercatoria, 1995, S. 212 ff.; *Berger*, Formalisierte oder "schleichende" Kodifizierung des transnationalen Wirtschaftsrechts, 1996, S. 75 ff.; *Wichard*, RabelsZ 60 (1996), 269 ff.; *Michaels*, RabelsZ 62 (1998), 581 ff.; rechtsvergleichend: *Boele-Woelki*, RDU 1996, 652, 659 ff.

[17] *Lachmann*, Handbuch für die Schiedspraxis, 1998, Rdnr. 439; *Kronke*, RIW 1998, 257, 262 f. Sowie (sämtlich vor der Novellierung der §§ 1025 ff. ZPO): *von Bar*, IPR I, 1987, Rdnr. 100 ff. (106); MünchKomm-*Martiny*, 3. Aufl. 1998, Art. 27 EGBGB, Rdnr. 32; Soergel-*von Hoffmann*, 12. Aufl. 1996, Art. 27 EGBGB, Rdnr. 17; *Kropholler*, IPR, 3. Aufl. 1997, § 11 I 3; *Spickhoff*, RabelsZ 56 (1992), 116, 134.

zeigt, daß im Bereich der internationalen Wirtschaftsschiedsgerichtsbarkeit Bestimmungen des römischen Recht eine "überraschende Lebenskraft bewahrt" haben[18]. Weiter ist zu berücksichtigen, daß - ebenso wie der transnationale Handel - auch das Islamic Banking eine Reihe von Standards entwickelt hat. Bei allen Divergenzen in Einzelfragen gibt es durchaus einen Kernbestand von Grundprinzipien, die als Grundlage einer schiedsrichterlichen Entscheidung dienen können. Eine kollisionsrechtliche Wahl "islamischen Rechts" ist daher zulässig und auch praktikabel, wenn der Vertrag zugleich eine Schiedsklausel enthält.

Für die *staatliche Gerichtsbarkeit* hingegen wird eine kollisionsrechtliche Wahl nichtstaatlichen Rechts überwiegend abgelehnt[19]. Denn ein staatliches Gericht sei zwingend an die Bestimmungen des internationalen Privatrechts gebunden. Die Regelung in Art. 27 Abs. 1 EGBGB sei auf nationalstaatliche Rechtsordnungen und nicht auf transnationale Rechtsgrundsätze oder andere private Regelwerke zugeschnitten. Gewählt werden könne nur das Recht eines bestimmten Staates, nicht aber nichtstaatliches Recht. Eine Wahl nichtstaatlichen Rechts stelle keine kollisionsrechtliche Rechtswahl im Sinne von Art. 27 Abs. 1 EGBGB dar, sondern lediglich eine materiellrechtliche Verweisung, mit der im Rahmen der vom *materiellen* Recht eingeräumten Privatautonomie pauschal auf ein bestimmtes, nichtstaatliches Regelwerk verwiesen wird (wie etwa bei einem Bauvertrag auf "die VOB" oder einem Speditionsvertrag auf "die ADSp."). Daher unterliegt der Vertrag in diesem Fall einem nach Art. 28 EGBGB im Wege der objektiven Anknüpfung zu ermittelnden Vertragsstatut. Die Wahl nichtstaatlichen Rechts steht einer materiellrechtlichen Verweisung gleich. Für eine Wahl "islamischen Rechts" bedeutet dies: Sofern nicht gleichzeitig das Recht eines bestimmten Staates gewählt worden ist, muß der Vertrag nach Art. 28 EGBGB objektiv angeknüpft werden. Die im Wege der objektiven Anknüpfung ermittelte Rechtsordnung entscheidet dann darüber, inwieweit sie im Rahmen der Privatautonomie eine materiellrechtliche Verweisung auf das islamische Recht zuläßt[20]. Im Ergebnis finden die Bestimmungen des islamischen Rechts insoweit Anwendung, als diese nicht gegen die zwingenden Bestimmungen des anwendbaren materiellen Rechts verstoßen.

---

[18] *Knütel*, ZEuP 1994, 244, 273 (ff.).

[19] *Von Bar*, IPR I, Rdnr. 100 ff. (114); MünchKomm-*Martiny*, Art. 27 EGBGB, Rdnr. 32; Soergel-*von Hoffmann*, Art. 27 EGBGB, Rdnr. 16; *Kropholler*, IPR, § 11 I 3; *Spickhoff*, RabelsZ 56 (1992), 116, 133 f.

[20] Eine derartige materiellrechtliche Verweisung auf die Bestimmungen des islamischen Rechts ist im übrigen aus dem Familienrecht bekannt. Vgl. aus letzter Zeit BGH, NJW 1999, 574 f.; BayObLG, StAZ 1999, 108 ff.

IV. Objektive Anknüpfung: mehrere Einzelverträge oder einheitliches Finanzierungsgeschäft?

Besteht keine kollisionsrechtliche Rechtswahl oder geht diese ins Leere, unterliegt der Vertrag gemäß Art. 28 Abs. 1 S. 1 EGBGB "dem Recht des Staates, mit dem er die engsten Verbindungen aufweist." Das Schiedsgericht hat in diesem Fall "das Recht des Staates anzuwenden, mit dem der Gegenstand des Verfahrens die engsten Verbindungen aufweist." Dabei stellt Art. 28 Abs. 2 S. 1 EGBGB die Vermutung auf, daß die engste Verbindung zum Recht des Staates besteht, in dem die Partei, welche die vertragscharakteristische Leistung zu erbringen hat, im Zeitpunkt des Vertragsschlusses ihren gewöhnlichen Aufenthalt bzw. Sitz hat. Worin die vertragscharakteristische Leistung des *murâbaha*-Vertrages besteht, ist allerdings nicht einfach zu bestimmen. Denn die *murâbaha*-Finanzierung besteht aus mehreren miteinander verbundenen Einzelverträgen, mit denen ein übergreifender Finanzierungszweck verfolgt wird. Bei der objektiven Anknüpfung wirft dies zwei Fragen auf: Ist hier jedes einzelne Vertragsverhältnis gesondert anzuknüpfen oder unterliegen alle miteinander verbundenen Verträge einem einheitlichen Statut? Des weiteren: Ist für die Bestimmung der vertragscharakteristischen Leistung die Austauschbeziehung der einzelnen Vertragsverhältnisse ausschlaggebend oder der übergreifende, mit diesen Verträgen verfolgte Finanzierungszweck?

Dabei geht es nicht allein um die Problematik, ob bei einem Komplex wirtschaftlich zusammenhängender Verträge ein Hauptvertrag zu ermitteln ist, an dessen Statut die anderen Verträge akzessorisch angeknüpft werden[21], oder ob auch in diesem Fall die einzelnen Vertragsverhältnisse gesondert anzuknüpfen sind[22]. Vielmehr stellt sich hier die Frage, wie der *Umgehungscharakter* der *murâbaha* auf kollisionsrechtlicher Ebene zu berücksichtigen ist. Diese Weichenstellung kann weitreichende Auswirkungen auf das anzuwendende Recht haben. Denn knüpft man die *murâbaha* einheitlich nach ihrem übergreifenden Finanzierungszweck an, kommt regelmäßig das Recht am Sitz der finanzierenden Bank zur Anwendung. Orientiert man sich hingegen auch bei der kollisionsrechtlichen Beurteilung der *murâbaha* an ihrer juristischen Konstruktion, sind die beiden Kaufverträge gesondert nach den Regeln über den Warenkauf anzuknüpfen.

---

[21] So etwa *von der Seipen*, Akzessorische Anknüpfung und engste Verbindung, 1989, 249 ff., insbes. S. 319 (Kodifizierungsvorschlag); *Jayme*, FS Pleyer, 1986, S. 371, 376 f. (für Subunternehmervertrag); *ders.*, in: *Nicklisch* (Hrsg.), Rechtsfragen privatfinanzierter Projekte, 1994, S. 65, 71 ff. (für BOT-Projekte).

[22] So die h.M.: *von Bar*, IPR II, 1991, Rdnr. 503 f.; Palandt-*Heldrich*, 60. Aufl. 2001, Art. 28 EGBGB, Rdnr. 14; *Vetter*, NJW 1987, 2124, 2126 ff.; Reithmann/Martiny-*Thode*, 5. Aufl. 1996, Rdnr. 951 (sämtlich zum Subunternehmervertrag); Reithmann/Martiny-*Dageförde*, Rdnr. 991; Soergel-*von Hoffmann*, Art. 28 EGBGB, Rdnr. 176 (für den Leasingvertrag).

Die interessengerechte Lösung dürfte hier weder in einer einheitlichen, streng am Finanzierungszweck orientierten Anknüpfung, noch in einer grundsätzlichen Aufspaltung in verschiedene Kaufverträge bestehen. Denn die *murâbaha* ist *zugleich* Kreditgeschäft und Veräußerungsgeschäft. Diesem Doppelcharakter muß auch im internationalen Privatrecht Rechnung getragen werden. Daher ist im konkreten Fall danach zu differenzieren, ob die *Finanzierungskomponente* des Geschäfts betroffen ist oder dessen *Veräußerungskomponente*. Zwar sollte von dem Grundsatz, daß ein Vertrag einem einheitlichen Statut zu unterstellen ist, nur in Ausnahmefällen abgewichen werden. Jedoch sieht Art. 28 Abs. 1 S. 2 EGBGB diese Möglichkeit vor, wenn ein abtrennbarer Teil eines Vertrages eine engere Verbindung zu einer anderen Rechtsordnung aufweist. Angewandt auf die *murâbaha* bedeutet dies: Geht es um das *Rechtsverhältnis* zwischen *Exporteur und Bank*, dann ist die Finanzierungskomponente des Geschäfts betroffen. Insoweit ist die *murâbaha*-Finanzierung von ihrer Funktion her mit einer Exportfinanzierung mittels Akkreditiv vergleichbar. Dieses Rechtsverhältnis ist daher nach den für das Akkreditiv entwickelten Regeln anzuknüpfen. Beim Akkreditiv unterliegt das Rechtsverhältnis zwischen eröffnender Bank und Begünstigtem (jedenfalls solange keine Zweitbank eingeschaltet wird) dem Recht am Sitz der eröffnenden Bank, da diese die vertragscharakteristische Leistung erbringt[23]. Dies gilt gleichermaßen bei der *murâbaha*-Finanzierung für die Verpflichtung der Bank zur Zahlung des Kaufpreises an den Exporteur. Auch dieses Rechtsverhältnis unterliegt daher dem Recht am Sitz der Bank. Geht es hingegen um *Mängelgewährleistungsansprüche*, die der Importeur (nach Abtretung durch die Bank) gegen den Exporteur geltend macht, dann ist die Veräußerungskomponente des Geschäfts betroffen. Diese Frage ist nach den Regeln über den Warenkauf anzuknüpfen. Hier finden unter den Voraussetzungen der Artt. 1-6 CISG die Bestimmungen des UN-Kaufrechts Anwendung. Ansonsten ist an den Sitz des Exporteurs (Verkäufers) anzuknüpfen[24]. Aufgrund von Art. 33 Abs. 2 EGBGB unterliegen auch die abgetretenen Mängelgewährleistungsansprüche diesem Statut.

V. Transnationales Wirtschaftsrecht in der multikulturellen Weltgesellschaft

In der internationalen Kautelarpraxis wird verbreitet die Basis eines autonomen "Recht des Welthandels" im Sinne einer transnationalen *lex mercatoria* gesehen[25]. Zugrunde liegt dieser Idee die Vision einer von nationalstaatlichen Idiosynkrasien unabhängigen Weltrechtsordnung der transnationalen Verträge, be-

---

[23] *OLG Frankfurt a.M.*, RIW, 1992, 315 ff.; Soergel-*von Hoffmann*, Art. 28 EGBGB, Rdnr. 345 ff.; MünchKomm-*Martiny*, Art. 28 EGBGB, Rdnr. 241; Assmann/Schütze, HdB.KapitalanlageR/*Schütze*, 2. Aufl. 1997, § 10 Rdnr. 98 f.

[24] Zur Anknüpfung des Warenkaufs: MünchKomm-*Martiny*, Art. 28 EGBGB, Rdnr. 112; Soergel-*von Hoffmann*, Art. 28 EGBGB, Rdnr. 141.

[25] Vgl. etwa *Stein* (Fn. 16) und *Berger* (Fn. 16).

ruhend auf einer nichtlegislatorischen Rechtsvereinheitlichung, welche sich "von unten" entwickelt und maßgeblich durch den ökonomischen und juristischen *common sense* der beteiligten Verkehrskreise vorangetrieben wird.

In diesem Zusammenhang ist das Vertragsrecht der islamischen Banken aus zwei Gründen von Interesse. Denn ganz im Einklang mit der Idee von der *lex mercatoria* handelt es sich hier um einen Prozess der staatsfernen, "spontanen" Rechtsbildung. Nicht die offiziellen Islamisierungsbestrebungen in den verschiedenen arabischen Staaten[26] haben die heute im Islamic Banking praktizierten Anlage- und Finanzierungsmodelle hervorgebracht. Vielmehr sind diese das Produkt einer Kautelarpraxis, die sich "im Schatten des offiziellen Rechts" entwickelt hat. Treibende Kraft dieser Entwicklung waren die autonomen Eigengesetzlichkeiten des Marktes, und zwar das Entstehen eines Sondermarktes für "islamisch korrekte" Finanzdienstleistungen. Das selbstgeschaffene Recht der islamischen (Bank-)Wirtschaft ist dabei nicht nur durch einen vagen Rekurs auf die Tradition des islamischen Rechts gekennzeichnet, sondern auch durch bestimmte Grundprinzipien, insbesondere das Verbot des Zinses. Des weiteren haben sich hier typische Vertragsgestaltungen entwickelt, wie etwa die *murâbaha*. Im Ergebnis bildete sich im *Islamic Banking* ein Kernbestand von Rechtsprinzipien heraus, deren Geltungswille - wie in den zuvor genannten Rechtswahlklauseln zum Ausdruck kommt - nicht auf staatlicher Setzung beruht und auch nicht territorial an ein bestimmtes Staatsgebiet geknüpft ist. So kann man durchaus von einem transnationalen Vertragsrecht der islamischen Banken reden.

Gleichwohl zeigt das Vertragsrecht der islamischen Banken, daß eine auf einer transnationalen Kautelarpraxis beruhende Rechtsbildung nicht automatisch in einem global vereinheitlichten Recht des Welthandels mündet. Im Gegensatz zum universalistischen Anspruch der Idee von der *lex mercatoria*, eine global vereinheitlichte Rechtsordnung des internationalen Wirtschaftsverkehrs zu entwickeln, fördert das Vertragsrecht der islamischen Banken gerade kulturelle Partikularitäten zu Tage. Das Ergebnis ist keine Rechtsvereinheitlichung, sondern ein neuer Pluralismus im internationalen Wirtschaftsrecht. Im Bereich der vordergründig ausschließlich am ökonomischen Kriterium der Rendite orientierten Kapitalmärkte entwickelten sich islamische Kapitalanlage- und Finanzierungsmodelle, deren wesentliche Eigenart ihre religiöse Erlaubtheit ist. Dabei handelt es sich um mehr als nur eine islamische Variante von Öko- und Ethikfonds. Denn die islamischen Kapitalanlage- und Finanzierungsmodelle unterscheiden sich von den konventionellen Bankgeschäften nicht lediglich durch eine ethisch-religiöse Zielsetzung, sondern auch in ihrer rechtlichen Ausgestaltung. Die fortschreitende internationale Verflechtung der Kapitalmärkte hat

[26] Hierzu (m.N.d.Lit) *Bälz*, RabelsZ 62 (1998), 437 ff.

dabei zur Folge, daß die islamischen Bankgeschäfte auch im internationalen Rechtsverkehr in zunehmendem Maße von Bedeutung sein werden. Dies ist auch eine Herausforderung für das internationale Privatrecht.

Andreas Börner

Probleme der internationalen Zuständigkeit und der Immunität in Arbeitsrechtstreitigkeiten zwischen örtlich rekrutierten Mitarbeitern der Liga Arabischer Staaten und ihrem Arbeitgeber

Zum Thema meines Beitrags hat Professor *Elwan* im Anschluß an ein Gutachten 1995 einen Aufsatz aus Sicht des deutschen Kollisionsrechts veröffentlicht[1]. Dieser Aufsatz stieß in der Schweiz auf ein besonderes Echo, weil dort verschiedene ähnlich gelagerte Fälle vor Gericht anhängig waren. Am 25. Januar 1999 erließ das schweizerische Bundesgericht ein Urteil, in dem Professor *Elwan* mehrmals zitiert wird und das die völkerrechtliche Diskussion sicher nachhaltig beeinflussen wird[2].

Ausgehend von der Darstellung des rechtlichen Hintergrunds dieses Urteils, soll die Liga Arabischer Staaten mit ihrer Vertretung in der Schweiz im folgenden als Beispielsfall für solche Internationale Organisationen erörtert werden, die außerhalb der Staatsgebiete ihrer Mitgliedsstaaten vertreten oder auf andere Weise aktiv sind. Dieses Thema ist schon längst kein Schweizer Sonderproblem mehr. Mit fortschreitender Institutionalisierung der internationalen Beziehungen kommt ihm auch in Deutschland wachsende Bedeutung zu[3]. Je stärker hoheitliche Befugnisse von der Ebene der Nationalstaaten auf Internationale Organisationen oder supranationale Einrichtungen übertragen und auch von ihnen vollzogen werden, desto stärker wird das Bedürfnis nach allseitiger Vernetzung dieser Internationalen Organisationen mit ihren Mitgliedsstaaten, mit Drittstaaten und mit anderen Internationalen Organisationen. Diesem Ziel dient unter anderem die Wiener Konvention über Verträge zwischen Staaten und Internationalen Organisationen oder zwischen Internationalen Organisationen vom 21. März 1986[4].

Immer häufiger werden aber auch die Situationen, in denen der völkerrechtliche Status einer Internationalen Organisation in einem Staat, der nicht zu ihren Mitgliedsstaaten gehört, nicht durch besondere Vereinbarungen geregelt ist. 1975 wurde die von der International Law Commission ausgearbeitete Wiener Kon-

---

1 *Elwan,* IPRax 1995, 1-8.

2 Schweizer BG vom 25. Januar 1999, Az. 4C.518/1996, IPrax 1999, 257-259, Anm. *Seidl-Hohenveldern*, a.a.O., 273-274.

3 Zu den Internationalen Organisationen mit Sitz in Deutschland vgl. *Rensmann*, Internationale Organisationen im Privatrechtsverkehr, in: 36 Archiv des Völkerrechts 1998, S. 305-344, Fn. 4.

4 U.N. Doc. A/CONF 129/15 (25/LM 543).

vention über die Vertretung der Staaten in deren Beziehungen mit Internationalen Organisationen universellen Charakters abgeschlossen[5]. Diese Konvention ist seither aber nur von wenigen Staaten ratifiziert worden. Zu ihrer Ergänzung arbeitete die International Law Commission seit 1976 an einer weiteren Konvention. Darin sollten Regelungen über die Rechtspersönlichkeit Internationaler Organisationen sowie über die Vorrechte und Befreiungen Internationaler Organisationen, ihrer Bediensteten und der in deren Diensten stehenden Experten enthalten sein. 1989, 1990 und 1991 wurden Teilentwürfe vorgelegt[6]. Die Arbeiten daran wurden jedoch wegen der ins Stocken geratenen Ratifizierung der Wiener Konvention von 1975 durch Resolution der UN-Vollversammlung vom 25. Januar 1992 bis auf weiteres eingestellt[7].

Nach deutschem Recht kommt es daher für die absehbare Zukunft auch weiterhin auf die allgemeinen Regeln des Völkerrechts an. Sie erzeugen nach Art. 25 Abs. 1 GG Rechte und Pflichten für den einzelnen und gehen im Rang den Bundesgesetzen vor. Art. 25 Abs. 1 GG stellt einen der wenigen Fälle dar, in denen sich der Inhalt von Bundesrecht nur unter Berücksichtigung der Rechtslage, Rechtsprechung und Praxis in anderen Staaten zuverlässig ermitteln läßt. Denn nur dadurch läßt sich erkennen, ob ein Rechtssatz als ein von den Kulturvölkern anerkannter allgemeiner Rechtsgrundsatz oder Völkergewohnheitsrecht anzusehen ist. Völkergewohnheitsrecht entsteht dadurch, daß sich Vökerrechtssubjekte daran gebunden fühlen, ohne vertraglich verpflichtet zu sein. Da diese Rechtsfindungsmethode bis zu einem gewissen Grad auch politisch gefärbt ist, ist sie nach Art. 100 Abs. 2 GG dem Bundesverfassungsgericht vorbehalten[8].

Zunächst möchte ich kurz auf die vielen Facetten der Beziehungen zwischen Internationalen Organisationen und ihren Mitarbeitern eingehen, die sich in der Praxis entwickelt haben. Sie werden meist in Entsandte und Ortskräfte unterschieden. Die entsandten Mitarbeiter werden in der Regel durch die zentrale Personalabteilung am Sitz der Internationalen Organisation mit dem Ziel rekrutiert, sie ggf. an unterschiedlichen Orten der Welt zum Einsatz kommen zu lassen, werden aber heute überwiegend aufgrund befristeter Verträge mit kurzer Laufzeit angestellt. Diese Verträge werden nach den Bedürfnissen der Internationalen Organisation, ihren personalpolitischen Zielen und wirtschaftlichen Zwängen verlängert oder auch nicht, vorzeitig gekündigt, herauf- oder herabge-

---

5 U.N. Doc. A/CONF 67/16 vom 13. März 1975.

6 U.N. Doc. A/CN. 4/438, 4/439, *Yearbook of the International Law Commission* 1991, VII (1) sowie ILC Report A/46/10, 1991, chapter VI(B) para. 268-301.

7 Res. 47/33 vom 25. November 1992.

8 Dazu BVerfG vom 10. Juni 1997, NJW 1998, 50 (51).

stuft, im Einsatzort und Aufgabenbereich verändert und sind in ihren allgemeinen Bedingungen ständigem Wechsel unterworfen.

In gleicher Weise gilt dies auch für die örtlich rekrutierten Mitarbeiter Internationaler Organisationen. Auch wenn formal überwiegend eine örtliche Gesandtschaft oder nachgeordnete Stelle als Arbeitgeber auftritt, werden diese Ortskräfte häufig auf Veranlassung der zentralen Personalabteilung der Internationalen Organisation eingestellt. Der wesentliche Unterschied zu den entsandten Mitarbeitern besteht im wesentlichen darin, daß diese auf einer höheren Gehaltsstufe tätig sind und in den Genuß zahlreicher Sondervergünstigungen gelangen können, die den Ortskräften vorenthalten bleiben.

Um solche Ortskräfte geht es in meinem Beitrag. Sie können Angehörige des Arbeitsstaates, eines Mitgliedsstaates der Arbeitgeberorganisation, eines Drittstaates oder staatenlos sein. Manche erledigen nur untergeordnete Hilfsarbeiten, andere sind - gerade dann, wenn die Internationale Organisation politische Aufgaben in einem Drittstaat wahrzunehmen hat - in hohem Maß an den strategischen Entscheidungsprozessen der Organisation und ihrer Umsetzung beteiligt. Für jeden dieser Fälle unterscheidet sich die Interessenlage nicht unerheblich. Und dementsprechend schwierig ist es für staatliche Gerichte, Licht ins Dickicht widerstreitender Rechtssätze zu bringen.

Auch für unsere Zwecke ist es daher am besten, sich zunächst auf eine ganz bestimmte Fallkonstellation zu konzentrieren. Ihr Protagonist ist ein Mitarbeiter der Liga Arabischer Staaten. Er wird von deren Vertretung in der Schweiz bzw. in Deutschland ohne Zuerkennung der für entsandte Mitarbeiter geltenden Vergünstigungen angestellt. Er hat nicht die Nationalität des Gaststaates, sondern diejenige eines Mitgliedsstaates der Liga Arabischer Staaten, ist also zum Beispiel Syrer oder Libanese. Er wird über Jahrzehnte hin aufgrund befristeter Jahresverträge ohne automatische Verlängerung tätig, bis eines Tages sein Vertrag aus unerfindlichen Gründen nicht erneuert wird. Der Betroffene beansprucht Rechtsschutz vor den staatlichen Schweizer oder deutschen Gerichten, die Liga Arabischer Staaten beruft sich demgegenüber auf ihre Immunität. Sie verweist darauf, daß sich die Liga 1964 nach dem Vorbild der Vereinten Nationen selbst eine Gerichtsbarkeit für innere Angelegenheiten geschaffen hat[9]. Dieses Verwaltungsgericht entscheidet unter anderem über Streitigkeiten, die sich aus der Grundordnung für die entsandten Mitarbeiter ergeben. Eine solche Grundordnung wurde 1987 auch für die örtlich rekrutierten Mitarbeiter erlassen. Auch diese sind danach der Verwaltungsgerichtsbarkeit der Liga Arabischer Staaten unterworfen. Das Verwaltungsgericht hatte seinen Sitz zunächst in Kairo, ver-

---

[9] Vgl. dazu *Ben Hammed*, Le Tribunal administratif de la Ligue des Etats Arabes, in: Le système régional arabe, Paris 1989, S. 213 ff.

lagerte ihn aber als Reaktion auf den Friedensvertrag von Camp David 1979 nach Tunesien und befindet sich seit 1990 wieder in Kairo. Das Verwaltungsgericht hat ein aus 23 Artikeln bestehendes Grundstatut, zu dem es am 7. Oktober 1965 eine Geschäftsordnung erlassen hat. Diese besteht aus 63 Artikeln. Eine Klage vor dem Verwaltungsgericht ist zulässig, wenn vorher eine schriftliche Beschwerde beim Generalsekretär über den Streitgegenstand eingereicht wurde und die Beschwerde in diesem Widerspruchsverfahren entweder verworfen oder innerhalb von 60 Tagen nicht beschieden worden ist. Die Entscheidungen des Gerichts sind in den Mitgliedsstaaten rechtskräftig und vollstreckbar. Eine Wiederaufnahme des Verfahrens ist nur bei nachträglichem Bekanntwerden erheblicher Tatsachen möglich und muß innerhalb von 60 Tagen ab Kenntnis der einschlägigen Tatsachen beantragt werden.

Vor einer Entscheidung in der Sache muß sich das von der Ortskraft angerufene staatliche Gericht nunmehr mit sieben Prüfpunkten auseinandersetzen, die sich in mehrfacher Weise überschneiden:

1. Zunächst stellt sich die Frage, ob eine völkerrechtliche Streitigkeit vorliegt, die schon aufgrund des autonomen Prozeßrechtes der Entscheidung staatlicher Gerichte wie die Entscheidung über öffentliches Recht eines anderen Staates entzogen ist. Dafür spricht, daß das interne Recht der Internationalen Organisation ein quasi öffentlich-rechtliches Normengeflecht darstellt und einen Streitbeilegungsmechanismus vorsieht. In solchen Fällen kann die deutsche Gerichtsbarkeit nach der Rechtsprechung des BVerfG schon aufgrund des autonomen Rechts ausgeschlossen sein, wenn die Rechtsprechungshoheit gemäß Art. 24 GG auf die zwischenstaatliche Einrichtung übertragen worden ist[10]. Fehlt eine solche Übertragung, ist dieser Gesichtspunkt meines Erachtens allein unter dem Gesichtspunkts der Immunität der Internationalen Organisationen zu erörtern. Denn zumindest aus dem deutschen autonomen Recht läßt sich ein allgemeiner Nichteinmischungsgrundsatz in völkerrechtlichen Streitigkeiten nicht ableiten.
2. Das Gericht muß klären, ob der Rechtsweg für bürgerlich-rechtliche Arbeitsrechtsstreitigkeiten auch dann eröffnet ist, wenn der Arbeitgeber eine Internationale Organisation ist. Diese Frage wird man jedenfalls im deutschen Recht leicht bejahen können. Der Rechtsweg zu den Zivilgerichten ist immer dann eröffnet, wenn keine besondere Norm besteht, die die Streitigkeit einem anderen Rechtsweg zuweist. Die Generalklausel in § 40 Abs. 1 VwGO betrifft jedenfalls nur Streitigkeiten, die sich aus einer Norm des deutschen Verwaltungsrechts ergeben.

---

[10] Vgl. zu dieser Konstellation BVerfG vom 10. November 1981, Az. 2 BvR 1058/79, BVerfGE 59, 63-95.

3. Auch die internationale Zuständigkeit wird leicht zu bejahen sein. Der gesetzliche Gerichtsstand des Erfüllungsorts für die Beschäftigungspflicht des Arbeitgebers ist der Arbeitsort, an dem der klagende Mitarbeiter eingesetzt ist.
4. Die internationale Zuständigkeit könnte derogiert sein. So enthalten die Dienstvorschriften Internationaler Organisationen häufig eine Vorschrift, wonach nur die Gerichtsbarkeit der Internationalen Organisationen selbst über Arbeitsrechtsstreitigkeiten befindet. Dies könnte als Gerichtsstandsvereinbarung der Parteien auszulegen sein, soweit die eigene Gerichtsbarkeit der Internationalen Organisation einer staatlichen Gerichtsbarkeit gleichgestellt werden könnte.
5. Soweit sich die Internationale Organisation gegenüber der Klage auf ihre Immunität berufen kann, können die nationalen Gerichte selbst dann nicht entscheiden, wenn ihrer internationalen Zuständigkeit keine Gerichtsstandsvereinbarung entgegenstünde. Fehlt eine völkervertragliche Regelung der Immunität, stellt sich vor allem die Frage, ob die völkerrechtliche Anerkennung der Internationalen Organisation durch den Gerichtsstaat nach dem Völkergewohnheitsrecht eine notwendige oder jedenfalls ausreichende Voraussetzung für ihre Immunität ist[11]. Die Reichweite dieser Immunität Internationaler Organisationen ist unter Berücksichtigung ihrer praktischen Erforderlichkeit selbständig, also ohne Rückgriff auf die Regelungen zur Immunität von Staaten, Diplomaten etc., zu bestimmen.
6. Anschließend stellt sich die Frage der Prozeßfähigkeit. Nach einer im Vordringen befindlichen Ansicht ist entgegen der im deutschen Internationalen Gesellschaftsrecht noch herrschenden Sitztheorie die Internationale Organisation als gewöhnliche ausländische juristische Person schon dadurch anerkennungs- und damit prozeßfähig, wenn sie im Verhältnis zu ihren Mitgliedsstaaten völkerrechtliche Rechtsfähigkeit erlangt hat[12].
7. Genießt die Internationale Organisation keine Immunität oder hat sie darauf im Einzelfall verzichtet, stellt sich schließlich die Frage, ob das am Arbeitsort geltende Recht durch die Dienstordnung der Internationalen Organisation ganz oder teilweise verdrängt wird. Dies wäre dann zu bejahen, wenn die Dienstordnung für die Zwecke einer objektiven Anknüpfung oder zumindest im Rahmen einer Rechtswahl einem staatlichen Recht gleichzustellen wäre.

Die Fragenkomplexe der Rechtsfähigkeit einer Internationalen Organisation, ihrer völkerrechtlichen und privatrechtlichen Anerkennung, ihrer Immunität und der Gleichstellung ihrer Verwaltungsvorschriften mit einem staatlichen Recht bzw. ihrer Verwaltungsgerichte mit staatlichen Gerichten sind aufs engste

---

[11] Vgl. *Wenckstern,* in: HdB IntZVR II, S. 26 Rz. 77-79.

[12] Vgl. *Rensmann* (Fn. 3), S. 308-309.

miteinander verknüpft. Daher will ich zunächst etwas weiter ausholen und am Beispiel der Liga Arabischer Staaten auf die inneren und äußeren rechtlichen Strukturen Internationaler Organisationen eingehen.

Internationale Organisationen werden dahin definiert, daß sich Völkerrechtssubjekte durch und auf der Grundlage einer völkerrechtlichen Willenseinigung miteinander verbinden und daher sowohl die Ziele des Zusammenschlusses wie auch die Prinzipien der Zusammenarbeit fixieren[13]. Diese formal gehaltene Definition dient in erster Linie dazu, sie von internationalen Zusammenschlüssen nicht-staatlicher Art abzugrenzen, den sogenannten *non-governmental organisations*. Des weiteren muß die Internationale Organisation über ein oder mehrere Organe verfügen, die zur Willensbildung der Internationalen Organisation und zu ihrer Vertretung befugt sind und diese Befugnisse auch tatsächlich in Anspruch nehmen. Sind Organe vorgesehen, so wird der Gründungsakt der Internationalen Organisation in der Regel auch deren Rechtsfähigkeit vorsehen. Im allgemeinen erfolgt die Willensbildung durch Entschließungen der Mitgliederversammlung, die das Innenverhältnis oder aber die Beziehungen der Internationalen Organisation zu ihren Mitgliedsstaaten oder zu Drittstaaten betreffen können. Des weiteren dienen dazu alle Maßnahmen der Verwaltungsorgane, und, jedenfalls als Besonderheit der größeren Internationalen Organisationen, die Entscheidungen ihrer Verwaltungsgerichte. Schließlich unterscheidet man nach dem Aufgabenbereich zwischen Internationalen Organisationen mit zumindest teilweise politischen Aufgaben und solchen, die sich auf finanzmarktbezogene oder administrative Aufgaben oder die Zusammenarbeit bei der Forschung, Technologie oder Rohstoffvermarktung beschränken[14].

Für die Liga Arabischer Staaten sind alle Voraussetzungen einer Internationalen Organisation mit teilweise politischen Aufgaben erfüllt. Sie wurde 1945 von sieben arabischen Staaten gegründet und hat heute 22 Mitglieder. Aufgrund eines Abkommens vom 10. Mai 1953 genießt die Liga in ihren Mitgliedsstaaten Immunität und die sonstigen Vorrechte Internationaler Organisationen. Wie steht es aber mit der völkerrechtlichen Anerkennung durch dritte Völkerrechtssubjekte? Voraussetzung für den Status einer Internationalen Organisation im Sinne eines Völkerrechtssubjekts ist die völkerrechtliche Anerkennung. Hierbei ist zu unterscheiden zwischen der Anerkennung durch andere Internationale Organisationen und derjenigen durch andere Staaten[15]. Eine Anerkennung einer Internationalen Organisation durch eine andere Internationale Organisation erfolgt zum Beispiel dadurch, daß eine von ihnen der anderen durch ihre Satzung,

---

[13] *Seidl-Hohenveldern (Wolfrum)*, Lexikon des Völkerrechts, 2. Aufl. 1992, S. 145.

[14] *Rensmann* (Fn. 3), S. 5-9, Rz. 12-28.

[15] *Seidl-Hohenveldern (Frowein)* (Fn. 13), S. 11.

in Resolutionen oder in völkerrechtlichen Verträgen bestimmte Aufgaben überträgt. So verhält es sich insbesondere mit regionalen Organisationen, denen in Artikel 52-54 der UN-Charta bestimmte sicherheitspolitische Aufgaben übertragen sind. Die Liga Arabischer Staaten ist ein Paradebeispiel für solche "*regional arrangements or agencies*". Nach dem Sicherheitspakt ihrer Mitgliedsstaaten vom 13. April 1950 hat die Liga den Auftrag, Streitigkeiten zwischen den Mitgliedern beizulegen und Aggressionen von innen und außen abzuwehren. Im selben Jahr wurde sie von den Vereinten Nationen anerkannt. Dies hat wiederum zur Folge, daß ihre Vertretungen seitdem bei den Vereinten Nationen akkreditiert werden[16].

Gegenüber Drittstaaten können sich nur die Vereinten Nationen, die als weltweite Organisation der Staatengemeinschaft angelegt sind, auf eine sogenannte "objektive Völkerrechtspersönlichkeit" berufen. Im übrigen ist eine besondere Anerkennung durch den betreffenden Staat erforderlich[17]. Diese kann ganz unterschiedliche Formen annehmen[18]. Am eindeutigsten ist die Anerkennung durch Abschluß eines bilateralen völkerrechtlichen Vertrages. Solche Verträge unterliegen ggf. dem schon genannten Wiener Übereinkommen über das auf die Verträge zwischen Staaten und Internationalen Organisationen und zwischen Internationalen Organisationen untereinander anwendbare Recht vom 21. März 1986[19]. Dies gilt auch für die Anerkennung durch Vertragsschluß in Form eines Sitzstaatsabkommens. Der Gaststaat gestattet darin der Internationalen Organisation, sein Territorium und seine Infrastruktur für die Erfüllung ihrer Aufgaben zu nutzen. Insbesondere dann, wenn der Sitzstaat nicht zu den Mitgliedsstaaten, sondern zum Operationsgebiet der Internationalen Organisation gehört, muß dieses Nutzungsrecht durch entsprechende Vorrechte und Privilegien geschützt werden. Soweit nur Missionen der Internationalen Organisation betroffen sind, wählt man statt eines Sitzstaatsabkommens kleinere völkerrechtliche Kaliber. So hat die Liga Arabischer Staaten zum Beispiel mit Spanien am 19. Dezember 1981 einen Vertrag über den Status ihrer dortigen Vertretung geschlossen[20]. Fehlt es an einer völkervertraglichen Vereinbarung, genügt für die Anerkennung auch eine einseitige Erklärung des Drittstaates, die sich an die Anerkennung eines Staates als Völkerrechtssubjekt anlehnt. Sie ist eher selten. Ein Beispiel ist jedoch das Dekret vom 17. März 1975, durch das die Schweiz

---

[16] Zum Ganzen *Boutros-Ghali*, La Ligue des Etats Arabes, RdC 137 (1972 III) 1-82.

[17] Vgl. aber *Dominicé*, RdC 1984 IV S. 145 (164) stellvertretend für die zahlreichen Befürworter einer nur deklaratorischen Wirkung der Anerkennung.

[18] Vgl. *Seidl-Hohenveldern/Loibl*, Das Recht der Internationalen Organisationen einschließlich der Supranationalen Gemeinschaften, 1992, Rz. 0342, 0700-0703.

[19] U.N. Doc. A/CONF 129/15 (25/LM 543).

[20] UNTS 1983, S. 111-116, Vol. 1323, 1-22039.

der Vertretung der Liga Arabischer Staaten die Eröffnung einer Vertretung gestattet und dieser den gleichen Status zuerkannt hat, den sie aufgrund ihres Sitzstaatsabkommens mit den Vereinten Nationen den Vertretungen von deren Mitgliedsstaaten zu gewähren hat[21]. Dies ist zugleich ein Beispiel für die Wechselwirkung zwischen der Anerkennung der Internationalen Organisation durch andere Internationale Organisationen und der Anerkennung durch Drittstaaten.

In Deutschland verfügt die Liga Arabischer Staaten über einen wesentlich schwächeren Status. Ihre Aufgaben nimmt sie zwar mit Wissen, aber ohne ausdrückliche Zustimmung der Bundesrepublik Deutschland wahr. Ob darin noch eine völkerrechtliche Anerkennung gesehen werden kann, ist wohl eher zweifelhaft. Es stellt sich nun also die interessante Frage, inwieweit völkergewohnheitsrechtlich eine Immunität der Liga Arabischer Staaten unabhängig von deren vertraglicher Anerkennung bestehen kann, und ob verneinendenfalls zumindest ihre Gerichtsbarkeit mit einer staatlichen Gerichtsbarkeit im Sinne des Art. 17 EuGVÜ und ihre Dienstordnung für Mitarbeiter mit einem staatlichen Recht im Sinne von Art. 27 und 30 EGBGB gleichgestellt werden können.

Da die Gewährung von Immunität sowohl eine Übertragung von Hoheitsrechten auf zwischenstaatliche Einrichtungen als auch eine Ausgestaltung des nach Art. 19 Abs. 4 GG bzw. als Bestandteil des Rechtsstaatsprinzips abgesicherten Justizgewährungsanspruches zur Folge haben kann, ist aus deutscher Sicht eine Transformation der für die Immunitätsgewährung maßgeblichen Rechtsgrundlagen in das nationale Recht erforderlich[22]. Diese kann aber auch über die umfassende Transformation des ungeschriebenen Völkerrechtes gemäß Art. 25 GG erfolgen. Deshalb genügt es unter Umständen, daß nicht ein völkerrechtlicher Vertrag vorliegt, sondern lediglich eine allgemeine Regel des Völkerrechts an eine andere völkerrechtlich relevante Handlung, wie z.B. die Zustimmung zur Tätigkeit einer Internationalen Organisation im Gerichtsstaat, anknüpft. Für Zweifelsfälle des Völkergewohnheitsrechts besteht die bereits erwähnte Vorlagepflicht der Fachgerichte an das Bundesverfassungsgericht nach

---

[21] Vgl. Schweizer BG vom 25. Januar 1999, IPRax 1999, 257 (259); Tribunal des Prudes'hommes Genf vom 5. Oktober 1994, Az. IX/770/94, Rz. 27 (nicht veröffentlicht); Tribunal des Prudes'hommes Genf vom 17. November 1993, Jahrbuch des Schweizerischen Arbeitsrechts 1996, S. 334-340 (Rz. 27).

[22] Dies geschieht bei völkerrechtlichen Verträgen nach Art. 59 GG durch ein Bundesgesetz, das unter Umständen sogar der Zustimmung des Bundesrates bedarf. Wichtige Beispiele sind die NATO-Vorrechte-Verordnung (BGBl. 1958 II, 117) und das UNO-Sonderorganisationen-Beitrittsgesetz (BGBl. 1954 II, 639 ff, Neufassung in BGBl. 1980 II, 941), dazu *Bender,* IPRax 1998, 1-8.

Art. 100 Abs. 2 GG. Danach hat das Gericht die Entscheidung des Bundesverfassungsgerichtes einzuholen, wenn es in einem Rechtsstreit von den Entscheidungen hoher deutscher, ausländischer oder internationaler Gerichte oder von den Lehren anerkannter Autoren der Völkerrechtswissenschaft abweichen möchte[23]. Das Bundesverfassungsgericht hat dann aufgrund der Rechtslage und der Gerichtspraxis in anderen Staaten zu entscheiden, ob die Immunität sowohl *ratione personae* als auch *ratione materiae* besteht, ob sie sich nur auf die Vollstreckung gerichtlicher Entscheidung oder aber als Jurisdiktionsimmunität auch schon auf das Erkenntnisverfahren bezieht, und ob im Einzelfall eine völkergewohnheitsrechtlich im Sinne eines allgemeinen Rechtsgrundsatzes anzuerkennende Fallgruppe des Rechtsmißbrauchsgedankens vorliegt, was in Ausnahmefällen der Geltendmachung völkerrechtlich begründeter Rechte entgegenstehen kann[24].

Eine solche Entscheidung des Bundesverfassungsgerichts zu Bestehen, Voraussetzungen und Grenzen einer rein völkergewohnheitsrechtlich begründeten Immunität Internationaler Organisationen liegt immer noch nicht vor. In seiner Entscheidung vom 10. November 1981 zur Klage eines EUROCONTROL-Angestellten beschränkte es sich auf eine weite Auslegung des Art. 24 GG und stellte fest, daß auch das Sekundärrecht, das von einer unter Beteiligung Deutschlands geschaffenen zwischenstaatlichen Organisation satzungsgemäß erlassen worden sei, die deutsche Gerichtsbarkeit wirksam beschränken könne - soweit man dies überhaupt für erforderlich halten müsse. Dementsprechend komme nicht eine direkte Verletzung von Grundrechten, sondern nur eine Verletzung des Art. 24 GG in Betracht, wenn der durch die Dienstgerichte der zwischenstaatlichen Organisation gewährte Rechtsschutz - gemessen an den Anforderungen des innerstaatlichen Rechts[25] oder allgemeinen Regeln des Völkerrechts in Form des internationalen Mindeststandards an elementarer Verfahrensgerechtigkeit - unzulänglich sei.

Weiter entwickelt sind die völkergewohnheitsrechtlichen Grundsätze im Verhältnis des Gerichtsstaates zu anderen Staaten. Ausgehend vom inzwischen anerkannten Grundsatz der eingeschränkten Immunität ausländischer Staaten werden deren arbeitsrechtliche Vertragsverhältnisse grundsätzlich als *de iure gestionis* geschlossen und damit nicht von der völkerrechtlichen Immunität ge-

---

[23] BVerfG vom 10. Juni 1997, NJW 1998, 50 (51); BVerfGE 23, 288 (319).

[24] Diskutiert wird dies für die Fälle gravierender Menschenrechtsverletzungen oder Verletzungen zwingenden Völkerrechts, vgl. dazu *Kokott*, Mißbrauch und Verwirkung von Souveränitätsrechten bei gravierenden Völkerrechtsverstößen, in: FS Rudolf Bernhardt, 1995, S. 135 ff.

[25] D.h. gegenüber Akten der öffentlichen Gewalt durch Art. 19 Abs. 4 GG, und im übrigen durch das Rechtsstaatsprinzip, vgl. BVerfGE 85, 337 (345).

deckt angesehen. Eine völkerrechtliche Immunität kommt nach Art. 11 des Übereinkommensentwurfs der International Law Commission von 1991[26] nur für entsandte Mitarbeiter von Vertretungen ausländischer Staaten in Betracht. Die Arbeitsrechtsverhältnisse örtlich rekrutierter Mitarbeiter unterfallen nach diesem Entwurf nur dann einer *ratione materiae* begründeten Immunität, wenn (i) diese hoheitliche Aufgaben wahrnehmen, (ii) es um den Neuabschluß eines durch Befristung beendeten Dienstverhältnisses geht, (iii) der Mitarbeiter zur Zeit des Vertragsschlusses einem Drittstaat angehörte oder (iv) zum Zeitpunkt der Klageerhebung Angehöriger des Arbeitgeberstaates ist oder (v) der Arbeitgeberstaat mit dem Arbeitnehmer eine Gerichtsstandsvereinbarung getroffen hat.

Von diesen Fallgruppen hat sich im Völkergewohnheitsrecht nur diejenige fest etabliert, in der es um die Wahrnehmung hoheitlicher Aufgaben durch örtlich rekrutierte Mitarbeiter geht[27]. In diesem Fall strahlt die Tätigkeit des Mitarbeiters, die selbst *de iure imperii* erfolgt, auch auf seinen arbeitsrechtlichen Status aus. Die Abgrenzung erfolgt aus Sicht des deutschen Rechts nicht nach dem Recht des betroffenen Staates, sondern nach deutschem Recht. Auf dieser Grundlage hat das Bundesarbeitsgericht zum Beispiel in seiner Entscheidung vom 3. Juli 1996 das Vorliegen der Gerichtsbarkeit für die arbeitsrechtliche Streitigkeit einer Ortskraft mit der argentinischen Botschaft verneint, weil die Mitarbeiterin mit konsularischen Aufgaben betraut war[28]. Umgekehrt beriefen sich die USA nach der Entscheidung des Bundesarbeitsgerichts vom 20. November 1997 gegenüber der Kündigungsgegenklage eines als Ortskraft der US-Botschaft eingestellten Aufzugsmonteurs ohne Erfolg auf ihre Immunität[29].

Der Ausgangspunkt für die Immunität Internationaler Organisationen ist jedoch ein anderer: Soweit diese zumindest auch politische Aufgabe wahrnehmen und nicht außerhalb der ihnen übertragenen Aufgaben tätig werden, muß grundsätzlich der völkergewohnheitsrechtlich zu begründende Grundsatz der absoluten Immunität im gleichen Umfang wie für die UNO und ihre Sonderorganisationen gelten. Zwischen Tätigkeiten *de iure gestionis* und *de iure imperii* darf kein Unterschied gemacht werden[30]. Unerheblich ist auch, ob es sich um entsandte

---

[26] Report to the General Assembly A/46/10, *Yearbook of the International Law Commission*, 1991, vol. II(2).

[27] *Glavinis*, Les litiges relatifs aux contrats passés entre organisations internationales et personnes privées, LGDJ 1990, Nr. 12, S. 56 mit umfassenden Nachweisen.

[28] BAG vom 3. Juli 1996, DB 1997, 1087 f.

[29] BAG vom 20. November 1997, IPRax 1999, 174-177 (mit Anm. *Krebber*, 164-167).

[30] Vgl. *Klein*, La responsabilité des organisations internationales dans les cadres juridiques internes et en droit des gens, Bruxelles 1998, S. 230 mwN; *Glavinis* (Fn. 27), S. 17 ff.;

oder örtlich rekrutierte Mitarbeiter handelt[31]. Diese absolute Immunität politisch tätiger Internationaler Organisationen ist erforderlich, um gegenüber den Mitgliedsstaaten die exklusive Kompetenz der Mitgliederversammlung zu wahren. Gegenüber Drittstaaten ist sie erforderlich, um die Unabhängigkeit der Organisation von Nichtmitgliedsstaaten zu ermöglichen. Internationale Organisationen verfügen nicht über ein eigenes Hoheitsgebiet, in dem sie sich fremder Einflußnahme entziehen könnten. Sie sind daher immer der Gefahr ausgesetzt, daß der Staat, in dem sie tätig sind, auch das Zivilrecht zu Repressalien mißbraucht[32]. Weitere, freilich untergeordnete Gesichtspunkte sind die Wahrung einheitlicher Rechtsverhältnisse in den Außenbeziehungen der Internationalen Organisation und die Vermeidung von Justizkonflikten.

Kann sich demnach die auch politisch tätige Internationale Organisation sowohl gegenüber entsandten als auch gegenüber örtlich rekrutierten Mitarbeitern auf ihre absolute Immunität berufen, so stellt sich die Frage, inwieweit die Immunität davon abhängig gemacht werden darf oder sogar abhängig gemacht werden muß, daß dem Justizgewährungsanspruch des Mitarbeiters anderweitig Genüge geleistet wird. Diesen Standpunkt hat das Schweizer Bundesgericht in seiner Entscheidung vom 25. Januar 1999 im Anschluß an die Entscheidungen der Vorinstanzen vertreten[33]. Es handelte sich im entschiedenen Fall um einen örtlich rekrutierten Mitarbeiter der Liga Arabischer Staaten, *Zoheir Malek*, einen syrischen Staatsangehörigen. Das Schweizer Bundesgericht, das in den letzten Jahren die Immunität von Arbeitgeberstaaten in Streitigkeiten mit örtlich rekrutierten Mitarbeiter praktisch auf den Fall der Wahrnehmung hoheitlicher Aufgaben beschränkt hat[34], gab den Unterinstanzen Recht. Sie hatten dem Arbeitnehmer aufgegeben, sich zunächst um Justizgewährung vor dem Verwaltungsgericht der Liga Arabischer Staaten zu bemühen, und seine Klage erst dann zurückgewiesen, als dies nicht geschehen war. Ob die von der Liga Arabischer

---

Seidl-Hohenveldern, Völkerrecht, 9. Aufl. 1997, Rz. 1499; *Geimer*, Internationales Zivilprozeßrecht, 3. Aufl. 1997, Rz. 825 ff.

31 Ergänzend sei bemerkt, daß dies auch aus Sicht der Vereinten Nationen für die Immunität, die sie für ihre Mitarbeiter in Anspruch nimmt, keine Rolle spielt. Einziges Kriterium ist nach einem Erlaß des UN-Generalsekretärs, daß der Mitarbeiter nicht nur tageweise für die Vereinten Nationen tätig wird.

32 *Wenckstern,* in: HdB IntZVR II, S.65 Rz. 199; *Dominicé,* RdC 1984 IV, S. 149 (179); zur Illustration dieser Gefahr vgl. *Annual Report of the UNRWA Commissioner General 1953-54,* U.N. Doc. Off., General Assembly 9th Session Suppl. 17 A/2717 *annex* 31-32.

33 Schweizer BG vom 25. Januar 1999, IPRax 1999, 257-259; vgl. auch *Rensmann* (Fn. 3), S. 322-325.

34 Vgl. die umfassende Analyse der Rechtsprechung von *Gloor,* in: Arbeitsrechtliche Mitteilungen des Schweizerischen Instituts für Arbeitsrecht, 1996, S. 49-72.

Staaten vorgesehenen Organe dann tatsächlich zur Justizgewährung fähig und willens gewesen wären, wird aus Sicht des Schweizer Bundesgerichts nur insoweit nachgeprüft, als der Zugang zu diesen Gerichten nicht durch unangemessene Kosten oder sonstige verfahrensmäßige Erschwernisse wie zum Beispiel die Gerichtssprache versperrt sein darf. Dagegen hält es eine inhaltliche Nachprüfung der von den Verwaltungsgerichten der Internationalen Organisation gefällten Entscheidung nicht für statthaft.

Das Gericht rechtfertigt die Einschränkung der absoluten Immunität mit dem Vorbehalt ausreichender Justizgewährung insbesondere damit, daß die Justizgewährung in einem Sitzstaatsabkommen im allgemeinen eine Gegenleistung für die durch den Sitzstaat anerkannte umfassende Immunität der Internationalen Organisation und ihre Befugnis zur Nutzung der Infrastruktur des Sitzstaates darstellt. Durch diesen Tatbestand sah das Schweizer Bundesgericht auch die mangels besonderen Sitzstaatsabkommens aufgrund völkergewohnheitsrechtlicher Grundsätze anzuerkennende Immunität Internationaler Organisationen beschränkt.

Eine Unterscheidung zwischen entsandten und örtlich rekrutierten Mitarbeitern der Internationalen Organisationen ist der Entscheidung nicht zu entnehmen. Demnach können sich auch entsandte Mitarbeiter an die Schweizer Gerichte wenden, wenn ihrem Arbeitgeber ein *déni de justice* zur Last fällt.

Fraglich ist, wie sich dieses sympathische Ergebnis rechtsdogmatisch untermauern läßt. Zwei Ansätze sind dabei zu unterscheiden: Der eine geht vom autonomen Recht des Gerichtsstaates aus, der andere versucht, bereits auf völkerrechtlicher Ebene eine Lösung zu finden. Ausgehend vom deutschen autonomen Recht müßte man argumentieren, daß der verfassungsrechtlich über Art. 19 Abs. 4 bzw. Art. 20 Abs. 1 GG gewährleistete Justizgewährungsanspruch im Rang höher steht als die Grundsätze des Völkergewohnheitsrechtes. Denn diese Grundsätze erzeugen nach Art. 25 GG Rechte und Pflichten, die zwar denjenigen eines Bundesgesetzes, nicht aber denen des Grundgesetzes selbst vorgehen. Daraus müßte man weiter folgern, daß sich die Grundrechte grundsätzlich gegenüber dem Völkergewohnheitsrecht durchsetzen.

Wie fragwürdig dieses Ergebnis ist, zeigt sich schon daran, daß sogar die Europäische Menschenrechtskommission in ihren Entscheidungen vom 4. Dezember 1995 dem völkerrechtlich begründeten Immunitätsanspruch den Vorrang gegenüber dem Justizgewährungsanspruch nach Art. 6 der EMRK eingeräumt hat[35]. Dies entspricht auch der Rechtsprechung des BVerfG, das im Völkervertragsrecht bewußt den Weg der Argumentation über Art. 24 GG wählt

---

[35] EMRK, *N. v. Italy*, RDI 1996, 142.

und daher wohl auch im Bereich der völkergewohnheitsrechtlichen Immunität dem Kläger aufgeben würde, die Gewährleistung seiner Grundrechte gegenüber einem anderen Völkerrechtssubjekt von der deutschen Exekutive im Wege des diplomatischen Schutzes und nicht direkt von den staatlichen Gerichten einzufordern[36]. Aus diesem Grund geht es auch zu weit, wenn behauptet wird, daß jede Anerkennung einer Internationalen Organisation schon dann verfassungswidrig und deshalb unbeachtlich sei, wenn sie nicht die Justizgewährung für potentiell betroffene Grundrechtsträger sicherstellt[37]. Für die Vergangenheit muß sich die Internationale Organisation jedenfalls im Falle ihrer völkerrechtlichen Anerkennung auf ihre Immunität ohne Einschränkung durch Grundrechte des Gerichtsstaates berufen können, an die sie nicht gebunden ist. So hat auch das BVerfG in seinem Urteil vom 10. Juni 1997 darauf hingewiesen, daß im Rahmen einer völkervertraglich gewährleisteten Immunität der zur Immunitätsgewährung verpflichtete Staat ggf. auf präventive Maßnahmen beschränkt ist[38]. Demnach wäre einer der Entscheidung des Schweizer Bundesgerichts entsprechenden deutschen Gerichtsentscheidung auf der Grundlage des autonomen deutschen Rechts nur dann zuzustimmen, wenn man wirklich vom Fehlen einer völkerrechtlichen Anerkennung der Internationalen Organisation ausgehen kann.

Soweit eine völkerrechtliche Anerkennung der Internationalen Organisation erfolgt ist, kann eine Einschränkung der völkergewohnheitsrechtlich begründeten Immunität nur noch völkerrechtsimmanent begründet werden. Dabei hat man an die Selbstbindung Internationaler Organisationen an die Menschenrechte und insbesondere den Justizgewährungsanspruch anzuknüpfen[39]. Dieser Gedanke wird von den Vereinten Nationen und ihren Sonderorganisationen bisweilen ins Feld geführt, um ihre absolute Immunität zu rechtfertigen. So hält man die Vereinten Nationen und ihre Sonderorganisationen auch im Innenverhältnis an die UN-Menschenrechtskonvention gebunden[40]. Dies kann zwar auf die Liga Arabischer Staaten nicht unmittelbar übertragen werden, obwohl auch

---

[36] Zutreffend *Wenckstern,* in: HdB IntZVR II, S. 55 Rz. 172, der auch eine Ersatzhaftung des grundrechtsgebundenen Staates befürwortet (S. 56 Rz. 173-179); ähnlich *Gloor,* in: International Law and The Hague's 750th Anniversary, S. 117-125 (125). Zum diplomatischen Schutz gegenüber Internationalen Organisationen vgl. *Klein* (Fn. 30), S. 532-541 mwN.

[37] So aber *Rensmann* (Fn. 3), S. 325.

[38] BVerfG vom 10. Juni 1998, NJW 1998, 50 (54) zum Wiener Übereinkommen über diplomatische Beziehungen vom 18. April 1961 (BGBl. 1964 II, 959).

[39] Zu Art. 10 der Menschenrechtskonvention der Vereinten Nationen vgl. *Wenckstern,* in: HdB IntZVR II, S. 58 Rz. 180.

[40] *Klein* (Fn. 30), S. 359 f. mwN.

deren Mitgliedsstaaten der UN-Menschenrechtskonvention beigetreten sind[41]. Doch hat diese durch die Schaffung von Verwaltungsgerichten ebenfalls den Justizgewährungsanspruch ihrer Mitarbeiter anerkannt. Daran müßte sie sich festhalten lassen.

So gesehen erreicht man auf einem Umweg wieder internationalzivilverfahrensrechtlich vertrautes Terrain. Denn was geschieht, wenn die Internationale Organisation tatsächlich über keine Gerichtsbarkeit verfügt oder deren Inanspruchnahme nicht möglich sein sollte? Dann entspricht das Ergebnis demjenigen, das man erreichen würde, wenn man die Zuständigkeitsbegründung für die Gerichtsbarkeit der Internationalen Organisation als Gerichtsstandsvereinbarung auffassen würde. Diese wäre dann unbeachtlich, wenn in dem vereinbarten Gerichtsstand nicht mit Justizgewährung gerechnet werden könnte[42].

Dies führt uns zu der Frage zurück, ob die von der Internationalen Organisation aufgestellte Dienstordnung auch ohne ausdrücklichen Rechtsanwendungsbefehl des autonomen Rechts für die Zwecke der Entscheidung arbeitsvertraglicher Streitigkeiten einer staatlichen Rechtsordnung gleichgestellt werden kann. Sie stellt sich natürlich erst recht, wenn die Internationale Organisation auf ihre Immunität verzichtet hat oder in ihrem Statut eine internationale Zuständigkeit der Gerichte eines bestimmten Staates eröffnet ist[43]. In diesem Falle müßten also die staatlichen Gerichte des Gerichtsstaates entscheiden. Ist die Anerkennung der Internationalen Organisation als Völkerrechtssubjekt erfolgt, so wird die Gleichstellung des Dienstrechtes mit staatlichem Recht im völkerrechtlichen Schrifttum befürwortet[44]. Im internationalprivatrechtlichen Schrifttum ist eine substantielle Diskussion hierüber nicht feststellbar.

Eine Verweisung im Sinne des Kollisionsrechtes setzt nach herrschender Meinung die Verweisung auf ein staatliches Recht voraus. Nach Art. 3 EGBGB regelt das Internationale Privatrecht Sachverhalte mit einer Verbindung zum Recht eines ausländischen "Staates" durch Bestimmung der anwendbaren "Rechtsordnung". Eine gesetzliche Verweisung setzt also eine vollkommene Gleichstellung zwischen staatlichem Recht und dem Recht einer Internationalen Organisation voraus. Die umstrittene Frage, ob zumindest im Bereich der Rechtswahl nach Art. 27 ff. EGBGB eine Verweisung auf nichtstaatliche Nor-

---

41 Zur Ableitung der Grundrechtsbindung Internationaler Organisationen aus den Grundrechtsbindungen der Mitgliedsstaaten vgl. *Klein* (Fn. 30), S. 340-349 mwN.

42 *Geimer*, Internationales Zivilprozeßrecht, 3. Aufl. 1997, Rz. 1763-1764.

43 Vgl. z.B. Art. VII Abs. 3 des Statuts der IBRD, dazu *Klein* (Fn. 30), S. 234.

44 So etwa *Glavinis* (Fn. 27), S. 195 Rz. 253-255; *Wenckstern,* in: HdB IntZVR II, S. 324 Rz. 1008; *Klein* (Fn. 30), S. 27-28, 31-34.

mensysteme möglich ist, soll hier nur im Hinblick auf den folgenden Gesichtspunkt erörtert werden. Denkbar wäre es nämlich, das Kollisionsrecht in Konformität mit dem höherrangigen Völkergewohnheitsrecht auszulegen. Eine völkergewohnheitsrechtskonforme Auslegung des Kollisionsrechtes würde zunächst zurück zum Immunitätsbegriff führen: Dient die völkergewohnheitsrechtliche Immunität nur zur Verhinderung eines Zusammenpralls konkurrierender Hoheitsansprüche, zur Verhinderung der politisch peinlichen Situation widersprechender Entscheidungen? Dann bestünde kein Anlaß zu weiteren Zugeständnissen, wenn die Internationale Organisation ihre Immunität durch *déni de justice* verwirkt oder auf ihre Immunität verzichtet hat. Bezweckt die Immunität aber auch die Einräumung einer Rechtssetzungsautonomie, so müßte das staatliche Gericht die Dienstordnung der Internationalen Organisation schon aus diesem Grund anwenden, und zwar ganz unabhängig davon, was die Kollisionsregeln des nationalen IPR besagen. Denn die Einschränkung der Immunität wäre ja nur durch den verletzten Justizgewährungsanspruch bzw. durch den Immunitätsverzicht gerechtfertigt. Sie dürfte also nicht weiter gehen, als es zum Ausgleich dieser Verletzung erforderlich bzw. mit dem Immunitätsverzicht vereinbar wäre. Die Immunität bliebe bestehen, soweit die Rechtssetzungsbefugnis der Internationalen Organisation betroffen ist. Als weitere Folge wäre auch die Frage verfehlt, ob sich gemäß Art. 30 Abs. 1 und Art. 34 EGBGB die zwingenden Vorschriften am Arbeitsort gegenüber den Vorschriften der Dienstordnung der Internationalen Organisation durchsetzen können. Denn es ginge nicht um eine primäre Anknüpfung, die durch *lois d'application immédiate* überlagert wird, sondern um den Restbestand an Immunität.

Dem häufigen Gebrauchs des Konjunktivs können Sie entnehmen, daß ich diesen Gedankengang zwar für verlockend, letztlich aber doch nicht für tragfähig halte. Dies jedoch nur aus dem Grund, daß ein nach prozessualen und materiellen Zwecken unterteilter Immunitätsbegriff im Völkergewohnheitsrecht meines Wissens nicht feststellbar ist. Das Ergebnis lautet daher, daß in einem Verfahren, in dem sich die Internationale Organisation ausnahmsweise nicht auf ihre Immunität berufen kann oder darauf verzichtet, ihr internes Recht dem Recht eines Staates im Sinne der gesetzlichen Kollisionsregeln nicht gleichgestellt werden kann. Das ist zugegebenermaßen kein großer Anreiz zum kooperativen Verzicht auf die Jurisdiktionsimmunität. Doch darf man nicht außer acht lassen, daß man zur Maßgeblichkeit der Dienstordnung ggf. auch noch auf folgenden Umwegen gelangen kann:

1. Ggf. besteht die engste Verbindung des Sachverhalts zum staatlichen Recht des Sitzstaates der Internationalen Organisation; zu diesem Recht gehört auch das Sitzstaatsabkommen. Sieht es eine Rechtssetzungsbefugnis der Internationalen Organisation vor, geht deren Recht dem sonstigen Arbeitsrecht im Sitzstaat vor.

2. Das Bundesarbeitsgericht knüpft die Beschäftigungsverhältnisse deutscher Ortskräfte in deutschen Auslandsvertretungen an die gemeinsame Staatsangehörigkeit und nicht an das am Arbeitsort geltende Recht an. In gleicher Weise besteht die engste Verbindung des Sachverhalts zum staatlichen Recht eines Mitgliedsstaates der Internationalen Organisation, zum Beispiel weil der betreffende Mitarbeiter dessen Staatsangehörigkeit und nicht diejenige des Gerichtsstaates hat. Haben die staatlichen Gerichte des betreffenden Mitgliedsstaates die Rechtssetzung durch die Internationale Organisation zu respektieren, so gilt dies auch für die Anwendung kraft Kollisionsrecht.
3. Eine gewisse "völkerrechtskonforme" Großzügigkeit ist schließlich angebracht, wenn es darum geht, ob die Dienstordnung durch Bezugnahme Bestandteil des Arbeitsvertrages geworden ist. Es ist im Arbeitsrecht keineswegs selten, daß ein vertragsrechtlicher Konsens manchmal recht konstruiert wirkt. Einseitigen, quasi-hoheitlichen Anpassungsbefugnissen der Organisation kann man über § 315 BGB durchaus gerecht werden.

Da in allen drei Fallkonstellationen keine Rechtswahl vorliegt, kommt man erst gar nicht zum Vorrang der zwingenden Normen des Rechtes am Arbeitsort, die sich nach Art. 30 Abs. 1 EGBGB nur gegenüber einem gewählten Recht durchsetzen. Es gilt also nur der strengere Maßstab des Art.34 EGBGB.

In jedem Fall hat man im Auge zu behalten, daß der Inhalt des von den Internationalen Organisationen gesetzten Rechts nicht immer so klar zu bestimmen ist wie in ihren dienstrechtlichen Angelegenheiten. Dazu möchte ich Ihnen abschließend von einer Begebenheit berichten, von der ich während meiner Tätigkeit bei einer Unterorganisation der Vereinten Nationen erfuhr. Mir war aufgefallen, daß deren Millionenverträge mit Bauunternehmen zwar sämtliche FIDIC-rules, aber weit und breit keine Rechtswahlklausel enthielten. Ein Kollege erzählte mir, daß er einige Jahre zuvor bei der Ausarbeitung eines Gutachtens zu einem Vertrag ebenfalls mit der Frage gerungen habe, welches Recht er denn der Begutachtung zugrunde legen solle. Er habe deshalb den Leiter der Rechtsabteilung um Rat gebeten. Dieser war ein erfahrener internationaler Beamter und nur als "The Legal Adviser" - oder kurz: TLA - bekannt. Der TLA habe also seinen Kopf zurückgelegt, die Augen geschlossen, sich nach langem Zögern vorgebeugt und konzentriert geantwortet: "Well, I would think that it must be the general principals of law", bevor er nach einer kurzen Pause eher beiläufig fortgesetzt habe, "as interpreted by civilised nations and The Legal Adviser".

Lieber Professor *Elwan*: Ad multos annos!

Fritz Sturm

Probleme der Doppelstaatlichkeit in Europa unter Berücksichtigung der Angehörigen islamischer Staaten

I. Staatsangehörigkeit und klassisches Islamrecht

1. In seinem Beitrag "Einflüsse des Islam und des Begriffs der arabischen Nation auf das Staatsangehörigkeits-, Fremden- und Kollisionsrecht der arabischen Staaten" betont *Omaia Elwan*[1], den wir heute feiern:

Zweierlei ist dem klassischen Islamrecht völlig unbekannt:

- das Begriffspaar Bürger und Fremder, Ausländer und Inländer,
- der Ausdruck Staatsangehörigkeit.

Das klassische Islamrecht kennt nur Gläubige und Ungläubige, Muslims und Menschen, die nicht zum rechten Glauben fanden.

2. Unterschieden wird auch nicht zwischen Inland und Ausland. Entscheidend ist, ob man sich in einem Gebiet befindet, das zur befriedeten islamischen Welt gehört und deshalb Dar-al-islam heißt, oder in einem Land, das es erst zu erobern gilt, das Feindesland, Kriegsland ist, Dar-al-harb. Im Dar-al-islam sind alle Muslime gleich, besitzen alle - ohne Rücksicht auf ihre Herkunft - Heimat und Zuflucht. Die Angehörigen der beiden anderen Offenbarungsreligionen, Juden und Christen, werden als Unterworfene geduldet und zahlen eine Kopfsteuer.

3. Diese Inseln ungläubiger Untertanen besaßen aber eine eigenartige Sprengkraft. Sie durften sich selbst verwalten und verfügten über eigene Gerichte. Absprachen mit den Kolonialmächten, die berühmt-berüchtigten Kapitulationen, folgten und brachten den Einwohnern dieser Inseln eine Vielzahl von Sonderrechten. Diese suchten sich nun auch Muslime zu verschaffen, die sich von den betreffenden Kolonialmächten einbürgern ließen und dann in ihre Heimat zurückkehrten. Umgekehrt verloren Bürger, die Staatsangehörige der Kolonialmächte waren, ihre Privilegien und wurden Islamrecht unterworfen, wenn sie zum Islam übertraten und auf islamischen Territorien verblieben[2].

---

[1] In: *Jayme/Mansel* (Hrsg.), Nation und Staat im Internationalen Privatrecht, Heidelberg 1989, S. 291 ff. Vgl. auch *Guiho*, La nationalité marocaine, Rabat/Paris 1961, S. 7 ff.; *Belkeziz*, La nationalité dans les Etats arabes, Rabat/Paris 1963, S. 3 ff.; *Löschner*, Staatsangehörigkeit und Islam, Diss. Erlangen 1971, S. 5 ff., 34; *de Groot/Tratnik*, Nationaliteitsrecht in de islamitische staten, in: Personen- en familierecht, Deventer 1988, S. 11 ff.; *Cordini*, Elementi per una teoria giuridica della cittadinanza, Padua 1998, S. 89 ff.

[2] Das Vereinigte Königreich und Marokko vereinbarten deshalb 1856, daß Briten, die zum Islam konvertieren, ihre Privilegien nicht einbüßen und weiterhin der Konsulargerichts-

4. Mißbräuchen und Rechtsunsicherheit konnte nur dadurch vorgebeugt werden, daß man im ottomanischen Reich ein Staatsangehörigkeitsrecht[3] schuf oder - so Marokko - Verträge mit den Staaten schloß, die als Schutzmächte ihrer Bürger und "Neubürger" auftraten und diese inländischer Gerichtshoheit entzogen[4].

5. Damit pfropfte man klassischem Islamrecht Regeln auf, die europäischem Recht entstammten, entkleidete islamisches Recht seines religiösen Charakters und trieb nationalistische Keile in ein Gebilde, das sich als universelle Einheit begriff. Diese Keile hinterließen bis heute tiefe Spuren im muslimischen Rechtskreis und wirken sich, wie wir noch sehen werden, indirekt auch auf etwaige Doppelbürgerrechte aus[5].

---

barkeit unterliegen; vgl. *Belkeziz* (Fn. 1), S. 8 Fn. 5; *Martens/Samwer*, Nouveau recueil général de traités 1, Göttingen 1861, S. 128 ff. (134 f.): Traité général d'amitié et de paix entre la Grande-Bretagne et le Maroc, signé à Tanger, le 9 décembre 1856:

Art. XIII. All British subjects, whether Mahometans, Jews, or Christians, shall alike enjoy all the rights and privileges granted by the present Treaty and the Convention of Commerce and Navigation which has also been concluded this day, or which shall at any time be granted to the most favoured nation.

Art. XVI. No British subject professing the Mahometan faith, or who may have professed the Mahometan religion, shall be considered as having in any manner lost, or as being by reason thereof in any degree less entitled to, the rights and privileges, or the full protection, enjoyed by British subjects who are Christians; but all British subjects, whatever their religion may be, shall enjoy all the rights and privileges secured by the present Treaty to British subjects, without any distinction or difference.

3 So das Staatsangehörigkeitsgesetz der Hohen Pforte vom 19. 1. 1868, das *Salem*, De la nationalité en Turquie, Clunet 32 (1905) 585 ff., 872 ff., erläutert.

4 Convention de Madrid du 3 juillet 1880 relative à l'exercice du droit de protection au Maroc (J.O. français 8 mai 1881). Dieser Vertrag ist immer noch in Kraft. Vertragsstaaten sind Belgien, Dänemark, Frankreich, Großbritannien, Italien, Niederlande, Norwegen, Portugal, Schweden, Spanien, USA. Deutschland, Österreich und Ungarn schieden nach dem 1. Weltkrieg aus.

Der Vertrag bestimmt, daß Marokko nicht genehmigte Einbürgerungen seiner Bürger in Vertragsstaaten nur begrenzt hinzunehmen hat, nämlich während eines Zeitraum, der der Frist entspricht, während der sich der Marokkaner im Vertragsstaat aufzuhalten hatte, um dessen Bürgerrecht erwerben zu können. Art. 15 des Vertrags bestimmt: Tout sujet marocain naturalisé à l'étranger qui reviendra au Maroc devra, après un temps de séjour égal à celui qui lui aura été régulièrement nécessaire pour obtenir la naturalisation, opter entre sa soumission entière aux lois de l'Empire et l'obligation de quitter le Maroc, à moins qu'il ne soit constaté que la naturalisation étrangère a été obtenue avec l'assentiment du gouvernement marocain; vgl. *Belkeziz* (Fn. 1), S. 13 f., 91 ff.; *Carlier*, Maroc, Juris-Classeur Nationalité, Paris 1983, Nr. 110 S. 16; *Lagarde*, Nationalité, in: Répertoire de droit international II, 2. Aufl. Paris 1998, Nr. 1043.

5 Unter X.

II. Europäisches Rechtsdenken in seinen Ursprüngen

1. In Europa war dieses Band zwischen Religion und Staat schon im klassischen Altertum, in der griechisch-römischen Antike, gerissen. Jedenfalls traten Religions- und Kultgemeinschaft völlig in den Hintergrund[6].

2. Maßgebender Faktor wurde die Zugehörigkeit zu einer staatlichen Gemeinschaft, das Bürgerrecht. Nicht Kult und Staat waren eins, sondern *civitas* und *libertas*. Der Bürger war frei. Nur wer frei war, konnte Bürger sein[7].

3. Ein Ausschließlichkeitsanspruch trat dabei aber klar hervor. Bei *Cicero*[8] lesen wir: Unser *ius civile* läßt nicht zu, daß jemand Bürger zweier Staaten ist. *Duarum civitatum civis esse nostro iure civili nemo potest: non esse huius civitatis civis, qui se alii civitati dicarit, potest.*

4. Freilich galt im römischen Reich diese Norm nicht einschränkungslos: Fremden, denen das römische Bürgerrecht als Privileg verliehen wurde, blieben Glieder ihres Staatsverbands, wurden also Doppelbürger[9].

III. Die Staatsangehörigkeitsgesetze des 18. und 19. Jahrhunderts

1. Das Staatsangehörigkeitsrecht des 18. und 19. Jahrhunderts nahm von diesem Phänomen aber keine Notiz. Der absolutistische Staat kannte nur Untertanen[10]. Wurden sie nach der französischen Revolution Bürger, dann schuldeten sie ebenfalls nur *einem* Herren Dienste und Treue. Waffendienst und Kriegseinsatz schlossen die Zugehörigkeit zu mehreren Staaten aus.

---

6 *Sturm*, Le principe romain de la personnalité des lois. Sa portée et ses limites, in: *Cauchies/Dauchy*, Personnalité, territorialité et droit, Actes des journées internationales de la Société d'Histoire du Droit (Bruxelles 28-31 mai 1998), Cahier n° 11 et 12 du Centre de recherches en histoire du droit et des institutions, Brüssel 1999, S. 21 ff. (22 f.).

7 Anders war dies im archaïschen Recht; vgl. *Sturm*, Exclusivisme et personnalisme dans l'Antiquité classique et à l'époque barbare. Réception ou évolution parallèle?, in: Nazione, formazione e interpretazione del diritto, Ricerche dedicate a Filippo Gallo II, Neapel 1997, S. 337 ff. (339).

8 Pro Balbo 12, 39. Näheres zu dieser Stelle bei *De Visscher*, La dualité des droits de cité et la "mutatio civitatis", Studi De Francisci I, Mailand 1956, S. 38 ff. (50 ff.).

9 Über den Streitstand orientiert *Wieacker*, Römische Rechtsgeschichte I, München 1989, S. 516 Fn. 20.

10 Vgl. *Grawert*, Staatsangehörigkeit, in: Handwörterbuch zur Deutschen Rechtsgeschichte IV, Berlin 1990, Sp. 1799 ff. (1803); *Reiling*, Untertan, Untertaneneid, ebenda V, Berlin 1998, Sp. 536 ff. und 542 ff.; *Cordini* (Fn. 1), S. 223 ff.

2. So galt im 19. Jahrhundert in Europa[11] überwiegend der Grundsatz: Einbürgern lassen kann sich nur, wer seine bisherige Staatsangehörigkeit aufgibt. Sein Bürgerrecht verliert, wer ein fremdes erwirbt.

IV. Das Straßburger Abkommen von 1963 und die Staatsverträge der DDR

1. Solchen Geist atmet auch noch das Straßburger Abkommen über Verringerung von Mehrstaatigkeit und die Wehrpflicht von Mehrstaatern, das die Bundesrepublik Deutschland 1969 ratifizierte[12]. Dieser Konzeption huldigten auch die zahlreichen bilateralen Abkommen, die die DDR mit Staaten des Ostblocks schloß[13]. Ziel: Beseitigung bestehender und Verhinderung künftiger Fälle doppelter Staatsbürgerschaft.

2. Die Staatsverträge der DDR nötigten Doppelbürgern eine Option ab. Jeder hatte zu erklären, wo er hingehören will. Eltern, deren Kinder kraft Geburt Doppelbürger wurden, mußten sich ebenfalls entscheiden. Wurde nicht gewählt, verloren Doppelbürger das Bürgerrecht des Staates, der nicht mit ihrem Wohnsitz zusammenfiel[14]. Erhalten blieb also nur die effektive Staatsbürgerschaft.

3. Nach dem Straßburger Abkommen verlieren Angehörige eines Vertragsstaats ihre Staatsangehörigkeit, wenn sie sich in einem anderen Vertragsstaat einbürgern lassen oder für einen solchen Staat optieren. Eine Beibehaltung ist nur

---

[11] Anders die Vereinigten Staaten von Amerika. So kam es zu den Bancroftverträgen, die nach dem damaligen amerikanischen Gesandten in Berlin *Georges Bancroft* (1800-1891) benannt sind. Der Norddeutsche Bund und die süddeutschen Staaten einerseits, die USA andererseits einigten sich 1868 dahin, daß Auswanderer, die fünf Jahre in den USA gelebt hatten und dort eingebürgert wurden, ihr angestammtes Bürgerrecht nach Ablauf von fünf Jahren verlieren. Badener und Bayern verloren es schon mit der Einbürgerung. Näheres bei *Makarov*, Bancroft-Verträge, in: *Schlochauer* (Hrsg.), Wörterbuch des Völkerrechts I, 2. Aufl. Berlin 1960, S. 151 ff. Ein Verzeichnis ähnlich lautender Verträge der USA gibt *Kamman*, Probleme mehrfacher Staatsangehörigkeit, Diss. Hamburg 1984, S. 270 f.

[12] BGBl. II 1954 ff. in Kraft seit 18. 12. 1969 im Verhältnis zu Frankreich, Italien und Schweden (Bek. vom 5. 12. 1969, BGBl. II 2232). Später ratifizierten: Belgien, Dänemark, Luxemburg, Irland, Italien, die Niederlande, Norwegen, Österreich, Spanien, Schweden, das Vereinigte Königreich. Nur auf Fragen mehrfacher Wehrpflicht wenden das Abkommen Irland, das Vereinigte Königreich und Spanien an.

[13] Sowjetunion (1969), Ungarn (1969), Bulgarien (1971), Tschechoslowakei (1973), Polen (1975), Mongolei (1977), Rumänien (1979); vgl. das Verzeichnis der Textausgabe: Der internationale Rechtsverkehr der DDR in Zivil-, Familien- und Strafsachen, Berlin 1987, S. 337, sowie *Makarov/von Mangoldt*, Deutsches Staatsangehörigkeitsrecht II, Neuwied 1981 ff., Nr. 22 S. 7 ff., wo diese Verträge abgedruckt sind.

[14] Lebten Mehrstaater in einem Drittstaat, so zählte der letzte Wohnsitz in einem der beiden Vertragsstaaten; vgl. z.B. Art. 2 Abs. 2 i.V.m. Art. 3 Abs. 1 und 2 des Vertrages, den die DDR am 11.4.1969 mit der Sowjetunion zur Regelung von Fragen der doppelten Staatsangehörigkeit einging.

möglich, wenn die beteiligten Staaten einen entsprechenden Vorbehalt erklärten und im konkreten Fall gemeinsam eine Ausnahme zulassen[15].

4. Das Straßburger Abkommen regelt nur den Verlust, nicht auch den Erwerb der Staatsangehörigkeit, und zwar ganz gleich, ob dieser auf Gesetz oder auf Einzelverleihung beruht[16]. Die Vertragsstaaten brauchen den Erwerb ihrer Staatsbürgerschaft also nicht davon abhängig zu machen, daß der Fremde seine bisherige Staatsangehörigkeit verliert.

a) Die Bundesrepublik Deutschland durfte die deutsche Staatsangehörigkeit *a matre* oder *a patre* also auch auf Kinder übergehen lassen, die dadurch Doppelbürger wurden[17].

b) Es war auch nicht vertragswidrig, daß Deutschland Ausländern, die in Deutschland aufwuchsen oder sich seit über 15 Jahren in Deutschland aufhalten, die Einbürgerung in Sonderfällen auch ohne Ausscheiden aus ihrem bisherigen Staatsverband gestattete[18]. Als solche Sonderfälle gelten übrigens Unzu-

---

15 Art. 1 Abs. 1, Anlage Nr. 3 des Abkommens.

16 So die Praxis der Vertragsstaaten, die nach Art. 31 Nr. 3 b Wiener Vertragsrechtskonvention ja bei der Auslegung zu berücksichtigen ist, sowie im deutschen Schrifttum ausdrücklich *Makarov/von Mangoldt* I (Fn. 13), § 8 RuStAG Rdnr. 60; *Hannappel*, Staatsangehörigkeit und Völkerrecht, Frankfurt 1986, S. 51; *Zuleeg*, Doppelte Staatsangehörigkeit - ein gangbarer Weg, in: *Barwig* (Hrsg.), Aufenthalt - Niederlassung - Einbürgerung: Stufen rechtlicher Integration, Baden-Baden 1987, S. 255 ff. (260 ff.); *de Groot*, Staatsangehörigkeitsrecht im Wandel, Köln 1989, S. 262; *Rittsteg*, Doppelte Staatsangehörigkeit im Völkerrecht, NJW 1990, 1401 ff. (1405); *Silagi*, Einbürgerung und doppelte Staatsangehörigkeit im geltenden Recht, StAZ 1993, 309 ff. (311); *Wollenschläger/Schraml*, Ius soli und Hinnahme von Mehrstaatigkeit, ZRP 1994, 225 ff. (227); *Marx*, Kommentar zum Staatsangehörigkeitsrecht, Neuwied 1997, § 8 RuStAG Rdnr. 130. Hingegen möchte *Hailbronner*, Rechtsfragen der doppelten Staatsangehörigkeit bei der erleichterten Einbürgerung von Wanderarbeitnehmern und ihren Familienangehörigen, Rechtsgutachten im Auftrag des Ausländerbeauftragten des Senats der Freien und Hansestadt Hamburg, Hamburg 1991, S. 24 ff. = Einbürgerung von Wanderarbeitnehmern und doppelte Staatsangehörigkeit, Baden-Baden 1992, S. 41 ff., das Abkommen seinem Regelungszwecke nach auch auf die Einbürgerung miterstrecken, räumt neuerdings aber ein, daß Deutschland nach dem Abkommen nur Vertragsstaaten gegenüber verpflichtet ist, die ihrerseits bei der Einbürgerung Mehrstaatigkeit zu verhindern suchen; vgl. *Hailbronner/Renner*, Staatsangehörigkeitsrecht, 2. Aufl. München 1998, § 8 RuStAG Rdnr. 66; *Hailbronner*, Doppelte Staatsangehörigkeit, ZAR 1999, 51 ff. (52).
Im ausländischen Schrifttum wird die Frage, soweit ich sehe, überhaupt nicht aufgeworfen. Die Autoren gehen vom Wortlaut des Abkommens aus und sehen in ihm nur die Anordnung von Verlusttatbeständen; vgl. z.B. *Lagarde* (Fn. 4), Nr. 65 f., 433.

17 So nach dem RuStAÄndG vom 20.12.1974 (BGBl I 3714), das den Entscheid des BVerfG vom 21.5.1974, BVerfGE 37, 217 ff. = StAZ 1974, 236 ff. = IPRspr. 1974 Nr. 205, umsetzte. Näheres bei *Sturm*, Deutsch wie Vater oder Mutter, FamRZ 1974, 617 ff.

18 §§ 85 Abs. 1, 86 Abs. 1 i.V.m. § 87 Abs. 1 und 2 AuslG i.d.F. des AsylVÄndG 1993.

mutbarkeit bzw. Unmöglichkeit der Entlassung, Verlangen, zunächst Wehrdienst im Heimatstaat abzuleisten, wenn der Ausländer überwiegend deutsche Schulen besuchte und hier ins wehrpflichtige Alter hineinwuchs[19].

c) Mit dem Straßburger Abkommen sind schließlich die zahlreichen Ausnahmen vereinbar, welche die Einbürgerungsrichtlinien vorsehen[20]. Mehrstaatigkeit wird hier in einer ganzen Reihe von Fällen hingenommen, vorausgesetzt freilich, eine Entlassung ist unmöglich bzw. unzumutbar oder an der Einbürgerung besteht ein herausragendes öffentliches Interesse, so bei Wissenschaftlern, Künstlern und Sportlern.

Andere Vertragstaaten gingen noch viel weiter als Deutschland. *Frankreich*[21] verlangte nie, daß Ausländer, die eingebürgert werden wollen, ihre bisherige Staatsangehörigkeit aufgeben oder wenigstens Schritte unternehmen, um aus ihrem bisherigen Staatsverband auszuscheiden. *Belgien*[22] gab dieses Erfordernis bereits 1984 auf, *Italien*[23] im Gesetz von 1992. Hingegen wird in *Österreich*[24] auch in der Staatsangehörigkeitsnovelle, die am 1. Januar 1999 in Kraft trat, festgeschrieben: Die Verleihung der österreichischen Staatsbürgerschaft ist ausgeschlossen, wenn der Fremde, obwohl dies ihm möglich und zumutbar ist, seine bisherige Staatsangehörigkeit beibehält. Etwas anderes gilt nur, wenn die Bundesregierung bestätigt, daß die Einbürgerung des Fremden wegen erbrachter und noch zu erbringender Leistungen im besonderen Interesse der Republik

---

19 Näheres bei *Renner*, Ausländerintegration, ius soli und Mehrstaatigkeit, FamRZ 1994, 865 ff. (869), und *Hailbronner/Renner* (Fn. 16), § 87 AuslG Rdnrn. 5 ff.

20 EinbRL Nr. 5.3.3 i.d.F. vom 7.3.1989.

21 *Weiß*, Traité théorique et pratique de droit international privé I, La nationalité, Paris 1907, S. 349 ff.; *Lagarde* (Fn. 4), Nr. 441.

22 *Liénard-Ligny*, Nationalité belge et statut personnel depuis la loi du 28 juin 1984, Annales de Droit de Liège 30 (1985), 195 ff. (207); *Carlier/Goffin*, Le droit belge de la nationalité, in: *Nascimbene* (Hrsg.), Le droit de la nationalité dans l'union européenne, Mailand 1996, S. 95 ff. (Nr. 53 S. 139 und Nr. 65 S. 149).

23 *Bariatti*, Le droit italien de la nationalité, in: *Nascimbene* (Fn. 22), S. 465 ff. (Nr. 8 S. 480 ff., 481); *dies.*, La disciplina giuridica della cittadinanza italiana II, Mailand 1996, Nr. 11 S. 37 Fn. 73.
Das italienische Innenministerium verlangt aber immer noch, daß der Einbürgerungsbewerber nachweist, seine bisherige Staatsangehörigkeit verloren zu haben oder mit der Einbürgerung zu verlieren.
So verfuhr man auch bis 1998 gegenüber Schweizerbürgern. Die Schweiz erreichte aber, daß Gegenrecht gehalten wird und, ebenso wie Italiener in der Schweiz, auch Schweizer in Italien ohne Verlust ihres angestammten Bürgerrechts das fremde erwerben können; vgl. *Heussler*, Doppelte Staatsangehörigkeit: Italien gewährt Gegenrecht, ZZW 67 (1999), 73.

24 §§ 10 Abs. 3, 20 Abs. 3 öst. StbG i.d.F. des Bundesgesetzes vom 14.8.1998 (öst. BGBl. I Nr. 124 = ÖStA 1998, 81 ff.). Näheres bei *Mak*, Novelle des Staatsbürgerschaftsgesetzes, ÖStA 1999, 5 ff. (6 f.).

liegt[25]. Der *niederländische Entwurf* vom 14. Februar 1998[26] verlangt ebenfalls, daß die bisherige Staatsangehörigkeit aufgegeben wird.

V. Das Zweite Zusatzprotokoll

1. Sogar am Verlustprinzip des Straßburger Abkommens wurde gerüttelt, ja dieser Grundsatz durch ein Zusatzprotokoll vom 2. Februar 1993[27] regelrecht aufgebrochen.

2. Die Vertragsstaaten können bei Einbürgerung mehrfache Staatsangehörigkeit in folgenden drei Fällen zulassen:

a) Der Ausländer erwirbt die Staatsangehörigkeit des Vertragsstaats, in dem er geboren wurde und lebt oder in dem er sich vor dem 18. Lebensjahr bereits gewöhnlich aufhielt.

b) Der Ausländer erwirbt die Staatsangehörigkeit seines Ehegatten.

c) Ein minderjähriger Ausländer binationaler Eltern erwirbt die Staatsangehörigkeit eines Elternteils.

3. Dieses Zusatzprotokoll ist bereits in Kraft. Es gilt zwischen *Frankreich*, *Italien* und den *Niederlanden*[28]. Deutschland, das sich in Straßburg den Vorwurf besonderer Sturheit einhandelte, zeichnete es aber nicht einmal.

VI. Das Straßburger Staatsangehörigkeitsrahmenabkommen von 1997

1. Zahlreiche Mitgliedstaaten des Europarats halten das Straßburger Abkommen überhaupt für überholt. Der Europarat verabschiedete deshalb am 6. November 1997 ein neues Staatsangehörigkeitsabkommen, das man Rahmenabkommen nennen könnte[29]. Das Straßburger Abkommen von 1963 soll hierdurch nicht abgelöst werden. Die neuen Normen stellen aber, auch was mehrfache Staatsangehörigkeit anbelangt, Rahmenbedingungen auf, an denen sich die innerstaatliche Gesetzgebung der Vertragsstaaten auszurichten hat.

---

[25] § 10 Abs. 6 öst. StbG.

[26] Art. 9 Abs. 1 lit. b Wetsontwerp und dazu *de Groot/Tratnik*, Nederlands nationaliteitsrecht, 2. Aufl. Deventer 1998, S. 126 ff., 196 f.

[27] Série des traités européens n° 149, französischer Text auch abgedruckt in Rev.crit. 82 (1993), 503 ff., englischer bei *Hailbronner/Renner* (Fn. 16), S. 822 ff., deutsche Übersetzung bei *Marx* (Fn. 16), S. 716 ff., Inhaltsangabe bei *Lagarde* (Fn. 4), Nr. 68.

[28] *Hailbronner/Renner* (Fn. 16), Einl. Rdnr. 14. In Kraft ist das Abkommen seit dem 24.3.1995; vgl. *Lagarde* (Fn. 4), Nr. 66.

[29] Série des traités européens n°166. Zu diesem Abkommen Näheres bei *Christine Kreuzer*, Der Entwurf eines Übereinkommens des Europarates zu Fragen der Staatsangehörigkeit, StAZ 1997, 125 ff.

2. Mehrstaatigkeit ist Kindern zu belassen, die diese bei Geburt *ex lege* erwerben. Mehrstaatigkeit ist bei Ehegatten hinzunehmen, die kraft Heirat Mehrstaater werden. Von Aufgabe der Mehrstaatigkeit dürfen weder Ein- noch Ausbürgerung abhängig gemacht werden, wenn eine solche Aufgabe unmöglich oder unzumutbar ist.

VII. Begünstigung der Mehrstaatigkeit durch nationale Rechte

1. Wir wiesen bereits darauf hin, daß eine Reihe von Staaten - durchaus im Einklang mit dem Straßburger Abkommen von 1963 - Mehrstaatigkeit dadurch begünstigen, daß sie eine Einbürgerung nicht von vorheriger oder gleichzeitiger Entlassung aus dem bisherigen Staatsverband abhängig machen[30].

2. Darüber hinaus lassen es viele bei Einbürgerung im Ausland nur dann zu einem Verlust der eigenen Staatsangehörigkeit kommen, wenn das Straßburger Abkommen sie dazu nötigt. Ihre Bürger werden also nicht gehindert, die Staatsangehörigkeit eines Nichtvertragsstaats hinzuzuerwerben. Die Einbürgerung in einen solchen läßt die Ursprungsstaatsangehörigkeit unberührt. So verfährt *Frankreich* seit 1973[31]. Zuvor verloren nur Französinnen bei Einbürgerung im Ausland ihren Paß. Männer bedurften zur Einbürgerung nämlich einer Erlaubnis. Diese holten sie natürlich nicht ein, um Franzosen bleiben und Doppelstaater werden zu können[32]. Die französische Regelung übernahm auch *Italien* in seiner legge sulla cittadinanza von 1992[33].

3. Eine Reihe von Staaten trat dem Straßburger Abkommen übrigens gerade deshalb nicht bei, weil sie ihre Bürger nicht daran hindern wollten, sich durch Erwerb der Staatsangehörigkeit des Aufenthaltsstaats bessere Arbeits- und Lebensbedingungen zu verschaffen. Zu diesen Ländern gehören Portugal und die Schweiz. *Portugal*[34] nimmt erst seit der Reform von 1981 großzügig Mehrstaatigkeit hin. Die portugiesische Staatsangehörigkeit verliert nur, wer aus freien Stücken auf sie verzichtet. Anders die *Schweiz*. Hier ist es uralte Tradition, dem Eidgenossen zu gestatten, im Ausland die Fesseln des Fremdenrechts abzustreifen und ein weiteres Bürgerrecht hinzuzuerwerben[35]. Die fünfte Schweiz besteht

---

30 Oben IV.4.

31 Art. 87 Code de la nationalité, jetzt Art. 23 C.civ.

32 *Lagarde* (Fn. 4), Nr. 530 ff.

33 Art. 11 des ital. Staatsangehörigkeitsgesetzes vom 5.2.1992 Nr. 91 und zu dieser Vorschrift *Bariatti*, La disciplina (Fn. 23), Nr. 13 S. 43 ff.

34 Art. 8 des Staatsangehörigkeitsgesetzes vom 3.10.1981 Nr. 37 und hierzu *Moura Ramos*, Le droit portugais de la nationalité, in: *Nascimbene* (Fn. 22), S. 599 ff. (Nr. 27 S. 617).

35 In der alten Eidgenossenschaft mußte er sein Heimatrecht allerdings immer wieder erneuern lassen. Später verboten Art. 43 Abs. 1 BV (1848) und Art. 44 Abs. 1 BV (1874) überhaupt den Entzug des Schweizer Bürgerrechts. Dies ist umso bemerkenswerter, als bei der Verfassungsrevision 1871 eine Vorschrift eingefügt werden sollte, die den Verlust des

aus einer halben Million Auslandschweizern. Von ihnen besitzen fast 70% auch das Bürgerrecht ihres Aufenthalts- oder eines Drittstaats[36].

4. Auch *Kroatien* entläßt nach dem Staatsangehörigkeitsgesetz von 1991 seine Bürger nicht automatisch, wenn diese eine ausländische Staatsangehörigkeit erwerben. Die Entlassung erfolgt in einem solchen Fall nur auf Antrag[37]. Umgekehrt kann aber nur Kroate werden, wer aus seinem bisherigen Staatsverband ausscheidet[38]. Wie Kroatien verfahren auch *Slowenien*[39], *Bosnien-Herzegowina*[40] und *Mazedonien*[41]. Alle drei Gesetze übernahmen insoweit die Vorschriften Ex-Jugoslawiens[42], die für *Serbien* und *Montenegro* weitergelten.

5. Doppelte Staatsangehörigkeit begünstigt auch *Griechenland*[43]. Den griechischen Paß verliert durch Erwerb eines fremden nur, wem das Ausscheiden aus

---

Schweizerbürgerrechts für den Fall vorsah, daß ein Schweizer in einem fremden Staate eingebürgert wurde.
Eine Verfassungsänderung von 1928 beseitigte die verfassungsmäßig gewährleistete Unentziehbarkeit und übertrug dem Bund in Art. 44 Abs. 2 BV - ebenso wie Art. 38 Abs. 1 Satz 2 der neuen BV, die Volk und Stände am 18. 4. 1999 annahmen - uneingeschränkte Gesetzeskompetenz in Sachen Verlust der Bürgerrechte. Nach den derzeit in Kraft stehenden Vorschriften verlieren Doppelbürger ihr Bürgerrecht nur in drei Fällen: (1) wenn sie im Ausland geboren wurden und sich vor Vollendung des 22. Lebensjahres nicht bei einer Schweizer Behörde meldeten (Art. 10 Abs. 1 BüG); (2) wenn sie in der Schweiz keinen Wohnsitz haben und um Entlassung nachsuchen (Art. 42 Abs. 1 BüG); (3) wenn Bund und Heimatkanton sie wegen Schädigung Schweizer Belange ihres Bürgerrechts für verlustig erklären (Art. 48 BüG). Zur geschichtlichen Entwicklung vgl. *Immer*, La perte de la nationalité suisse par l'écoulement du temps, Diss. Lausanne 1964, Nr. 63 ff. S. 56 ff., Nr. 103 ff. S. 78 ff., Nr. 119 ff. S. 86 ff., Nr. 138 S. 95 ff.

36 Ende Juni 1997 waren bei den diplomatischen und konsularischen Vertretungen 552 293 Auslandschweizer gemeldet, 10 991 mehr als im Vorjahr. 382 590, also gut 69 %, sind Doppelbürger. Fast 60 % leben in Ländern der EU; vgl. NZZ Nr. 193 vom 22.8.1997, S. 12.

37 Art. 17 und 18 Abs. 1 Nr. 5 kroat. StbG vom 6.10.1991.

38 Art. 8 Abs. 1 Nr. 2 kroat. StbG.

39 Art. 17 und 18 Abs. 1 Nr. 7 sowie Art. 10 Abs. 1 Nr. 2 slow. StbG in Kraft seit 25.6.1991.

40 Art. 15 und 16 Abs. 1 Nr. 6 sowie Art. 8 Abs. 1 Nr. 2 StbG für Bosnien und Herzegowina vom 11.9.1996.

41 Art. 16 und 17 Abs. 1 Nr. 6 sowie Art. 7 Nr. 8 mazed. StbG vom 27.10.1992.

42 Art. 12 und Art. 13 Abs. 1 Nr. 7 sowie Art. 7 Abs. 1 Nr. 2 jug. StbG vom 17.9.1964 (StAZ 1965, 168 ff.).

43 Art. 20 griech. StbG vom 20.9.1955, zuletzt geändert durch Gesetz Nr. 1438 vom 8.5.1984 und hierzu *Grammaticaki-Alexiou*, Greek Nationality Law, in: *Nascimbene* (Fn. 22), S. 387 ff. (399, 401); *Glauben*, Das Staatsangehörigkeitsrecht im europäischen Vergleich, DRiZ 1999, 152 ff. (154).

dem griechischen Staatsverband genehmigt wurde. War überhaupt nicht um eine solche Genehmigung nachgesucht worden, dann kann der Grieche zwar seiner griechischen Staatsangehörigkeit für verlustig erklärt werden. Der griechische Innenminister ist aber nicht gehalten, einen solchen Entscheid zu treffen. Unter Berücksichtigung aller Umstände kann er dem Griechen auch gestatten, Doppelbürger zu bleiben[44].

6. Für *Großbritannien* und *Irland*[45] stellt doppelte Staatsangehörigkeit kein Problem dar. Man denkt nicht daran, gegen sie anzukämpfen. Sie wird sowohl bei Einbürgerung im Inland, als bei Einbürgerung im Ausland ohne weiteres hingenommen. Das Straßburger Abkommen von 1963 stand nicht im Wege. Ebenso wie Spanien ratifizierte man nur die Vorschriften, die sich auf die Wehrpflicht beziehen[46]. Fremden wird durchaus zugetraut, daß sie sich sowohl Großbritannien als auch ihrem Heimatstaat gegenüber loyal verhalten und auch gefühlsmäßig verbunden sein können. Mehrfachstaatsangehörigkeit erwies sich als brauchbares Konzept. *Some extern people can have dual obligations in their heart. It is a matter of practice, it seems a workable concept*[47].

7. Die *Türkei* ratifizierte das Straßburger Abkommen nicht. Jedem Türken kann also vom Ministerrat gestattet werden, eine weitere Staatsangehörigkeit hinzuzuerwerben[48]. Jedoch geht eine Türkin, die durch Heirat die Staatsangehörigkeit ihres Mannes erwirbt, ihres Bürgerrechts verlustig[49]. Die türkische Staatsangehörigkeit kann auch jedem Türken entzogen werden, der sich ohne Erlaubnis des Ministerrats im Ausland einbürgern läßt[50]. Türken, die sich ausbürgern lassen müssen, um eine fremde Staatsangehörigkeit erwerben zu können, werden in der

---

[44] Der gegenwärtige griechische Außenminister Papandreou besitzt neben der griechischen auch die US-amerikanische Staatsangehörigkeit. Ein Interview, in dem er jedem griechischen Bürger das Recht zugestand, selbst zu bestimmen, ob er sich als Türke, Vlache oder Pomake betrachte, löste in griechischen Medien Empörung aus. Papandreou wurde als Lakei der Amerikaner beschimpft; vgl. NZZ Nr. 175 vom 31.7./1.8.1999, S. 7.

[45] *De Groot* (Fn. 16), S. 110, 112; *O'Leary*, Irish Nationality Law, in: *Nascimbene* (Fn. 22), S. 423 ff. (432 ff., 435); *Glauben* (Fn. 43), S. 154 f.

[46] Oben Fn. 12 .

[47] So Mr *Raison* M.P., zitiert nach *de Groot* (Fn. 16), S. 110.

[48] *Hailbronner*, Rechtsgutachten (Fn. 16), S. 54 ff. = Einbürgerung (Fn. 16), S. 89 ff.; *Saltas*, Neueste Entwicklungen in der Türkei und Deutschland im Bereich des Staatsangehörigkeits- und Ausländerrechts, Informationsbrief der Deutsch-Türkischen Juristenvereinigung 8 (1999), 48 ff. (56).

[49] Art. 19 türk. StAngG vom 11.2.1964.

[50] Art. 25 Abs. 1 lit. a türk. StAngG. Aufgrund dieser Vorschrift wurde kürzlich der türkischen Abgeordneten *Merve Kavakci* die türkische Staatsangehörigkeit entzogen. Sie hatte sich ohne Erlaubnis ihres Heimatstaats in den USA einbürgern lassen und war im Parlament mit Kopftuch erschienen; vgl. The Daily Telegraph vom 21.9.1999, S. 20.

Türkei seit 1995 nicht mehr generell als Ausländer behandelt[51]. Sie genießen wie andere Türken Freizügigkeit, können bewegliche und unbewegliche Sachen unter Lebenden und von Todes wegen erwerben und veräußern und alle Berufe ausüben[52].

Freilich hängen diese Privilegien von zwei Voraussetzungen ab:
a) Die Betroffenen erwarben ihr türkisches Bürgerrecht durch Geburt.
b) Die Betroffenen suchten vor Erwerb des fremden Bürgerrechts um förmliche Entlassung nach.

Bei der Einbürgerung von Ausländern wird nicht verlangt, daß diese aus ihrem bisherigen Staatsverband ausscheiden[53]. Dasselbe gilt bei Erwerb des türkischen Bürgerrechts durch Option[54].

8. Doppelte Staatsangehörigkeit begünstigen fast alle islamischen Staaten dadurch, daß sie ihre Bürger nur dann aus ihrer Staatsangehörigkeit entlassen, wenn sie den Erwerb der fremden Staatsangehörigkeit genehmigen. Wird eine Erlaubnis nicht beantragt oder versagt, so bleibt der anderswo Eingebürgerte Staatsbürger des betreffenden muslimischen Staates[55]. Jedoch ist es möglich, dem ohne Erlaubnis Eingebürgerten, die Heimatstaatsangehörigkeit zu entziehen[56]. In *Tunesien* kann bei Erwerb einer fremden Staatsangehörigkeit jederzeit

---

[51] Art. 29 türk. StAngG i.d.F. der Novelle vom 7.6.1995 und hierzu *Cebecioglu*, Änderungen im Staatsangehörigkeitsrecht der Türkei, StAZ 1995, 234 f., sowie *Saltas* (Fn. 48), S. 56 f.

[52] Art. 29 türk. StAngG i.d.F. der Novelle vom 7.6.1995. Sie erhalten hierzu die berühmte Rosa Karte! Andere Freiheitsrechte stehen ihnen nicht zu. Sie sind also Türken minderen Rechts.

[53] Vgl. Art. 6 ff. türk. StAngG. Aufgrund des Staatsangehörigkeitsänderungsgesetzes vom 20.4.1989 wurde die türkische Regierung ermächtigt, die Einbürgerung von weiteren Voraussetzungen abhängig zu machen. Daß in der Praxis Aufgabe der bisherigen Staatsangehörigkeit verlangt wird, läßt sich aber nicht belegen; vgl. *Hailbronner* (Fn. 48).

[54] Art. 12 f. türk. StAngG und hierzu *Hailbronner* (Fn. 48).

[55] Vgl. *Belkeziz* (Fn. 1), S. 20, 92 ff.

[56] So z.B. *Ägypten* (Art. 16 Nr. 1 i.V.m. Art. 10 Abs. 1 Satz 2 StAngG vom 22.5.1975. Dem Ägypter kann nach Art. 10 Abs. 3 auch ausdrücklich gestattet werden, seine Staatsangehörigkeit beizubehalten. Doppelstaatsangehörigkeit soll gefördert werden: Il faut laisser le chemin de retour à la patrie ouvert à tous les émigrés, pour leur donner plus de force matérielle et morale dans leur lutte au sein du pays d'immigration. So die amtliche Begründung; vgl. *Fouad Abdel-Moncim*, Egypte, Juris-Classeur Nationalité, Paris 1985, Nr. 83 S. 13 und Nr. 124 S. 20); *Bahrain* (Art. 9 lit. a StAngG v. 16.9.1963 i.d.F. der Novelle vom 13.7.1989 und hierzu *Krüger*, Bahrain, Staatsangehörigkeit, StAZ 1986, 21 ff., sowie *Krüger/Küppers*, Bahrain, Änderungen des Staatsangehörigkeitsrechts, StAZ 1990, 24 - Die Bahrainerin, die die Staatsangehörigkeit ihres ausländischen Mannes erwirbt, geht ihrer Heimatstaatsangehörigkeit nach Art. 7 Abs. 1 Satz 3 ipso iure verloren); *Oman* (Art. 9 Abs. 1 Satz 1 i.V.m. Art. 8 Satz 2 StAngG vom 15.1.1983 i.d.F. der Novelle vom 1.2.1986, StAZ 1986, 333 f. Übrigens weist Art. 8 Satz 1 ausdrücklich darauf hin, daß Mehrfach-

der Verlust der tunesischen festgestellt werden[57]. Dazu kommt es aber nur sehr selten[58]. Wie sich bei derselben Rechtslage *Abu Dhabi*[59] und *Katar*[60] verhalten, war nicht zu klären. Strenger sind der *Irak*[61], *Kuwait*[62] und die *Vereinigten Emirate*[63]. Bei freiwilligem Erwerb eines fremden Bürgerrechts lassen sie die Heimatstaatsangehörigkeit ipso iure entfallen. Harte Strafen sieht das *iranische* ZGB[64] vor: Wer sich ohne Erlaubnis im Ausland einbürgern läßt, bleibt Iraner. Sein gesamtes unbewegliches Vermögen wird aber beschlagnahmt und versilbert. Auch wird ihm die Fähigkeit aberkannt, bestimmte Ämter zu bekleiden.

9. Bei Einbürgerung von Ausländern verlangen eine Reihe islamischer Staaten die Aufgabe der bisherigen Staatsangehörigkeit. Hierzu gehören *Abu Dhabi*[65],

---

staatsangehörigkeit unzulässig ist, der Sultan aber im Einzelfall Ausnahmen zulassen kann); *Saudi-Arabien* (Art. 13 Nr. 1 i.V.m. Art. 11 Satz 2 StAngG vom 20.10.1954 i.d.F. der Novellen vom 8.5. und 14.12.1960); *Syrien* (Art. 21 lit. a i.V.m. Art. 10 Abs. 2 StAngG vom 14.11.1969 i.d.F. der Novelle vom 19.11.1986).

Dies gilt nicht für *Algerien*, *Jordanien* und *Marokko*. Nach algerischem Recht hat der Algerier, der sich im Ausland einbürgern ließ oder für einen fremden Staat optierte, die Initiative zu ergreifen und um Entlassung nachzusuchen, will er nicht Doppelbürger bleiben; vgl. Art. 18 Nr. 1, 2 und 3 StAngG vom 15.12.1970 und hierzu *Issad*, Droit international privé II, Algier 1983, S. 184 f.; *Bencheneb/Bengana*, Algérie, Juris-Classeur Nationalité, Paris 1983, Nr. 51 f. S. 8. Art.17 lit. a jord. StAngG vom 4.2.1954 i.d.F. der Novelle vom 27.7.1987 bestimmt ausdrücklich, daß ein Jordanier durch Erwerb eines fremden Bürgerrechts das seine nicht verliert. Entsprechendes gilt für Marokko; vgl. Art. 19 StAngG vom 6.9.1958 und hierzu *Carlier*, Maroc, Juris-Classeur Nationalité, Mise à jour, Paris 1992, Nr. 68bis und 70 S. 1 f.

57 Art. 30 Abs. 2 tunes. StAngG vom 28.3.1963 i.d.F. der Novelle vom 14.11.1975.

58 *Taverne*, Juris-Classeur Nationalité, Paris 1983, Nr. 45 S. 7.

59 Art. 6 lit. a StAngG von Abu Dhabi vom 25.5.1967, StAZ 1985, 145 f.

60 Art. 15 Nr. 2 kat. StAngG vom 3.4.1961, zuletzt geändert am 30.4.1969, StAZ 1987, 293 ff.

61 § 11 Abs. 1 irak. StAngG vom 30.5.1963, zuletzt geändert am 7.12.1972. Der Innenminister kann mit Zustimmung des Außenministers Ausnahmen zulassen.

62 Art. 11 Abs. 1, 1. HS. kuw. StAngG vom 5.12.1959, StAZ 1989, 236 ff., und hierzu *Krüger*, Das Staatsangehörigkeitsrecht Kuwaits, StAZ 1989, 197 ff. (200).

63 Art. 15 lit. c Unionsgesetz über die Staatsangehörigkeit und die Reisepässe der Vereinigten Arabischen Emirate vom 18.12.1972 i.d.F. der Novelle vom 15.11.1975, StAZ 1981, 299 ff.

64 Art. 989 iran. ZGB. Der Ministerrat kann jedoch bei Vorliegen besonderer Belange auf Vorschlag des Außenministeriums den Staatsangehörigkeitswechsel anerkennen und dem ehemaligen Iraner Einreise- und Aufenthaltserlaubnis erteilen. So die Anmerkung, die am 4.2.1959 zu unserer Vorschrift erging.

65 Art. 5 Abs.1 lit. e (Ausländer), Abs. 3 lit. d (ausländische Ehefrauen) StAngG von Abu Dhabi (Fn. 59).

Jordanien[66], *Katar*[67], *Kuwait*[68], *Libyen*[69], *Oman*[70], *Saudi-Arabien*[71] und die *Vereinigten Emirate*[72]. Andere islamische Staaten stellen ein solches Erfordernis nicht auf. Wie die Praxis verfährt, konnte nicht ermittelt werden.

10. Keines der genannten Gesetze verlangt Zugehörigkeit zum Islam[73].

VIII. Ruhende Staatsangehörigkeit

1. In Spanien und den nordischen Staaten wird Doppelstaatsangehörigkeit durch das Institut der ruhenden Staatsangehörigkeit eingeschränkt.

Worum geht es hier? Bilaterale Verträge sichern dem Bürger der beteiligten Staaten zu, daß der Erwerb der Staatsangehörigkeit eines Vertragsstaats die des Heimatstaats nicht untergehen, sondern lediglich ruhen läßt. Solange der Neubürger im Vertragsstaat lebt, dessen Bürgerrecht er erwarb, kann er im Heimatstaat die Rechte eines Inländers nicht mehr ausüben. Kehrt er aber in seine alte Heimat zurück, so lebt seine Herkunftsstaatsangehörigkeit ipso iure wieder auf. Es bedarf also keiner Wiedereinbürgerung.

2. *Spanien* schloß solche Verträge mit elf lateinamerikanischen Staaten[74]. Jedoch ist umstritten, ob diese Verträge nach Inkrafttreten der spanischen Verfassung von 1978 noch praktische Bedeutung haben[75]. Nach Art. 11 Abs. 3 Satz 2 der

---

[66] Art. 13 Abs. 3 jord. StAngG (Fn. 56).

[67] Art. 6 Nr. 1 kat. StAngG (Fn. 60).

[68] Art. 11bis kuw. StAngG (Fn. 62).

[69] Art. 7 Abs. 3 Satz 1 lib. StAngG vom 4.11.1980 sowie Art. 1 Abs. 1 lit. i DVO Nr. 18 vom 14.12.1980. Eingebürgert werden können aber nur Araber. Eine Ausnahme gilt für Ausländerinnen, die mit Arabern verheiratet sind. Aber auch sie müssen bei der Einbürgerung ihre bisherige Staatsangehörigkeit aufgeben (Art. 5 Abs. 1 lit. c).

[70] Art. 1 Abs. 1 Nr. 5 om. StAngG (Fn. 56).

[71] Nach Art. 16 saud. StAngG (Fn. 56) kann eine Ausländerin die saudische Staatsangehörigkeit ihres Mannes nur erwerben, wenn sie auf ihre Heimatstaatsangehörigkeit verzichtet.

[72] Art. 11 Unionsgesetz (Fn. 63); für Ehefrauen bereits in Art. 3 Abs. 1 besonders betont.

[73] Vgl. *de Groot/Tratnik* (Fn. 1), S. 26.

[74] Chile (1958), Peru (1959), Paraguay (1959), Nikaragua (1961), Bolivien (1961), Ekuador (1964), Costa Rica (1964), Honduras (1966), Dominikanische Republik (1968), Argentinien (1969) und Kolumbien (1969).
Nach dem Abkommen mit Guatemala bedarf es nicht einmal eines Einbürgerungsverfahrens. Erwerb und Verlust der jeweiligen Staatsangehörigkeit des Aufenthaltsstaats erfolgen kraft Abkommens. Näheres bei *Fernández Rozas,* Derecho español de la nacionalidad, Madrid 1987, Nr. 209 S. 259 ff.; *Virgós Soriano,* Nationality and Double Nationality Principles in Spanish Private International Law System, in: *Jayme/Mansel* (Fn. 1), S. 237 ff. (238 f).

[75] Nach h.L. können die Angehörigen der Vertragsstaaten frei entscheiden, ob sie sich auf die

Verfassung verlieren nämlich Spanier ihre Heimatstaatsangehörigkeit nicht, wenn sie sich in einem iberoamerikanischen Staat, in Andorra, auf den Philippinen, in Äquatorialguinea oder in Portugal einbürgern lassen[76]. Umgekehrt gestattet ein Gesetz aus dem Jahre 1990 allen Bürgern der genannten Staaten, spanisches Bürgerrecht zu ihrem eigenen hinzuzuerwerben[77].

3. Anders liegt es in den nordischen Staaten (*Dänemark*, *Finnland*, *Norwegen*, *Schweden*). Die zwischen diesen Ländern getroffenen Vereinbarungen ermöglichen Bürgern dieser Staaten, die sich sieben Jahre in einem Vertragsstaat aufhielten, die Staatsangehörigkeit ihres Aufenthaltsstaats durch einseitige Erklärung zu erwerben und bei Rückkehr in gleicher Weise wieder Bürger ihres Ursprungslandes zu werden[78].

4. Keine ruhende Staatsangehörigkeit bringt der Staatsvertrag, den *Portugal* 1971 mit Brasilien schloß[79]. Ihre Bürger werden zwar fast auf allen Gebieten gleichgestellt und dürfen nach fünfjährigem Aufenthalt auch wählen. Jedoch behalten sie ihre ursprüngliche Staatsangehörigkeit.

IX. Die deutsche Reform

1. In Deutschland kam es weder in der 12. noch in der 13. Legislaturperiode zu einer Änderung des Staatsangehörigkeitsrechts. Hauptgrund für Verfahrensblockade und Parteigezänk war die Frage der doppelten Staatsangehörigkeit[80].

2. Auch die Gruppe der 30 CDU-Abgeordneten um Notar *Eylmann*, den Vorsitzenden des Rechtsausschusses, die einen Ausgleich anstrebte, sträubte sich gegen Mehrstaatigkeit. Bei Volljährigkeit hätten sich Ausländerkinder zu ent-

---

Vorschriften der betreffenden Verträge berufen und ihren Regeln unterwerfen wollen oder nicht; vgl. *Virgós Soriano* (Fn. 74), S. 243, der diese Ansicht aber bekämpft und den Verträgen Vorrang vor Art. 23 lit. b Satz 2, 24 Abs. 2 Satz 2, 26 Abs. 1 lit. b Código civil einräumt. Nach *Fernández Rozas/Alvarez Rodríguez*, Le droit espagnol de la nationalité, in: *Nascimbene* (Fn. 22), S. 207 ff. (Nr. 51 S. 247 ff.), sind die Verträge gegenstandslos.

76 So jetzt Art. 24 Abs. 2 Satz 2 Código civil.

77 Art. 23 lit. b i.V.m. Art. 24 Abs. 2 Satz 2 Código civil.

78 Vgl. § 10 lit. B und C dän. StAngG; § 10 Abs. 4 und 5 fin. StAngG; § 10 lit. B und C norw. StAngG; § 10 lit. b und c schwed. StAngG. Schweden begnügt sich mit fünfjährigem Aufenthalt. Vgl. zu Schweden auch *Bellander*, Le droit suédois de nationalité, in: *Nascimbene* (Fn. 22), S. 639 ff. (656, 659).

79 *Moura Ramos* (Fn. 34), S. 605.

80 Näheres bei *Hailbronner/Renner* (Fn. 16), Einl. Rdnr. 44 ff.; *Marx* (Fn. 16), Vorbem. zu § 1 RuStAG Rdnr. 167 ff.; *Sturm*, Allemagne, in: Juris-Classeur Nationalité, Paris 1998, Nr. 31 S. 17 f.

scheiden. Geburt in Deutschland allein dürfe nicht zu Mehrfachstaatsangehörigkeit führen[81].

3. Im Januar 1998 sah es noch so aus, als käme es zu einem Kompromiß. Doch die Koalition blieb hart. Am 27. März 1998 wurden vom Plenum alle Anträge des Bundesrats und der Opposition niedergestimmt[82].

4. Der Koalitionsvertrag, den Rot-Grün nach der gewonnenen Bundestagswahl am 14. Oktober 1998 schloß, setzte sich zum Ziel, den Erwerb der deutschen Staatsangehörigkeit zu erleichtern. Die Aufgabe der bisherigen Staatsangehörigkeit sollte nicht mehr verlangt, Mehrstaatigkeit also auch bei der Einbürgerung hingenommen werden[83].

5. So auch der Arbeitsentwurf, den Innenminister *Otto Schily* am 13. Januar 1999 vorstellte[84]: Kraft Geburt werden Deutsche die Kinder eines ausländischen Elternteils, der selbst hier geboren wurde oder vor Erreichen des 14. Lebensjahres nach Deutschland einwanderte[85]. Daß diese Kinder kraft fremden *ius sanguinis* auch die Staatsangehörigkeit von Vater und Mutter erwerben, also unter Umständen Dreifachstaater werden, ist ohne Belang.

Einen Einbürgerungsanspruch hat jeder Ausländer, der sich seit acht Jahren legal in Deutschland aufhält. Für Jugendliche genügen fünf, für Ausländer, die mit Deutschen verheiratet sind, drei Jahre. Dabei wird Mehrstaatigkeit jedenfalls von Deutschland in Kauf genommen. Niemand wird von deutscher Seite gezwungen, seinen zweiten Paß abzuliefern. Beabsichtigt war auch, §§ 17 Nr. 2 und 25 RuStAG zu streichen[86]. Was Ausländern recht und billig ist, konnte in der Tat Auslandsdeutschen nicht versagt werden. Auch sie sollten sich in ihrem

---

[81] Vgl. *Eylmann*, Es gibt keine nationale Blutgruppe. Die Zeit ist reif für ein aufgeklärtes Staatsangehörigkeitsrecht, Die Zeit Nr. 17 vom 18. 4. 1997, S. 8; *ders.*, Der Mythos der unteilbaren Staatsangehörigkeit, FAZ Nr. 96 vom 25.4.1997, S. 18.

[82] Die Koalition lehnte die erleichterte Einbürgerung von Ausländerkindern ab, FAZ Nr. 74 vom 28.3.1998, S. 1.

[83] 900 000 Türken bald Deutsche?, Bild Nr. 240 vom 15.10.1998 S. 1 f.; *Fietz*, Deutsche zum Nulltarif, Die Welt vom 17.10.1998 S. 4; *Schönbohm*, Das Einbürgerungsrecht - ein Trojanisches Pferd, FAZ Nr. 270 vom 20.11.1998, S. 16.

[84] FAZ Nr. 11 vom 14.1.1999 S. 1 und 11; *Klingst*, Doppelt hält besser, Die Zeit Nr. 3 vom 14.4.1999, S. 11 f.

[85] Die Feststellung obliegt dem Standesbeamten, der sich freilich oft schwer tun wird, den Zeitpunkt der Einwanderung zu bestimmen.

[86] Vgl. Art. 2 Nr. 6 des Arbeitsentwurfs für ein Erstes Gesetz zur Reform des deutschen Staatsangehörigkeitsrechts. Im Koalitionspapier war hiervon noch nicht die Rede. Dies kritisiert zu Recht *Ruth Weissmüller*, Lücke in der Reform, iaf-Information 4/98, S. 31.

Aufenthaltsstaat einbürgern lassen können, ohne wie bisher die deutsche Staatsangehörigkeit im Regelfall zu verlieren[87].

6. Nach der Hessenwahl vom 7. Februar 1999 verlor die rot-grüne Koalition ihre Mehrheit im Bundesrat und konnte ihre Reform nicht mehr durchsetzen[88]. Jetzt schlug die Stunde für die Optionslösung[89]. Rot-Gün griff zu diesem Rettungsring und gestaltete ihren Gesetzesentwurf entsprechend um. Die parlamentarischen Mehrheiten waren jedenfalls gesichert.

7. Am 19. März wurde der Regierungsentwurf, den das Kabinett am 16. März gebilligt hatte, im Bundesrat eingebracht[90]. Der Bundestag nahm ihn am 7. Mai

---

[87] In der Öffentlichkeit wurde hierauf nicht hingewiesen. Jedoch beabsichtigten bereits der Gesetzesentwurf der SPD-Bundestagsfraktion vom 10.3.1993 (BT-Drucks. 12/4533), der Antrag der SPD-Fraktion vom 26.11.1995 (BT-Drucks. 13/2833) und der Beschluß des Bundesrates vom 24.11.1995 (BR-Drucks. 745/95), die Vorschriften der §§ 17 Nr. 2 und 25 RuStAG zu streichen. All diese Entwürfe wurden vom hessischen Staatsangehörigkeitsreferenten Ministerialrat *Rolf Meireis* erarbeitet, der über *occasio* und *ratio legis* in seiner Abhandlung Aspekte einer Neuregelung des deutschen Staatsangehörigkeitsrechts, StAZ 1994, 241 ff. (247), berichtet.

[88] Im Bundesrat hatten rot-grüne und rote Regierungen nunmehr nur noch 33 von insgesamt 69 Stimmen, brauchten für eine Mehrheit aber 35; vgl. das Interview Bundeskanzlers *Gerhard Schröder* mit der Süddeutschen Zeitung Nr. 33 vom 10.2.1999, S. 5, sowie *Leicht*, A la française, Die Zeit Nr. 7 vom 11.2.1999, S. 1.

[89] Die SPD auf Kompromisssuche beim Bürgerrecht, NZZ Nr. 34 vom 11.2.1999, S. 1; Wer darf Deutscher werden?, Süddeutsche Zeitung Nr. 36 vom 13./14.2.1999, S. 10; *Kanther*, Wenn die jungen Bürger plötzlich das Wahlrecht verlieren, FAZ Nr. 35 vom 11.2.1999, S. 12; Das Optionsmodell der FDP. Befristete Hinnahme von Mehrstaatigkeit, ebenda; In der SPD verschärft sich der Streit um das Staatsangehörigkeitsrecht, FAZ Nr. 55 vom 6.3.1999, S. 1 f.; Keine Einigung über das "Optionsmodell" bei SPD und Grünen, FAZ Nr. 57 vom 9 3.1999, S. 4; Beim Staatsangehörigkeitsrecht wächst der Druck auf die FDP, FAZ Nr. 59 vom 11.3.1999, S. 1 f.; Parteiführungen von SPD, Grünen und FDP über Reform des Staatsangehörigkeitsrechts einig, FAZ Nr. 60 vom 12.3.1999, S. 1 f.; Im Bundestag soll es einen Gruppenantrag geben, FAZ Nr. 61 vom 13.3. 1999, S. 5.
Die Optionslösung geht auf einen Gesetzesantrag des Landes Rheinland-Pfalz zurück (BR-Drucks. 180/97 vom 11.3.1997), das die Zuwanderung gesetzlich regeln wollte und in Art. 5 auch eine Änderung des RuStAG vorsah: Inlandsgeburt sollte Kindern deutsches Bürgerrecht verschaffen, wenn zumindest ein Elternteil im Besitze einer Aufenthaltsberechtigung oder seit mindestens drei Jahren im Besitz einer unbefristeten Aufenthaltserlaubnis-EG ist und sich im Inland gewöhnlich aufhält. Einer so erworbenen deutschen Staatsangehörigkeit ging ein Doppelstaater aber mit Vollendung des 23. Lebensjahres wieder verlustig, wenn er nicht nachwies, seine zweite Staatsangehörigkeit aufgegeben oder verloren zu haben.

[90] Entwurf eines Gesetzes zur Reform des Staatsangehörigkeitsrechts, BR-Drucks. 188/99 - als besonders eilbedürftige Vorlage gekennzeichnet (Art. 76 Abs. 2 Satz 4 GG). Der Bundesrat regte in seiner Sitzung vom 30.4.1999 nur geringfügige Änderungen an.
Über die Anhörung von Verfassungsrechtlern berichtet FAZ Nr. 86 vom 14. 4. 1999 S. 8. *Hailbronner* erklärte vor der Karlsruher Justizpressekonferenz, das Optionsmodell sei nicht verfassungswidrig, FAZ Nr. 71 vom 25. 3. 1999 S. 7. Vgl. auch *Hartmut Kühne*, Doppel-

mit großer Mehrheit an. 365 Abgeordnete der Koalition, verstärkt durch die Fraktion der FDP und Teile der PDS stimmten mit "ja"; 184 Parlamentarier mit "nein"; 39 enthielten sich der Stimme, darunter 22 Abgeordnete aus den Reihen von CDU/CSU[91]. Der Bundesrat erteilte der Novelle, die auch den Namen des Gesetzes änderte[92], am 21. Mai seine Zustimmung[93]. Inkrafttreten sollte die Novelle am 1. Januar 2000. Bundespräsident Herzog fertigte das Gesetz nicht mehr aus[94]. Er überließ diese Aufgabe seinem Nachfolger Rau, der das Gesetz am 15. Juli 1999 unterzeichnete[95].

8. Doppelstaatsangehörigkeit gibt es nur in drei Ausnahmefällen:

a) Einmal bei Erwerb der deutschen Staatsangehörigkeit kraft *ius soli*. Das in Deutschland geborene Kind wird Deutscher, auch wenn es *a patre* und/oder *a matre* eines oder mehrere fremde Bürgerrechte erwarb. Voraussetzung ist allerdings, daß ein Elternteil sich seit acht Jahren rechtmäßig im Inland aufhält und im Besitze einer Aufenthaltsberechtigung oder seit mindestens drei Jahren im Besitze einer unbefristeten Aufenthaltserlaubnis ist[96]. Ein solcher Mehrstaater hat sich jedoch zwischen dem 18. und dem 23. Lebensjahr entweder für die deutsche oder für seine fremde Staatsangehörigkeit zu entscheiden. Schweigt er sich aus, so geht er seiner deutschen Staatsangehörigkeit verlustig[97].

---

pass. Gute Lösung, Rheinischer Merkur Nr. 19 vom 7. 3. 1999 S. 4, und *Graf von Westphalen*, Doppelpass. Der Streit geht weiter, Rheinischer Merkur Nr. 12 vom 19. 3. 1999 S. 5.

91 Nach langem Streit eine Mehrheit für den Kompromiß beim Staatsangehörigkeitsrecht, FAZ Nr. 106 vom 8.5.1999, S. 1 f.; Bundestag erleichtert die Einbürgerung, Bonner Stadtanzeiger vom 8./9. 5.1999. S. 1.
Der Entwurf eines Gesetzes zur Neuregelung des Staatsangehörigkeitsrechts (StANeuG), den Bayern einbrachte (BR-Drucks. 196/99), wurde verworfen.

92 Nach Art. 1 Nr. 1 heißt das Reichs- und Staatsangehörigkeitsgesetz künftig Staatsangehörigkeitsgesetz (StAG).

93 Das neue Staatsangehörigkeitsrecht kann in Kraft treten, FAZ Nr. 117 vom 22.5.1999, S. 1 f.

94 *Fromme*, Hatte Herzog Bedenken oder keine Zeit?, Die Welt am Sonntag Nr. 28 vom 11.7.1999, S. 11.

95 BGBl. 1999 I 1618.

96 Die Aufenthaltsberechtigung (§§ 27, 48 Abs. 1 Nr. 1 AuslG) verfestigt wie die Schweizer Niederlassungsbewilligung den Aufenthalt von Ausländern am stärksten. Sie ist zeitlich und räumlich unbeschränkt und darf nicht an Bedingungen und Auflagen geknüpft werden. Der Ausweisungsschutz geht so weit wie der eines Asylberechtigten. Die Aufenthaltserlaubnis ist eine von jeder Zweckbestimmung gelöste Aufenthaltsgenehmigung (§ 15 AuslG).

97 §§ 4 Abs. 3 Satz 1, 29 StAG.

b) Zum zweiten, wenn in Fällen von *ius soli*-Erwerb dem Mehrstaater ausdrücklich gestattet wurde, die deutsche Staatsangehörigkeit beizubehalten. Dies ist einmal der Fall, wenn ihm die Aufgabe seiner ausländischen nicht möglich oder zumutbar ist[98]. Zum anderen dann, wenn er Angehöriger eines anderen Mitgliedstaats der Europäischen Union ist und sein Heimatstaat Deutsche einbürgert, ohne von ihnen Aufgabe der deutschen Staatsbürgerschaft zu verlangen[99].

c) Schließlich zum Dritten dann, wenn nach den novellierten Vorschriften des Ausländergesetzes Mehrstaatigkeit hinzunehmen wäre[100]. Hier werden Vorschriften der Einbürgerungsrichtlinien[101] ins Ausländergesetz übernommen, auf Unmöglichkeit, Unzumutbarkeit, Alter und wirtschaftliche Nachteile abgehoben sowie Mehrstaatigkeit im EU-Raum dann erlaubt, wenn Gegenseitigkeit gewährleistet ist[102]. Diese Sonderregeln spielen bei Ausländern eine Rolle, die von dem Einbürgerungsanspruch Gebrauch machen, den ihnen die Novelle nach achtjährigem rechtmäßigen Aufenthalt in Deutschland zuerkennt[103].

X. Auswirkung auf Bürger islamischer Staaten

1. Die dritte Ausnahme kommt Bürgern islamischer Staaten zugute, die vom Heimatstaat freigegeben werden müssen, also ohne dessen Zustimmung ihr angestammtes Bürgerrecht nicht abstreifen können[104].

2. Sie hilft auch Persern. Nach dem deutsch-iranischen Niederlassungsvertrag von 1929 hat ihrer Einbürgerung ja der Iran zuzustimmen[105]. Deutsche Gerichte

---

[98] § 29 Abs. 4, 1. Alt. StAG.

[99] § 29 Abs. 4, 2. Alt. StAG i.V.m. § 87 Abs. 2 AuslG n.F. Angehörigen muslimischer Staaten kommt diese Regel nicht zugute. Bei EU-Staatern verdammt sie das Straßburger Abkommen (1963) im Verhältnis zu Belgien, Dänemark, Frankreich, Italien, Luxemburg, den Niederlanden, Österreich und Schweden, denn hier können selbst Staaten, die bei der Einbürgerung über Mehrstaatigkeit hinwegsehen, Gegenseitigkeit nicht herstellen: Der Deutsche verliert seine Staatsangehörigkeit *ipso iure*; vgl. oben IV.3. Finnland und Spanien verlangen Aufgabe; vgl. *Fernández Rozas/Alvarez Rodrígez* (Fn. 75), Nr. 26 S. 225 und Nr. 32 S. 230; *Glauben* (Fn. 43), S. 153, 158, der aber irrtümlich annimmt, Finnland habe das Straßburger Abkommen (1963) ratifiziert. Es bleiben also nur Griechenland; vgl. *Grammaticaki-Alexiou* (Fn. 43), S. 396, ferner Portugal, Irland und das Vereinigte Königreich; vgl. oben VII.3. und 6.

[100] § 29 Abs. 4, 2. Alt. StAG i.V.m. § 87 AuslG n.F.

[101] Nämlich Nr. 5.3.3.4 EinbRL.

[102] Vgl. Fn. 99.

[103] § 85 AuslG n.F.

[104] Vgl. oben VII.8.

[105] Ziffer II des Schlußprotokolls des deutsch-persischen Niederlassungsvertrags vom 17.2.1929 (RGBl. 1930 II 1013), der nach dem Zweiten Weltkrieg durch Protokoll vom

weigerten sich bekanntlich schon bisher, den Vertrag anzuwenden, wenn ein Anspruch auf Einbürgerung besteht[106] oder der *Iran* Willkür übt: Vorlage eines Fotos der deutschen Ehefrau, die einen Tschador trägt[107]. Andererseits ist nicht zu verkennen, daß die geplante deutsche Reform den islamischen Staaten den Schlüssel zur Schaffung von Mehrstaatern in die Hand spielt. Nicht Deutschland, der islamische Staat entscheidet letzten Endes, ob der in Deutschland geborene Muslim Deutscher bleibt oder seine deutsche Staatsangehörigkeit verliert. Ob eine solche Abhängigkeit verfassungsrechtlicher Prüfung standhält, wird die Zukunft zeigen. Hier kann die Frage nicht erörtert werden.

XI. Wertung

1. Abschließend sei die Frage gestellt: Begünstigt Mehrstaatigkeit die Integration oder wird diese, wie die Opposition behauptet, behindert oder zumindest erschwert?

2. Die Eingliederung von Migranten aus herabgewirtschafteten Ländern oder Gebieten mit großem sozialen Gefälle stellt Europa vor nahezu unlösbare Probleme. Der Integrationsmotor Schule stottert. In Klassen mit fünfzig und mehr Prozent Ausländern, wie wir sie in deutschen, aber auch in Schweizer Städten finden[108], kann auch von deutschsprachigen Kindern das Klassenziel nicht mehr erreicht werden. Deutsche und Schweizer ziehen ihre Sprößlinge ab[109], Ausländerkinder suchen - unterstützt von ihren Eltern - in der Fremde eine imaginäre

---

4.11.1954 (BGBl. 1955 II 829) für wieder anwendbar erklärt wurde. Ziffer II ist immer noch in Kraft. Zwar wurde durch deutsch-iranischen Notenwechsel vom 28.3./1.5.1995 seine Aufhebung vereinbart (BGBl. 1997 II 2 = StAZ 1997, 255). Jedoch ratifizierte das iranische Parlament bisher diese Abmachung nicht; vgl. *Hecker*, Staatsangehörigkeitsfragen in zweiseitigen Verträgen der Bundesrepublik Deutschland, Frankfurt 1988, S. 41 ff.; *Silagi*, Der Geltungsbereich des iranischen Zustimmungsvorbehalts bei Einbürgerungen und seine Schranken, StAZ 1998, 40 ff.; *Sturm,* Allemagne (Fn. 80), Nr. 33 S. 19. Die Ausführungen von *Hailbronner/Renner* (Fn. 16), § 8 RuStAG Rdnr. 61 und 65 sind unzutreffend. *Hailbronner* geht irrtümlich davon aus, Ziff. II sei bereits aufgehoben.

[106] BVerwG 27.9.1988, NJW 1989, 1441 f.; Hess. VGH 10.7.1992, ZAR 1992, 177.

[107] VG Berlin 9.11.1992, StAZ 1993, 194 f.

[108] In Berlin haben von den 492 Grundschulen 54 einen Ausländeranteil von mehr als 50 %. In manchen Klassen erreicht der Ausländeranteil sogar 80 %; vgl. *Hartmut Kühne*, Ausländerintegration, Rheinischer Merkur Nr. 3 vom 15.1.1999, S. 9. In der St. Galler Volkschule Engelwies, in der im Januar 1999 ein Lehrer vom Vater einer kosovo-albanischen Schülerin ermordet wurde, beträgt der Ausländeranteil 57,3 %, in Tschudiwies sogar 67,7 %, in der Realschule Bürgli 64,3 %. Vgl. Ende des Schweigens im Laboratorium Schule, NZZ Nr. 121 vom 29./30.5.1999, S. 15.

[109] Das gilt sogar für linke Veteranen und Anhänger einer multikulturellen Gesellschaft, die in Kreuzberg Kindertagesstätte und Schülerladen gründeten; vgl. *Wolfgang Korn*, Märchen aus Klein-Istanbul, Rheinischer Merkur Nr. 32 vom 6.8.1999, S. 32.

Heimat. Kein Wunder, daß Ausländerkinder auf der Strecke bleiben[110]. Aber auch bei älteren Ausländern scheitert die Integration oft daran, daß sie ihre Existenz nicht durch Arbeit sichern können[111], ja überdurchschnittlich oft Sozialhilfeempfänger[112] oder gar Straftäter[113] werden.

---

[110] Ein Drittel aller Jugendlichen verläßt die Schule ohne Abschluß. Vorbilder gibt es für sie weder im Elternhaus noch in der Schule. Diesem Ghetto der Hoffnungslosigkeit können nur ganz wenige entrinnen; vgl. *Korn* (Fn. 109). In Deutschland liegt die Arbeitslosenquote junger Türken bei 23 %. Ebenso hoch ist bei jungen Ausländern der Prozentsatz der Schul- und Lehrstellenabbrecher. In Berlin wird nur jeder siebte Ausbildungsplatz an ausländische Jugendliche vergeben; vgl. *Christoph Birnbaum*, Ein Paß allein tut's nicht, Rheinischer Merkur Nr. 2 vom 8.1.1999, S. 1, sowie *Kühne* (oben Fn. 108).

[111] Nach dem Statistischen Jahrbuch 1998 für die Bundesrepublik Deutschland, S. 124, waren Ende September 1997 2 428 955 Deutsche und 503 952 Ausländer arbeitslos.
In der Wirtschaftskrise des Jahres 1993 stieg in Deutschland die Arbeitslosenquote der ausländischen Bevölkerung auf 16,8 % und war damit doppelt so hoch wie bei deutschen Erwerbstätigen (8,7 %); vgl. *Bade*, Ausländer Aussiedler Asyl, München 1994, S. 69.
Auch in der Schweiz ist die Zahl der arbeitslosen Ausländerinnen und Ausländer erheblich höher (1997: 10,6 %) als die der Schweizer (1997: 3,4 %); vgl. Ausländerbericht 1997, Bundesamt für Ausländerfragen, S. 51.

[112] Nach einer Mitteilung für die Presse, die das Statistische Bundesamt über Internet am 19.8.1998 veröffentlichte, betrug Ende 1997 die Zahl deutscher Sozialhilfeempfänger 2,25 Millionen, die der ausländischen 668 000. Der Ausländeranteil lag also bei 22,9 %. Gegenüber dem Jahresende 1996 stieg die Zahl der deutschen Empfänger mit 7,9 % stärker als die der ausländischen (+ 4,4 %). Personen, die nach dem Asylbewerberleistungsgesetz versorgt werden, sind in diesen Zahlen nicht enthalten.
In der Schweiz existiert gegenwärtig keine nationale Statistik über Sozialhilfeempfänger sowie Art und Ausmaß ihrer Unterstützung; vgl. Statistisches Jahrbuch der Schweiz, Zürich 1999, S. 382.

[113] 1996 wurden in Deutschland insgesamt 207 000 Ausländer verurteilt; der Ausländeranteil an den Verurteilten betrug 27 %. 1976 lag er bei 10 % (73 000 Verurteilte). Dieser deutliche Anstieg erklärt sich durch die überproportionale Zunahme strafmündiger Ausländer. Insbesondere in der kriminologisch bedeutsamen Bevölkerungsgruppe der 14- bis unter 25jährigen - im Berichtsjahr 1996 gehörte fast jeder dritte Verurteilte (30 % bzw. 231 000) dieser Altersgruppe an - verlief die Entwicklung von Deutschen und Ausländern gegensätzlich. Bei den (einwohnerrechtlich registrierten) Ausländern hat sich die Altersgruppe der 14- bis unter 25jährigen zwischen 1976 und 1996 mehr als verdoppelt (+ 107 %), bei den Deutschen dagegen um 26 % verringert. Jedoch darf die in der Strafverfolgungsstatistik erfaßte Ausländerkriminalität nicht mit der Kriminalitätsbeteiligung aller in Deutschland lebenden Ausländer gleichgesetzt werden. In der Zahl der verurteilten Ausländer sind auch Touristen und sich illegal in Deutschland aufhaltende Ausländer enthalten, die in der Bevölkerungsstatistik nicht erfaßt sind. Da der Aufenthaltsstatus der Verurteilten nicht erhoben wird, können Anteilswerte über Verurteilte unter der ausländischen Wohnbevölkerung nicht berechnet werden. Aus dem Statement des Präsidenten *Johann Hahlen* zum Pressegespräch "Justiz im Spiegel der Rechtspflegestatistik", Statistisches Bundesamt, Mitteilung für die Presse vom 17.6.1998 (Internet, http://www.statistik-bund.de/presse /deutsch/pm/p8177101.htm).
Nach einer Meldung des Statistischen Bundesamts vom 22.6.1999 lag 1997 der Prozentsatz

Ist erleichterte Einbürgerung unter Hinnahme von Mehrstaatigkeit also mehr als ein scheinheiliges Kosmetikum? Geht es nur darum, Statistiken zu frisieren?

3. Die *Schweiz* hielt bis 1992 eisern daran fest, daß Ausländer, die Schweizerbürger werden wollen, aus ihrem bisherigen Staatsverband ausscheiden[114]. Dieses Erfordernis stand sogar in der Verfassung von 1848[115]. Der Einbürgerungswillige sollte sich klar und eindeutig von seiner bisherigen Heimat lossagen. Weshalb fiel dieser Grundsatz ohne größeren Widerstand bei eidgenössischen Räten und Volk[116]? Weil nach Verfestigung der Europäischen Gemeinschaften der rote Paß

---

der verurteilten Ausländer bei 26,9 %, der verurteilten Ausländer unter 25 Jahren bei 36,8 % (Internet, http://www.statistik-bund.de/basis/ d/recht/rechts5.htm).
Wie das Schweizer Bundesamt für Statistik in Neuenburg über Internet am 16.4.1998 meldete, belief sich der Prozentsatz der verurteilten Ausländer 1994 auf 43,7 % und 1996 auf 44 %, was im Hinblick auf den Anteil an der Gesamtbevölkerung (ca. 20 %) einen erheblichen Hang zu Kriminalität verrät (Internet, http://www.admin.ch/bfs/stat-ch/ber19/du1901.htm).

[114] Art. 17 BüG lautete: Wer sich einbürgern lassen will, hat alles zu unterlassen, was die Beibehaltung der bisherigen Staatsangehörigkeit bezweckt. Soweit es nach den Umständen zumutbar ist, soll auf die bisherige Staatsangehörigkeit verzichtet werden.

[115] Art. 43 Satz 2 BV (1848) lautete: Ausländern darf kein Kanton das Bürgerrecht erteilen, wenn sie nicht aus dem früheren Staatsverband entlassen werden.
Der auf Vorschlag des eidgenössischen Standes Zürich in der Verfassung aufgenommene Grundsatz wurde damit begründet, daß es das Nationalgefühl verletze, wenn ein freier Schweizerbürger Untertan eines fremden Staates bliebe. Auch könne es Spannungen auslösen, wenn ausländische Regierungen für oder gegen Schweizer Neubürger intervenierten; vgl. *Blumer*, Handbuch des schweizerischen Bundesstaatsrechts I, Schaffhausen 1863, S. 472 f.
Die Auslegung von Art. 43 Abs. 2 BV (1848) führte zu einer umfangreichen Rechtsprechung des schweizerischen Bundesrats; vgl. *Ullmer*, Die staatsrechtliche Praxis der schweizerischen Bundesbehörden aus den Jahren 1848 - 1860, Zürich 1862, Nr. 161 ff. S. 150 ff.

[116] Bundesgesetz vom 23.3.1990 (AS 1991, 1034).
Für Streichung setzte sich im Nationalrat Rechtsanwalt *Paul Rechsteiner* (SP) ein (87.055 Bürgerrechtsgesetz. Amt. Bull. NR 25.9.1989 S. 1441 f.), im Ständerat Notar *Arthur Hänsenberger* (FDP) und Dr. med. *André Gautier* (LP) (Amtl. Bull. StR 13.3.1990, S. 121 f.). Der Bundesrat, der zunächst an der alten Fassung festhalten wollte, unternahm eine Kehrtwendung um 180°, der Nationalrat, der *Rechsteiners* Streichungsantrag zunächst verworfen hatte, folgte dem einstimmigen Streichungsbeschluß des Ständerats mit großer Mehrheit (Amtl. Bull. NR 19.3.1990, S. 493 f., 496).
Eine Abschaffung von Art. 17 BüG suchte auch eine vom Großrat des Kanton Waadt beschlossene Initiative zu erreichen. Diese wurde aber durch den Beschluß der Bundesversammlung überholt. Zur Diskussion Näheres in Bulletin des séances du Grand Conseil du Canton de Vaud, Session ordinaire, printemps 1989, S. 722; Session extraordinaire, septembre 1989, S. 1596 ff.; Session ordinaire, automne 1989, S. 24, 505 ff.; Session extraordinaire, septembre 1990, S. 1064.

mit weißem Kreuz nicht mehr gefragt war. Trotz wachsenden Zustroms von Migranten aus Drittweltländern sanken die Einbürgerungszahlen[117].

4. Der geradezu revolutionäre Entscheid der Schweiz brachte dem Land keine bürgerkriegsähnlichen Zustände. Nur die Einbürgerungszahlen stiegen wieder stetig an[118]. In der Schweiz hatte man *eines* begriffen: Ausländer, die sich einbürgern lassen, vollziehen einen ersten wichtigen Schritt zu voller Integration. Von ihnen zu verlangen, daß sie ganz mit ihrer alten Heimat brechen, ja auf Rückkehr verzichten, heißt die Opfergrenze überschreiten[119]. Man ersparte dem Integrationswilligen natürlich nicht, weiterhin das Stigma des Fremden zu tragen, als "Papierli-Schwizer" oder "främde Fötzel" bezeichnet und ausgegrenzt zu werden. Jedoch erntete er jetzt nicht mehr Mißfallen, Spott und Verachtung der Bürger seines ursprünglichen Heimatstaats. Zu Hause am fetten Futtertrog sitzend, begriffen diese meist solche Selbstverleugnung nicht.

Der Neubürger hatte die Fesseln des diskriminierenden, ja oft demütigenden Ausländerrechts gesprengt. Dies gab Sicherheit. Dies schuf auch ein Gefühl von Zusammengehörigkeit und verpflichtete zu Loyalität. Die Verbundenheit mit der Wahlheimat wuchs, am stärksten bei der zweiten und dritten Generation. Im März 1994, in einem Vortrag vor den Tessiner Zivilstandsbeamten, begrüßte ich deshalb begeistert die Novelle des Schweizer Bürgerrechts[120].

---

[117] Diese betrugen laut Statistischem Jahrbuch der Schweiz 1991 und 1998 S. 47 bzw. 98: 1986: 14 416; 1987: 12 370; 1988: 11 356; 1989: 10 342; 1990: 8 656. Bezeichnend das Abfallen der Einbürgerungen von Staatsangehörigen aus Europa: 1985: 12 349; 1986: 12 042; 1987: 10 496; 1988: 9 436; 1989: 8 507; 1990: 6 970. Auf diese negative Entwicklung wies auch Bundesrat *Arnold Koller* im Nationalrat hin (Amtl. Bull. NR 13.3.1990, S. 122).

[118] Vgl. Statistisches Jahrbuch der Schweiz 1998, S. 98: 1992: 11 133; 1993: 12 898; 1994: 13 739; 1995: 16 790; 1996: 19 159. Derselbe Aufschwung macht sich bei Bürgern aus Europa bemerkbar: 1993: 9 492; 1994: 10 013; 1995: 12 592; 1996: 14 410.

[119] Wie die aus Südkorea stammende Zürcher Psychoanalytikerin *Heikyöng Moser-Ha* in ihrem Beitrag: Was heisst Einwanderer zu sein?, NZZ Nr. 181 vom 7./8.8.1999, S. 77, ausführt, leben freiwillig Eingewanderte in der Gewissheit, jederzeit zurückkehren zu können, und ziehen diese Möglichkeit bei jeder Frustration in Erwägung. Bei jedem Integrationsprozeß muß, was viele Politiker und Juristen völlig verkennen, etwas vom eigenen Ich aufgegeben werden. Integration bedeutet Verzicht auf ein "Stück Vater und Mutter". Viele Einwanderer führten in ihrer Heimat ein selbstbewußtes und selbstbestimmtes Dasein. Mit der Auswanderung werden sie in eine Art infantilen Zustand zurückgeworfen, der Gefühle von Scham und Erniederung auslöst.

[120] Vgl. den Bericht *Gervasonis*, Unicità o molteplicità di cittadinanze in Europa?, ZZW 62 (1994) 158 ff. (159 f.).

5. Man wird es mir also nicht verargen, daß ich mich auch bei der deutschen Reform für Hinnahme von Mehrstaatigkeit aussprach, Kündigung des Straßburger Abkommens und Streichung von § 25 RuStAG empfahl[121].

6. Das neue deutsche Staatsangehörigkeitsgesetz geht leider aus politischem Zwang einen Schritt zurück.

a) Kinderstaatsangehörigkeit droht je nach Haltung des Heimatstaats jäher Verlust. Auch verlangt sie vom jungen Menschen einen tief in sein Leben und oft auch in sein Herz einschneidenden Entschluß: Er hat zu wählen, ohne die Tragweite seiner Wahl ganz zu überschauen; er gerät in ein Spannungsverhältnis zu Eltern, Geschwistern, Verwandten und Freunden, für die es nur *eine* Heimat gibt, in die man im Alter zurückkehrt; der Zwang zur Wahl läßt einen Stachel in seinem Herz zurück. Er fühlt sich diskriminiert. Seine neue Heimat zweifelt an seiner Loyalität und will ihn - im Gegensatz zu Millionen Doppelstaatern mit einem deutschen Elternteil oder Sonderstatus - voll und ganz vereinnahmen.

b) Entsprechendes gilt für die Einbürgerung von Ausländern, die nicht in Deutschland geboren wurden. Wille zur Eingliederung, die natürlich auch ein gewisses Maß an Anpassung und insbesondere ausreichende Sprachkenntnisse voraussetzt, muß genügen. Zerschneiden der Bande mit der alten Heimat darf nicht verlangt werden. Begünstigt werden sonst nur Heuchelei und Lüge. Vorprogrammiert sind Enttäuschung und Wut. Sie können sich später in Haß und Feindseligkeit entladen. Wird dies mit Integration bezweckt?

7. Sprache, Religion, historisches, kulturelles und politisches Bewußtsein prägen den Menschen in Elternhaus, Schule und sozialer Umwelt. Solche Lebens- und Persönlichkeitselemente lassen sich nicht einfach auslöschen, am wenigsten durch papierene Erklärungen, die abgenötigt sind. Das Staatsangehörigkeitsrecht - die letzte noch zulässige Form von Diskriminierung[122] - darf - schon der menschlichen Würde wegen - zu *einem* nicht führen, zur Verleugnung des eigenen Ichs, zum Verlust persönlicher und menschlicher Identität.

---

[121] In meinem Vortrag "Europa auf dem Weg zur mehrfachen Staatsangehörigkeit", den ich auf dem Symposion "Person und Status in Europa" anläßlich des 75. Jubiläums des Verlags für Standesamtswesen am 23.1.1999 in Frankfurt hielt und der in aktualisierter Gestalt in StAZ 1999, 225 ff. erschien. Für Zulassung von Mehrstaatigkeit auch mein in Fn. 17 zitierter Aufsatz, FamRZ 1974, S. 620 Fn. 22, und mein Lehrbuch *Raape/Sturm*, Internationales Privatrecht I, München 1977, S. 135.

[122] Vgl. *Fisch*, Der letzte Hort der Diskriminierung. Die Unvereinbarkeit von Staatsbürgerschaft und naturrechtlicher Gleichheit, NZZ Nr. 290 vom 13./14.12.1997, S. 17.

Klaus Wähler

Islamische talaq-Scheidungen vor deutschen Gerichten*

Unser Jubilar hat sich nicht nur mit Fragen des Schuldrechts und Wirtschaftsrechts der arabischen Staaten, sondern auch mit den Problemen des internationalen Familienrechts mit Berührung zur arabischen Staatenwelt vielfach als Autor und Gutachter beschäftigt. Von seinen einschlägigen Veröffentlichungen nenne ich nur seine Aufsätze "Zur Eheschließung zwischen muslimischen Iranern und deutschen nicht-muslimischen Frauen"[1], über "Die Voraussetzungen der internationalen Zuständigkeit deutscher Gerichte für die Scheidung rein iranischer Ehen (§ 606 a Abs. 1 S. 1 Nr. 4 ZPO)"[2] sowie "Die Scheidung deutsch-jordanischer Ehen vor deutschen Gerichten, unter besonderer Berücksichtigung des griechisch-orthodoxen Kirchenrechts"[3] und seinen Beitrag in *Carlier/Verwilghen*, Le Statut personnel des Musulmans (Brüssel 1992). Es ist daher mehr als angebracht, daß in dem zu seinen Ehren veranstalteten Symposium auch ein familienrechtlicher Vortrag gehalten wird.

I. Daß eine (widerrufliche oder unwiderrufliche) Verstoßung der Ehefrau durch den Ehemann (die beide einem Staat mit islamischem Familienrecht angehören) Gegenstand eines Verfahrens vor deutschen Gerichten oder Landesjustizverwaltungen wird, sei es, daß die Verstoßung im Ausland ausgesprochen wurde und hier anerkannt werden soll, oder sei es, daß die Verstoßung in einem Scheidungsverfahren vor dem deutschen Familiengericht als Scheidungs*grund* geltend gemacht wird, ist schon oft genug vorgekommen und dürfte auch in Zukunft noch häufig vorkommen. Einige dabei auftauchende Fragen hat die Rechtsprechung bereits mehr oder minder geklärt, andere hingegen noch nicht.

Um sich die Problematik deutlich zu machen, stelle man sich folgendes Szenario in der mündlichen Verhandlung vor dem deutschen Familiengericht vor: Der Anwalt des Ehemannes hat beim Familiengericht den Ausspruch der Scheidung der in Deutschland wohnhaften marokkanischen Eheleute beantragt, da bekanntlich Art. 17 Abs. 2 EGBGB eine gerichtliche Mitwirkung bei der Inlandsscheidung zwingend vorschreibt. Der Anwalt überreicht einen Schriftsatz und trägt auch mündlich vor, der Antragsteller habe seine Ehefrau in seiner Wohnung im Beisein zweier männlicher Zeugen dreimal verstoßen. Er sei bereit, diese Verstoßungserklärung vor Gericht zu wiederholen, falls dies gewünscht würde; die Zeugen warteten vor dem Verhandlungsraum. Er beantrage nunmehr Erlaß eines

---

* Durch Fußnoten ergänzte und unter Berücksichtigung der Diskussion überarbeitete Fassung; die Vortragsform wurde beibehalten.

[1] IPRax 1986, 124 ff.

[2] IPRax 1994, 282 ff.

[3] IPRax 1996, 389 ff.

Scheidungsurteils aufgrund der Verstoßung. Die Richterin erklärt dem anwesenden Antragsteller und seinem Anwalt: "So etwas können Sie von einem deutschen Gericht nicht erwarten. Das ist Ihrer Frau nicht zuzumuten, und auch ich muß es mir nicht antun, bei einer solchen entwürdigenden Zeremonie mitzuwirken. Außerdem ist Ihre Frau ja gar nicht da. Die Sache wird vertagt; neuer Termin von Amts wegen, sobald der Antragsteller einen sachgemäßen Antrag gestellt hat".

Wie ist in derartigen Fällen die Rechtslage in den Staaten des islamischen Rechtskreises? Wie sieht die deutsche Rechtspraxis und das deutsche Schrifttum eine Verstoßungs-Scheidung in Deutschland, und wie ist infolgedessen im konkreten Fall zu entscheiden?

II. 1. Gehören beide Eheleute einem islamrechtlichen Staat an, so ist aus deutscher Sicht grundsätzlich das Recht dieses Heimatstaates der Eheleute auf die Verstoßung anzuwenden (Art. 17 Abs. 1 S. 1, 14 Abs. 1 Nr. 1 EGBGB). Die talaq-Scheidung ist die Regelform der Ehescheidung durch Verstoßung (Entlassung) der Ehefrau seitens des Ehemannes in fast allen Staaten des islamischen Rechtskreises. Nach klassischem Islamrecht kann sie ausdrücklich oder konkludent erfolgen, mündlich oder schriftlich erklärt werden, letzteres wiederum in Form eines Protokolls der mündlichen Erklärung oder auch als eine die Verstoßung selbst enthaltende Urkunde. Die Zuziehung zweier Zeugen ist erwünscht, aber nicht immer Wirksamkeitsvoraussetzung. Die Verstoßung gilt zwar als Allah "verhaßt", aber als das kleinere Übel gegenüber einer sich lange hinziehenden Entfremdung der Eheleute und der schleichenden Zerrüttung der Ehe. Man unterscheidet zwischen talaq ahsan (einmalige Verstoßung in der Periode zwischen zwei Menstruationen), die erst nach Ablauf von drei Perioden ohne Widerruf oder Wiederaufnahme des Geschlechtsverkehrs wirksam wird, dem talaq hasan (drei Verstoßungserklärungen in drei aufeinanderfolgenden Perioden) und talaq al bid'a (der religiös mißbilligten, aber grundsätzlich rechtswirksamen dreimaligen Verstoßung innerhalb einer einzigen Periode mit der Absicht der Unwiderruflichkeit)[4].

2. *a)* In den heutigen Staaten des islamischen Rechtskreises wird nur noch teilweise die Verstoßung in der Form einer reinen rechtsgeschäftlichen Willenserklärung des Mannes vollzogen, insbesondere in Afghanistan (Art. 135 ff. ZGB 1977), im Jemen (Art. 58 ff. PSt-Dekret 1992), in Kuwait (Art. 102 ff. PStG 1984), im Libanon (Art. 102 ff. FamRG 1917), Saudiarabien und Sudan (Art. 139-141 Muslim Family Law 1992), in Syrien (Art. 85-94 PStG 1953) sowie in

[4] Zunächst widerruflich ist auch diese Form des talaq nach dem Recht der einschlägigen Gesetze Ägyptens (vgl. Art. 3 des Ges. Nr. 25/1929), Jordaniens (Art. 90 PStG 1976), Syriens (Art. 92 PStG 1953), Iraks (Art. 37 Abs. 2 PStG 1959) und Marokkos (Art. 51 PStG 1957).

Indien, Kenya, Nigeria, Philippinen und Singapur für die Ehen, die dort dem Islamrecht unterstehen.

b) Die Mehrzahl der Staaten des Vorderen Orients verlangt heute eine Beurkundung und Registrierung der Verstoßung durch einen Notar, so insbesondere Ägypten (Art. 5 *bis* des Ges. von 1929), oder durch einen Richter, so Jordanien (Art. 101 PStG 1976) und Pakistan (sec. 7 Muslim Family Laws Ordinance 1961, deren Fortgeltung allerdings zweifelhaft ist), oder gar eine - vorgängige oder nachträgliche - richterliche Zustimmung, so Irak (Art. 39 Abs. 1 PStG 1959), Iran (Ausstellung einer Bescheinigung über die "Unmöglichkeit ehelichen Zusammenlebens" nach dem Einzigen Artikel des ScheidungsÄndG vom 26.11.1992), Marokko (Art. 48 Abs. 2 PStG 1957) und Somalia (Art. 36 Nr. 1 PStG 1975), ferner Gambia (Art. 16 lit. a Mohammedan Marriage and Divorce Act), Ghana (sec. 7 u. 9. Marriage of Mohammedans Ordinance 1907), Sierra Leone (Mohammedan Marriage Ordinance 1960) und Sri Lanka (sec. 27-29 Muslim Marriage and Divorce Act 1951).

c) Einige Staaten verlangen darüber hinaus die Feststellung oder den Ausspruch der Verstoßungsscheidung durch Urteil des Gerichts (nach vorgängigem richterlichen Versöhnungsversuch), insbesondere Algerien (Art. 48 und 49 FGB 1984), Libyen (mit Ausnahme der nur zu registrierenden einvernehmlichen Scheidung, vgl. Art. 28 u. 35 PStG 1984) und Tunesien (Art. 30 u. 31 Abs. 1 PStG 1956), ferner Indonesien, Tanganyika (sec. 12 (d) Law of Marriage Act 1971) und Tschad. Nur Tunesien erkennt ausdrücklich auch der Ehefrau das Recht zu, aufgrund ihres bloßen einseitigen Antrags einen richterlichen Ausspruch der Scheidung zu erwirken (Art. 31 Abs. 1 Nr. 3 PStG).

III. Insbesondere bei einem vor dem deutschen Familiengericht gestellten Scheidungsantrag des Mannes erhebt sich nun die Frage, ob die vom Ehemann allein aufgrund seiner einseitigen Verstoßungserklärung beantragte Scheidung vom Gericht ohne weiteres ausgesprochen werden kann.

1. Dem könnte bei hinreichendem Inlandsbezug (der wohl schon bei Inlandswohnsitz oder gewöhnlichem Aufenthalt der Parteien im Inland gegeben ist) von vornherein der deutsche ordre public (Art. 6 EGBGB) entgegenstehen, wenn der Antragsgegnerin die Verstoßung noch gar nicht mitgeteilt worden war, sie also zumindest im bisherigen Verfahren kein rechtliches Gehör hatte, oder wenn die Verstoßung vom Ehemann willkürlich ausgesprochen worden war, möglicherweise aber generell schon deshalb, weil nach dem betreffenden Heimatrecht der Eheleute der talaq ausschließlich dem Ehemann zur Verfügung steht[5]. In jüngster

---

[5] Vgl. *Winkler von Mohrenfels,* in: Münchener Kommentar Bd. 10, 3. Aufl. 1998, Art. 17 EGBGB Rdnr. 99; AG München, IPRax 1982, 250; OLG Stuttgart, FamRZ 1962, 197 sowie FamRZ 2000, 171; BayObLG, FamRZ 1982, 813; ebenso auch schon OLG Dresden, IPRspr. 1926/27 Nr. 10.

Zeit hat sich das Kammergericht in einer Entscheidung vom 27.11.1998[6] sogar auf den Standpunkt gestellt, daß für den Antrag einer iranischen Ehefrau, den Ehemann gemäß Art. 1130 ZGB zum Ausspruch der Verstoßung zu verpflichten und im Weigerungsfall die Scheidung seitens des Gerichts (nach iranischem Recht: durch den Scharia-Richter) durch Urteil auszusprechen, keine internationale Zuständigkeit der deutschen Gerichte bestehe. Eine solche Haltung führt für die in Deutschland ansässige Antragstellerin allerdings letztlich zur Rechtsverweigerung, zumindest zur wesentlichen Erschwerung der Rechtsverfolgung[7].

2. Die Mehrheit der deutschen Gerichte hält hingegen die Verstoßung der Ehefrau dann mit Art. 6 EGBGB für vereinbar, wenn

a) die Ehefrau, auch wenn sie von der Verstoßungserklärung erst im gerichtlichen Verfahren Kenntnis erhalten hat, im Ergebnis damit einverstanden ist[8]; Scheidungsgrund soll dann allerdings nicht allein die erklärte Verstoßung sein, sondern der beiderseitige Scheidungswille verbunden mit der Feststellung, daß die Voraussetzungen des talaq gegeben seien[9]; die Ehe wird dann lediglich "auf der Grundlage" der Verstoßungserklärung des Mannes oder auch durch Selbstverstoßung der Frau (mit Bevollmächtigung seitens des Ehemannes) geschieden[10];

b) die (der Verstoßung nicht zustimmende) Ehefrau auch bei Zugrundelegung deutschen materiellen Rechts im konkreten Fall hätte geschieden werden können[11], wenn also die Ehe nach Auffassung des deutschen Richters "gescheitert" ist, insbesondere wenn die Eheleute schon seit drei Jahren getrennt leben

---

6 IPRax 2000, 126.

7 Vgl. *Herfarth*, IPRax 2000, 101 (103). - Der vom KG als entscheidend betrachtete Umstand, daß für den Fall der Weigerung des Ehemannes, die Verstoßung auszusprechen, die Scheidung nunmehr "durch Urteil des Scharia-Richters" auszusprechen ist, macht diese Scheidung nicht zu einer rein religiösen Angelegenheit, bei der materielles und Verfahrensrecht eine untrennbare Einheit darstellen und infolgedessen ein deutscher Richter nicht mitwirken dürfte, wenn er nicht die Grenze seiner wesenseigenen Zuständigkeit überschreiten will. Vielmehr ist, wie auch H. im Ergebnis zutreffend feststellt, die Zuständigkeit des Scharia-Richters nach Art. 1130 S. 2 iran. ZGB als rein verfahrensrechtliche Regelung anzusehen, so daß das in Deutschland zuständige staatliche Gericht ohne weiteres die Scheidung aussprechen kann.

8 OLG Koblenz, FamRZ 1994, 1262 f.; vgl. BayObLG, IPRax 1982, 104 f.; OLG Frankfurt/Main, NJW 1985, 1293 (1294 a.E.) und NJW 1990, 646; a.M. AG Frankfurt/Main, NJW 1989, 1434.

9 OLG München, IPRax 1989, 238 sowie *Jayme*, ebd., 223.

10 *Winkler von Mohrenfels,* in: Münchener Kommentar Bd. 10, 3. Aufl. 1998, Art. 17 EGBGB Rdnr. 125.

11 OLG München, IPRax 1989, 238; OLG Koblenz, FamRZ 1993, 563; AG Esslingen, IPRax 1993, 250; JM NRW, StAZ 1992, 46 (48); KG, NJW-RR 1994, 199 (200).

(§§ 1565, 1566 Abs. 2 BGB). Manche Gerichte und Autoren wollen dann aber die Ehe allein unter Zugrundelegung deutschen Rechts scheiden[12], während andere diesen Weg ablehnen, nachdem der Ehemann (bzw. mit seiner Ermächtigung die Ehefrau) durch die Verstoßung und den Scheidungsantrag den Scheidungswillen hinreichend kundgetan hat[13].

Gelegentlich hat die Rechtsprechung sogar bei Verstoßungsscheidungen die Heranziehung des deutschen ordre public aus Gründen des Einzelfalles schlechthin abgelehnt, und zwar meist mit der Begründung, es fehle ein hinreichender Inlandsbezug[14].

IV. Wie aber sind die Fälle zu beurteilen, in denen die Ehegatten im Inland leben, die Ehefrau der Scheidung widerspricht und der die Scheidung begehrende Ehemann nicht die Frist des dreijährigen Getrenntlebens abwarten will? Hat der Antragsteller auch dann vor dem deutschen Familiengericht eine Chance, daß seinem Antrag allein aufgrund der Verstoßung stattgegeben wird, oder sollte ihm eine solche Chance eingeräumt werden?

Christian von Bar hat diese Frage klar verneint, weil eine Verstoßung, die von einem deutschen Gericht zur Kenntnis genommen und als Scheidungsgrund anerkannt würde, kaum "mit der Würde der Frau in Einklang gebracht werden" könne; man komme nicht daran vorbei, daß sich bei einer "talaq-Scheidung in einem deutschen Gerichtssaal ... der Eindruck einer Herabsetzung der Frau ebenso wenig vermeiden läßt wie der einer für den deutschen Richter (Richterin!) beschämenden Prozeßhandlung"[15]. Art. 3 Abs. 2 u. Abs. 3 GG wird also gewissermaßen ohne Rücksicht auf die Intensität des Inlandsbezuges als unüberschreitbare Schranke für eine irgendwie geartete Form der Verstoßung (oder "Entlassung") des anderen Ehegatten angesehen. Auch geht es dabei keineswegs nur um den Fall der Verstoßung der Ehefrau durch den Mann, sondern auch um den Unterfall, daß die Frau (kraft Ermächtigung des Mannes im Ehevertrag oder kraft Vereinbarung der Ehegatten anläßlich der Trennung, insbesondere aufgrund der Zahlung einer Abstandssumme) sich selbst verstößt, sowie um den oben (bei Fn. 7) bereits erwähnten Fall, daß der Ehemann seiner gerichtlich festgestellten Verpflichtung zur Verstoßung seiner Ehefrau nicht nachkommt und deshalb nunmehr der Richter (auf Antrag der Frau) die Scheidung auszusprechen hat.

---

[12] So insbes. AG Frankfurt/Main, NJW 1989, 1434.

[13] *Winkler von Mohrenfels,* in: Münchener Kommentar, a.a.O., Art. 17 EGBGB Rdnr. 124 a.

[14] So LG Dresden, IPRspr. 1932, Nr. 72 (wenn Eheleute in Ägypten lebten); LG Berlin II, IPRspr. 1933, Nr. 2; AG Hamburg, FamRZ 1980, 453 (trotz gewöhnlichen Aufenthalts der Eheleute im Inland); OLG Hamburg, IPRspr. 1971, Nr. 149; OLG Stuttgart, NJW 1971, 994 (997); JM NRW, IPRspr. 1984, Nr. 5; AG Hamburg, IPRax 1986, 114.

[15] Internationales Privatrecht II, 1991, S. 180 Rz. 265 sowie in: *Staudinger*, Kommentar zu Art. 13-18 EGBGB, 13. Aufl. 1996, Art. 17 Rdnr. 207.

Wäre es in solchen Fällen denkbar, dem deutschen ordre public (insbesondere dem Gleichberechtigungsprinzip) allein dadurch Rechnung zu tragen, daß man dem verlassenen und seinerseits nicht scheidungswilligen Ehegatten (meist nach wie vor der Frau) in gleicher Weise ein Verstoßungsrecht zubilligt wie dem Ehemann? Eine solche "Kompensation" hält für den Fall, daß das Heimatrecht der Eheleute nur den Ehebruch der Frau, nicht aber den des Mannes als Scheidungsgrund betrachtet, auch *von Bar* für möglich[16]. Sie reicht aber offenbar dann nicht aus, wenn der durch unterschiedliche Regelungen für beide Ehegatten benachteiligte Ehepartner (meist die Ehefrau, gelegentlich aber auch der Mann) im konkreten Fall überhaupt nicht geschieden werden will. Muß die islamrechtliche talaq-Scheidung gleichwohl auch dann als Scheidungsgrund vom deutschen Gericht anerkannt und infolgedessen vom Familiengericht bei Nachweis der Verstoßung die Scheidung ausgesprochen werden?

Bei der Beantwortung dieser Frage muß man sich vor Augen halten, daß eine Verstoßung, d.h. eine durch einseitigen Willensakt eines Ehegatten verursachte Auflösung der Ehe, faktisch auch in Europa und insbesondere in Deutschland in Tausenden von Fällen vorkommt[17], etwa in der Weise, daß der Ehepartner, der die Ehe beenden will, entweder aus der gemeinsamen Wohnung auszieht oder (wenn er selbst Alleininhaber oder Alleineigentümer der Wohnung ist) seinerseits den anderen auffordert, seine "Sachen zu packen", oder gar die Koffer des anderen mit dessen Kleidung vor die Tür stellt. Die von einem Ehegatten gewollte Scheidung wird also auch hier durch dessen einseitiges Handeln eingeleitet, durch das er zumindest den Ablauf von Trennungsfristen in Gang setzt, welche die gesetzlichen Zerrüttungsvermutungen begründen. Der einseitige Scheidungswille nur eines Ehepartners kann daher auch nicht in vom Islamrecht beherrschten Eheverfahren das entscheidende Moment sein, das von der deutschen Rechtsordnung als peinlich oder untragbar empfunden wird, sondern allein der Umstand, daß das Gericht seinerseits dem einseitigen Verstoßungswillen und der Verstoßungserklärung eines Ehegatten unmittelbar die Wirkung beimißt, daß die Ehe aufgelöst wird bzw. durch Richterspruch aufgelöst werden muß. Gewiß bewirkt in Deutschland niemals eine Verstoßungserklärung gemäß islamischem Recht als solche die Eheauflösung, sondern das auf den Antrag des verstoßenden Ehegatten ergehende Gestaltungsurteil des deutschen Gerichts (Art. 17 Abs. 2 EGBGB); vor allem klingt es anders, wenn man entsprechend dem seit 1976 das deutsche Scheidungsrecht allein beherrschende Zerrüttungsprinzip von Gerichtswegen feststellt, daß die Ehe objektiv gescheitert sei, weil die eheliche Lebensgemeinschaft nicht mehr bestehe und nicht erwartet werden könne, daß die Ehegatten diese Lebensgemeinschaft wieder herstellen (vgl. § 1565 Abs. 1 BGB), als wenn man auf den islamrechtlichen Scheidungsgrund der Verstoßung

---

[16] Internationales Privatrecht II, S. 180 Fn. 796.

[17] Vgl. hierzu auch die Ausführungen von *Rauscher*, IPRax 2000, 391 ff. (393).

abstellt. Letztlich beruht aber auch das "Scheitern" im Sinne des deutschen Eherechts, sofern nur *ein* Ehegatte die Scheidung will, eben doch allein auf dem Willen dieses Ehegatten, der die Scheidung erstrebt. Es ist also im Ergebnis nur eine Frage der Formulierung, gewissermaßen eine kosmetische Frage, wenn man unter Berufung auf den deutschen ordre public darauf besteht, daß nur die vom Gericht festgestellte objektive "Zerrüttung", das "Scheitern" der Ehe nach den grundlegenden deutschen Gerechtigkeitsvorstellungen, Rechtsgrund des die Eheauflösung aussprechenden Urteils sein könne, nicht aber der bloße, wenn auch hartnäckig geäußerte Wille *eines* Ehegatten, die Ehe aufzulösen.

Mir erscheint es daher in der Tat angemessener, das Problem der Ehescheidung aufgrund einer einseitigen Verstoßungserklärung islamischen Rechts im Verfahren vor deutschen Gerichten in der Weise zu lösen, daß man nicht etwa die Scheidung aus diesem Grunde von vornherein beiden Ehegatten verweigert, sondern stattdessen nur der Ehefrau die Befugnis einräumt, ihrerseits einen einseitigen Scheidungsantrag (ohne Vorliegen spezieller Scheidungsgründe) zu stellen, auch wenn das anzuwendende Heimatrecht ihr eine solche Befugnis nicht gibt[18]. Sofern die Ehefrau also weder der Verstoßung zustimmt, noch Scheidungsgründe des deutschen Rechts vorliegen, wäre die dann bestehende Regelungslücke nicht durch Heranziehung von Art. 17 Abs. 1 S. 2 EGBGB, sondern in der Weise zu schließen, daß man das Verstoßungsrecht des Mannes durch ein entsprechendes Recht der Frau ergänzt, welches sich daran orientiert, was man dem Mann nach seinem Heimatrecht unter Berücksichtigung des deutschen ordre public zubilligen würde[19].

Bei der von mir bevorzugten Lösung ist es allerdings keineswegs erforderlich[20] (wenn auch zulässig[21]), daß die Verstoßung - womöglich in Anwesenheit zweier männlicher islamischer Zeugen - in der mündlichen Verhandlung zu Protokoll des Gerichts erklärt wird. Die Verstoßungserklärung kann vielmehr auch *außerhalb* der Verhandlung erklärt und dem Gericht dann schriftsätzlich und im Bestreitensfalle durch Einreichung einer eidesstattlichen Erklärung zur Kenntnis gebracht werden. Verlangt das Heimatrecht der Eheleute eine notarielle Beurkundung der Verstoßung, kann diese auch vom deutschen Gericht als Indiz der Ernsthaftigkeit des Scheidungswillens verlangt werden, wenngleich das generell bei im Inland abgegebenen Verstoßungserklärungen im Hinblick auf Art. 11 Abs. 1 Halbs. 2 EGBGB nicht zwingend erforderlich ist. Soweit das Heimatrecht der Eheleute allerdings eine ausdrückliche richterliche *Zustimmung* zur Versto-

---

[18] Vgl. *Dopffel*, FamRZ 1987, 1205 (1213, 1214); *Bolz*, NJW 1990, 620 (621).

[19] Vgl. *Schurig*, in: *Soergel/Siebert*, BGB Bd. 10, 12. Aufl. 1996, Art. 17 EGBGB Rdnr. 168, S. 905 mit weiteren Literaturnachweisen in Fn. 46 u. 46a.

[20] Vgl. *Lüderitz*, in: FS Baumgärtel, 1990, S. 333 ff. (336).

[21] Vgl. LG München, FamRZ 1977, 332 m. Anm. *Hepting*, ebd., 333 (334); OLG München, IPRax 1989, 238 (239, 241).

ßung verlangt, könnte diese vom deutschen Familiengericht nicht erteilt werden, da es sich hierbei um eine dem deutschen Gericht fremde Tätigkeit handeln würde. In solchen Fällen käme in der Tat nur eine Scheidung unter ersatzweiser Heranziehung deutschen Rechts (§§ 1565, 1566 BGB) in Betracht. Grundlage des Scheidungsurteils könnte im übrigen nur eine *unwiderrufliche* Verstoßungserklärung sein, weil das deutsche Scheidungsurteil nach seiner Verkündung nicht mehr durch einen ausdrücklichen oder konkludenten Widerruf der Verstoßungserklärung beseitigt werden kann.

Handelt es sich allerdings nicht um eine Verstoßung im Inland, die Grundlage der beim deutschen Gericht beantragten Ehescheidung sein soll, sondern um eine im Ausland vollzogene Verstoßung, die Grundlage der *Anerkennung* der im Heimatstaat der Eheleute bereits durchgeführten Scheidung sein soll, kann bei der Entscheidung über diese Anerkennung allen Erfordernissen des Heimatrechts (notarielle Beurkundung, richterliche Genehmigung, Registereintrag im Heimatstaat, bestätigendes Urteil des zuständigen Gerichts des Heimatstaates) voll Rechnung getragen werden. Eine solche Anerkennung der im Ausland (speziell im islamischen Heimatstaat der Eheleute ausgesprochenen) Verstoßungsscheidung ist im übrigen, wenn sie erst durch ein bestätigendes Urteil des zuständigen Gerichts des Heimatstaates wirksam geworden ist, unter etwas leichteren Bedingungen möglich als der Ausspruch der Scheidung durch ein deutsches Familiengericht, weil sie nur bei "offensichtlicher" Unvereinbarkeit mit "wesentlichen Grundsätzen des deutschen Rechts" nicht anerkennungsfähig ist (§ 328 I Nr. 4 ZPO)[22].

V. Ich komme also zu dem Ergebnis, daß jedenfalls dann, wenn beide Eheleute Staatsangehörige eines Staates des islamischen Rechtskreises sind, in dem familienrechtliche Beziehungen durch ein islamisch geprägtes Recht geregelt werden, nicht nur die im Heimatstaat vollzogene Verstoßungsscheidung grundsätzlich in Deutschland anerkennungsfähig ist, wenn die Voraussetzungen des Heimatrechts der Eheleute gegeben und zusätzlich (bei Scheidung durch Urteil) die Erfordernisse des § 328 Abs. 1 Nr. 1-4 ZPO oder sonst (bei rechtsgeschäftlicher Scheidung) die Erfordernisse der Art. 17 Abs. 1, 14 Abs. 1 EGBGB gewahrt sind, sondern auch eine im Inland abgegebene Verstoßungserklärung nach Maßgabe des gemeinsamen Heimatrechts der Eheleute im deutschen Ehescheidungsprozeß grundsätzlich als hinreichender Scheidungsgrund gelten kann. Die Trennungsfristen des § 1565 BGB sind also kein unverzichtbarer Bestandteil des deutschen ordre public, sofern dieser wegen hinreichenden Inlandsbezugs eingreifen kann.

---

[22] Der Anerkennung reiner Privatscheidungen im Ausland durch ein deutsches Gericht (gemäß Art. 17 I EGBGB) kann hingegen nur Art. 6 EGBGB entgegenstehen (vgl. *Winkler von Mohrenfels,* in: Münchener Kommentar Bd. 10, Art. 17 EGBGB Rdnr. 286).

VI. Zuzugeben ist den Gegnern dieser Auffassung, daß damit der talaq nur als rechtstechnische Gestaltungsform angesehen, der graduelle Unterschied zwischen dem ordre public des § 328 Abs. 1 Nr. 4 ZPO und dem ordre public des Art. 6 EGBGB eingeebnet und im übrigen der Ehefrau nur dann geholfen wird, wenn sie im konkreten Fall letztlich selbst ebenfalls die Scheidung will. Außerdem ist es möglich, daß man bei Beachtung eines Verbots des Heimatrechts, eine Frau (und damit auch eine deutsche Familienrichterin) als taugliche Zeugin der vor Gericht erklärten Verstoßung anzuerkennen, u.U. nicht nur gegen den deutschen ordre public, sondern auch gegen die "Würde des Gerichts" verstößt[23]. Die letztgenannte spezielle Regel des islamischen Beweisrechts könnte jedoch, wenn man sie nicht von vornherein als verfahrensrechtliche Norm und damit als im deutschen Familienrechtsverfahren unbeachtlich ansieht, ohne weiteres als solche wegen Unvereinbarkeit mit dem deutschen ordre public ignoriert werden[24].

VII. 1. Schließlich sei bemerkt, daß die Tendenz in der deutschen Rechtsprechung und Rechtslehre, auch bei einseitiger Verstoßungserklärung des Mannes nicht ohne weiteres und auch nicht in der Mehrzahl der Fälle einen Verstoß gegen den deutschen ordre public anzunehmen, nicht nur in Deutschland zunehmend Anhänger findet[25], sondern der gleichen Auffassung auch in der *belgischen* Praxis durchweg gefolgt wird, jedenfalls wenn die Frau der Verstoßung ausdrücklich oder stillschweigend zustimmt[26]. Die *französische* Cour de Cassation weigert sich hingegen nach wie vor, eine Verstoßung der islamischen Ehefrau durch ihren Ehemann gleicher Staatsangehörigkeit und Religion anzuerkennen, weil sie gegen das im Protokoll Nr. 7 (Art. 5) zur Europäischen Menschenrechtskonvention verankerte Prinzip der Gleichheit der Rechte und Pflichten beider Ehegatten im Ehescheidungsverfahren verstoße, selbst wenn die Ehefrau der ihr gegenüber ausgesprochenen Verstoßung resignierend zugestimmt habe[27].

2. Besonders bemerkenswert ist indes die *englische* Rechtsprechung zum gleichen Problem, die durchweg Ehen von Inländern mit Ursprungsdomizil in Indien, Pakistan, Bangladesch und anderen Teilen des britischen Commonwealth betrifft, zumindest aber Personen, die inzwischen in England einen gewöhnlichen Aufenthalt begründet haben.

---

[23] Vgl. *Staudinger/v. Bar,* 13. Aufl. 1996, Art. 17 EGBGB Rdnr. 208 u. 211.

[24] So auch *Bolz,* NJW 1990, 620 ff. (621 f.).

[25] Vgl. die Belege bei *Staudinger/v. Bar*, Art. 17 EGBGB Rdnr. 209 a.E.

[26] Vgl. Cour d'appel Bruxelles 4.10.88, Pas. belge 1989 II 66; Trib. civ. Bruxelles 8.1.91, J.T. 1991, 372; vgl. *Ingbar,* JDI 123-1996, 164 f. mit weiteren Rechtsprechungsnachweisen (meist zur Anerkennung von Auslandsscheidungen).

[27] Vgl. Cass. 1.6.94, Rev. crit. DIP 1995, 103 (105); Cass. 31.1.95, JDI 1995, 345; Cass. 11.3.97, JDI 1998, 110 ff.

In R. v. Hammersmith Superintendent Registrar of Marriages[28] wurde die Anerkennung einer in London ausgesprochenen Verstoßung einer englischen Christin durch einen muslimischen Inder aus Gründen des ordre public (Eheschließung nach englischem Recht in England; einseitiger Charakter der Verstoßung) versagt, obwohl der Ehemann im Zeitpunkt der Verstoßung sein domicile in Indien hatte und nach dortigem Recht die Verstoßung wirksam war. In Qureshi v. Qureshi[29] wurde hingegen trotz Eheschließung in England die Verstoßungserklärung eines pakistanischen Moslems, ausgesprochen in London gegenüber seiner muslimischen Ehefrau mit indischem Ursprungsdomizil, anerkannt, nachdem ein Versöhnungsverfahren im Gesandtschaftsgebäude des pakistanischen High Commissioner erfolglos geblieben war. "Domicile" der erst sechs Monate verheirateten Eheleute war Pakistan, die Voraussetzungen des pakistanischen Rechts waren gegeben; der Richter wies in dem Urteil darauf hin, daß die Interessen der Ehefrau besser durch eine besondere Entscheidung über ihre Geldansprüche (die wiederum die Wirksamkeit der talaq-Scheidung vorausssetzten) gewahrt würden als durch die Versagung der Anerkennung des talaq.

Diese Flexibilität der Entscheidungen wurde jedoch durch sec. 2 und sec. 3 des Recognition of Divorces and Legal Separation Act 1971 (jetzt: sec. 46 Family Act 1986) wieder eingeschränkt, der offenbar durch die vorgenannte Entscheidung veranlaßt worden war. Dieses Gesetz machte die Anerkennung von "overseas divorces" davon abhängig, daß, soweit es sich um ausländische Urteile handelte, (1) das Urteil im Entscheidungsstaat rechtskräftig war und (2) im maßgebenden Zeitpunkt wenigstens einer der Ehegatten im Entscheidungsstaat seinen gewöhnlichen Aufenthalt oder Wohnsitz hatte oder die Staatsangehörigkeit dieses Staates besaß. Handelte es sich um eine Scheidung, die *nicht* durch Urteil oder gerichtliches Verfahren zustandegekommen war, sondern durch private Willenserklärung, war nunmehr Voraussetzung der Anerkennung, daß beide Parteien im Scheidungsstaat ihr domicile hatten oder aber, wenn dies nur für einen Ehepartner zutraf, der andere sein domicile zumindest in einem Drittstaat hatte, der die Scheidung anerkannte, und daß in jedem Fall keiner der Ehegatten bei der Scheidung und während des davorliegenden Jahres seinen gewöhnlichen Aufenthalt in England hatte[30].

Die Rechtsprechung mußte sich von da an selbstverständlich im Rahmen dieser gesetzlichen Bestimmungen halten und hat dies auch getan:

a) Waren die Eheleute ursprünglich pakistanische Staatsangehörige mit Wohnsitz in Indien (wo sie auch die Ehe schlossen) und erwarb der Mann 1973 ein englisches domicile, während die Frau ohne Begründung eines neuen domicile

---

[28] [1917] 1 K. B. 634, C.A.

[29] [1972] Fam. 173 (P.D.A.).

[30] Vgl. *Dicey/Morris*, The Conflict of Laws, 12. Aufl. 1993, Vol. 2, S. 740 ff.

nach Pakistan zurückkehrte, wohin er ihr 1974 folgte und sie dort unwiderruflich verstieß, wurde die Verstoßung von England anerkannt, nachdem der Mann der zuständigen pakistanischen Behörde von der Verstoßung Mitteilung gemacht hatte[31].

b) Waren die Eheleute Moslems mit Wohnsitz in Dubai und verstieß der Ehemann seine Ehefrau dort mündlich in unwiderruflicher Form (drohte also den talaq nicht etwa nur an), würde auch dies von den englischen Gerichten anerkannt[32] (anders, wenn die Eheleute bereits zwölf Monate vor der Verstoßung ihren gewöhnlichen Aufenthalt in England genommen hatten).

c) Waren beide Eheleute Pakistanis mit Ursprungsdomizil in Kashmir, erwarben sie aber später ein Wahldomizil in England, wurde die in Kashmir ausgesprochene mündliche Verstoßung nicht anerkannt, obwohl sie nach Kashmir-Recht auch ohne Zustellung an die Frau wirksam war, weil es auf die Staatsangehörigkeit bei außergerichtlichen Verstoßungen nicht ankomme und die Anerkennung in jedem Falle gegen den englischen ordre public verstoße, wenn keine staatliche Stelle dabei mitwirke, welche die Scheidung möglicherweise hätte verhindern können[33].

d) Waren Mann und Frau Pakistanis und ging der Mann nach England, ließ aber die Frau in Pakistan zurück und sprach dann die Verstoßung aus, indem er sie schriftlich sowohl der Frau als auch dem zuständigen Beamten in Pakistan mitteilte, wurde die Verstoßung in England gleichwohl nicht anerkannt, da die Scheidung nicht vollständig in Pakistan vollzogen worden war. Zum (teilweisen) Ausspruch der Verstoßung in England war der Mann nämlich ohne gerichtliche Mitwirkung aus Gründen des ordre public nicht befugt[34].

Im ganzen ist also die englische Anerkennungspraxis aufgrund der Gesetzgebung seit 1971 restriktiver geworden. In den letzten zehn Jahren sind jedoch englische Entscheidungen zur Frage der Anerkennung privater talaq-Scheidungen nicht mehr veröffentlicht worden. Offenbar haben südostasiatische Moslems zunehmend auf die Gerichte ihres jeweiligen Heimatstaates zurückgegriffen, um die englische Justiz zu umgehen; diese ausländischen Scheidungsurteile waren dann auch in England unter leichteren Bedingungen anerkennungsfähig als die rein rechtsgeschäftlichen Scheidungen. Verstoßungserscheinungen wurden also nunmehr zumindest teilweise ins muslimische Ausland verlagert, um die Chance der Anerkennung zu erhöhen.

---

[31] Vgl. Quazi v. Quazi, [1980] Fam. 744 (A.C.).

[32] Vgl. Zaal v. Zaal, [1983] 4 F.L.R. 284.

[33] Vgl. Chaudhary v. Chaudhary, [1985] Fam. 19 (C.A.).

[34] Vgl. R. v. Secretary of State for the Home Department, ex parte Fatima, [1986] 1 A.C. 527 (H.L.(E.)).

Im übrigen stellen britische Autoren[35] fest, daß auch die inzwischen gänzlich in Großbritannien verwurzelten Moslems einen Weg der Selbsthilfe in Gestalt des "angrezishariat" beschritten und damit das englische Recht zumindest teilweise ausgeschaltet hätten: Viele Moslems heiraten angeblich neuerdings ohne Beachtung des englischen Eheschließungsrechts nur nach islamischem Brauch, so daß sie von der englischen Rechtsordnung als unverheiratet betrachtet werden, und lassen sich dann auch unbehelligt wieder durch talaq scheiden. Diejenigen Moslem-Ehen, die in England in den Formen des englischen Rechts geschlossen worden sind, müssen allerdings im Anschluß an eine etwaige Verstoßung (die, soweit im Inland vollzogen, nicht anerkannt wird) auch das englische Scheidungsverfahren durchführen. Die bereits unwiderruflich verstoßene muslimische Frau steht dann unter starkem sozialem Druck, auch das im englischen Scheidungsprozeß notwendige "affidavit" zu unterzeichnen, wonach ihre Ehe unwiederbringlich zerbrochen und sie mit der Scheidung einverstanden ist. Wenn beide Ehegatten dies erklären, ist eine gerichtliche Anhörung nicht mehr erforderlich, weil diese nur in streitigen Scheidungsverfahren (2 % aller Fälle) vorgeschrieben ist. Haben hingegen beide Ehegatten das vorgenannte affidavit unterschrieben und sind auch die Fragen des elterlichen Sorgerechts und etwaiger finanzieller Auseinandersetzungen einvernehmlich geregelt, findet nur noch eine special procedure (Schnellverfahren) statt, in welcher der Richter zunächst ein "decree nisi" und sodann das "decree absolute" erläßt. An der etwaigen Auslandsberührung des Falles (z.B. Fortbestand der ausländischen Staatsangehörigkeit der Ehegatten) ist der englische Richter entsprechend den für ihn maßgebenden Kollisionsregeln, bei denen es im wesentlichen nur auf seine "jurisdiction" kraft inländischen Wohnsitzes oder gewöhnlichen Aufenthalts ankommt, nicht interessiert.

Die beiden soeben skizzierten Wege zur Lösung der Ehe sind nach dem Verständnis des *islamischen* Rechts nur gangbar, wenn der Ehemann zuvor eine Verstoßung ausgesprochen hat, mag diese von der englischen Rechtsordnung anerkannt werden oder nicht. Ist aber keine Verstoßung durch den Mann erfolgt, sondern hat nur die Ehefrau vor dem englischen Gericht auf Scheidung geklagt und der Ehemann lediglich in *diesem* Verfahren der Scheidung zugestimmt, aber aus irgendwelchen Gründen den talaq verweigert, kann zwar er - im Rahmen der für ihn nach Islamrecht zulässigen Mehrehe - auch außerhalb Europas in einem islamischen Staat wieder heiraten; die Frau kann dies jedoch nur in Europa, während in den islamischen Staaten ihre englische Scheidung im Zweifel nicht anerkannt wird, so daß die geschiedene Frau, wenn sie trotzdem wieder heiratet, womöglich in ihrem Ursprungsstaat Strafverfolgung wegen "zina" befürchten muß. Wie läßt sich hier in Ausweg finden, der die Anerkennung der Scheidung sowohl in England als auch im islamischen Rechtskreis ermöglicht? Der Weg, den Mann seitens des englischen Gerichts unter Androhung von Beugestrafen zu

---

[35] Vgl. *Pearl/Menski*, Muslim Family Law, 3. Aufl. 1990, S. 92 ff. und 382 ff.

einer rechtsgeschäftlichen Verstoßung zu verpflichten, ist bisher nicht bei islamischen, sondern nur bei jüdischen Ehen beschritten worden. Es gibt allerdings in England in zunehmendem Maße *inoffizielle Schiedsstellen*, die den nach englischem Recht geschiedenen, nach Islamrecht aber noch durch die Ehe "gebundenen" Moslemfrauen helfen. Diese muslimischen "settlement fora" versuchen nämlich, eine einverständliche Scheidung nach Islamrecht ("chul") zu vermitteln, bei der der Mann eine Entschädigungszahlung erhält. Bleibt aber der vom englischen Gericht geschiedene "Ehemann" trotz des Drängens der Familie zunächst uneinsichtig, müßten Schlichtungsinstanzen außerhalb der Sippe, aber doch noch innerhalb der islamischen Religionsgemeinschaft eingreifen. Neuerdings bilden sich sogenannte "Muslim Law (Shariat) Councils", die sich mit solchen Problemfällen beschäftigen. Ein bereits gebildeter Arbitration Council soll seit 1982 bis 1997 schon mehr als 1150 Fälle gegen eine Gebühr von jeweils 50 £ gelöst haben. Kritische Stimmen sprechen zwar hier von "Erpressung" und schlagen stattdessen vor, die englische Scheidung im Heimatstaat der Moslems anerkennen zu lassen. Da es islamischen Frauen aber auch in England oft schwerfällt, den hierzu notwendigen Schriftverkehr zu bewältigen, ist wohl die schiedsrichterliche Lösung in praxi vorzugswürdig.

So kann wenigstens auf einem kleinen Sektor anstelle des auch im Rechtsleben immer wieder zu konstatierenden "Kampfes der Kulturen" der Versuch festgestellt werden, die unterschiedlichen Rechtskulturen miteinander zu versöhnen bzw. zu harmonisieren.

Ulrich Spellenberg

Das Kollisionsrecht der Ehe in Kenia

Für den deutschen Außenhandel und die direkten Investitionen spielt Afrika insgesamt verglichen mit anderen Kontinenten eine geringe, aber nicht ganz zu vernachlässigende Rolle. Regional bestehen erhebliche Unterschiede. Neben den ölexportierenden Staaten ist Südafrika wichtig, und man mag nun dort größere Steigerungen erhoffen. Vor allem ist der Tourismus im östlichen und zunehmend auch im südlichen Afrika bedeutsam.

Wirtschaftliche Angelegenheiten haben dennoch deutsche Gerichte anscheinend praktisch nicht beschäftigt anders als Familienangelegenheiten, soweit man das der veröffentlichten Rechtsprechung entnehmen kann. Sie gibt freilich nur ein ungenaues Abbild der tatsächlichen Praxis, dennoch dürfte der Eindruck im großen und ganzen stimmen. Die ca. 150 deutschen veröffentlichten Entscheidungen zum Zivilrecht - ohne Asylverfahren - aus den letzten 20 Jahren betrafen praktisch alle das Familienrecht[1]. Diese Angelegenheiten kommen durch Afrikaner zu Gericht, die sich hier aufhalten oder aufhielten. Und die Zahl der Afrikaner in Deutschland ist durchaus beträchtlich. Doch kann ausländisches Recht auch indirekt relevant werden, indem an sich deutschem Recht unterfallende Rechtsverhältnisse von anderen, ausländischen abhängen [2].

I. Rezeption englischen Rechts

Das moderne Recht Kenias als einer ehemaligen Kolonie Englands beruht vielfach auf dessen Recht. In manchen Bereichen freilich nicht unmittelbar, sondern mittelbar durch die Rezeption anglo-indischer Gesetze[3]. Derartige Umwege über Indien fanden jedoch im Bereich des Kollisionsrechts, das hier interessiert, nicht statt.

Soweit nicht die Kolonialregierung und nach seiner Unabhängigkeit später Kenia selbst Gesetze erlassen haben, gilt nach wie vor die allgemeine Rezeptionsklausel, daß "*the civil and criminal jurisdiction (Scil. of the Supreme Court of Kenya) shall so far as circumstances admit, be exercised in conformity with*

[1] Zu Kenia sind mir drei veröffentlichte Entscheidungen bekannt: BayObLG FamRZ 1994, 913; AG Würzburg FamRZ 1998, 1591; OVG Münster FamRZ 1997, 1143.

[2] So hing in der bekannten Entscheidung BGHZ 59, 82 (nigerianische Masken) die Wirksamkeit von einem nigerianischen Ausfuhrverbot, oder in einem mir bekannten Fall die Wirksamkeit einer Ehe zweier Deutscher von der einer früheren kenianischen ab.

[3] Z.B. Civil Procedure Code 1882; Evidence Act 1872. Criminal Procedure Code 1998; Succession Act 1865 (teilw.) etc. Naheliegenderweise erinnert der Hindu Marriage and Divorce Act 1960 stark an den gleichnamigen indischen. Noch ausgeprägter ist dies in Tansania: Indian Contract Act, Succession Act, Limitation Act und Hindu Wills Act.

a) the constitution;
b) subject thereto all other laws, including the Acts of Parliament of the United Kingdom cited in part I of the schedule of this Act, modifying in accordance with part II of that schedule;
c) subject thereto and so far as the same do not extend or apply, the substance of the common law, the doctrine of equity and the statutes of general application in force in England on the 12th August 1897, and the procedure and practice observed in courts of justice in England at that date.

The High Court and all subordinate courts shall be guided by African customary law in civil cases in which one or more of the parties is subject to it or affected by it, so far as it is applicable and is not repugnant to justice and morality or inconsistent with any written law, and shall decide all such cases according to substantial justice without undue regard to technicalities of procedure and without undue delay."[4]

Danach galten auch afrikanische Gewohnheitsrechte, die zunächst von sog. Native Courts angewandt wurden, an denen jedoch nicht nur Einheimische tätig wurden[5], und heute von den staatlichen Gerichten.

Auf den Gebieten der internationalen Zuständigkeit und des IPR sind in Kenia einige Gesetze ergangen, meist schon vor der Unabhängigkeit und mit späteren Revisionen[6], teils auch erst danach. Generell blieben alle früheren Gesetze nach der Unabhängigkeit in Kraft bis sie aufgehoben oder durch neue kenianische ersetzt wurden[7].

Spätere englische Gesetze wurden schon während der Kolonialzeit nicht automatisch rezipiert, sondern mußten extra in Kraft gesetzt werden. Fraglich ist, ob das Grenzdatum von 1897 auch *common law and equity* betrifft[8]. In der Praxis jedenfalls wurden während der Kolonialzeit die Entwicklungen in England nachvollzogen, und sie werden es oft auch heute noch [9].

---

4 Judicature Act Nr. 16 von 1967 s. 3; früher schon praktisch gleichlautend Sec. 4 Order in Council 1921.

5 Dazu *Ghai* und *McAuslan*, Public Law and Political Change in Kenya, Oxford 1970, S. 130 ff.

6 Insb. Matrimonial Causes Ordinance (jetzt Act) 1939/41 mit Änderungen zuletzt 1967; (ohne Kollisionsrecht) Marriage Ordinance (Act), 1902, mit Änderungen zuletzt 1966, 1968; Law of Domicile Act 1970.

7 Sec. 14 (Kenya) Constitution (Amd) Act 1964.

8 Die Gerichte in den Kolonien behandelten englische spätere Entscheidungen gewöhnlich als bindend (krit. *Allott*, Essays in African Law, London 1960, S. 32 f. eingehend mit Nachw.; *Jackson*, The Law of Kenya, 2. Aufl. Nairobi 1974, S. 14 ff.

9 Entscheidungen englischer Obergerichte haben nach wie vor höchste Überzeugungskraft.

Heute beruht der Verweis auf englisches Recht auf einem Gesetz Kenias von 1967, also nach der Unabhängigkeit und kann jedenfalls dessen Souveränität nicht verletzen. Jedoch ist die Bindung an England dadurch gelockert, daß nicht nur keine Berufung zum Privy Council mehr möglich ist, sondern auch dadurch, daß zumindest heute englische Entscheidungen nicht mehr bindend sind für Kenia. Kenianische Gerichte können zu englischem *common law* anders entscheiden. Ohnehin konnten die Gerichte immer im Hinblick auf die andersartigen Gegebenheiten in Kenia abweichen[10].

II. Internationale Zuständigkeit

1. Domicile

In guter angelsächsischer Tradition spielt das *domicile* eine zentrale Rolle sowohl für die internationale Zuständigkeit als auch für die Bestimmung des dann anwendbaren Rechts. Dankenswerterweise hat der kenianische Gesetzgeber 1970 einige der Zweifelsfragen dieses Konzeptes geklärt [11].

Jedermann erwirbt mit der Geburt das *domicile* des Vaters oder bei nichtehelicher Geburt das seiner Mutter und behält es bis zur Begründung eines *domicile of choice* in einem anderen Land, indem er dort seinen Aufenthalt nimmt mit der Absicht, dieses Land zu seiner dauerhaften Heimat (*permanent home*) zu machen. Dem steht nicht entgegen, wenn die betreffende Person sich vorstellen kann, das Land im Falle einer Änderung der Umstände eventuell wieder zu verlassen[12]. Dieser gewissermaßen entferntere *Animus revertendi* steht im englischen *common law* ggf. der Begründung eines neuen *domicile* eher im Wege[13]. Da in beiden Rechtsordnungen die Bewertung der Tatsachen recht fließend ist, ist dieser Unterschied nicht genau zu definieren und eher tendenziell. Während ein kenianischer Richter meinte, man könne von Zuwanderern aus Europa nicht erwarten, daß sie von Anfang an sicher seien, in den Kolonien ihren Lebensunterhalt gewinnen zu können[14], scheinen englische Gerichte in diesem Falle eher zu zögern, eine endgültige Einwanderung anzunehmen.

---

[10] Sec. 3 (2) Judicature Act: "... so far as it is applicable ...", Jackson, The Law of Kenya 15; davon wird aber sehr selten Gebrauch gemacht. Eine Ausnahme ist Raya Binti v. Hamed Bin Suleiman [1962] E.A. 248.

[11] The Law of Domicile Act 1970.

[12] Sec. 9 (4) Domicile Act.

[13] Vgl. namentlich Bowie (or Ramsay) v. Liverpool Royal Infirmery [1939] AC 1958; JRC v. Bullock (1976) 1 WLR 1178; Cramer v. Cramer (1987) 1 FLR 116; heute schadet wenigstens nicht mehr, wenn das betr. Ereignis ganz unwahrscheinlich ist (*Cheshire/North/Fawcett*, Private International Law, 12. Aufl. 1999, S. 144 ff. m. Nachw.).

[14] Zimbler v. Zimbler (1948) E.A.C.A. 10: Wenn Leute nur mit dieser Sicherheit auswanderten, wäre die englische Kolonialgeschichte nie geschrieben worden.

Gelegentlich wird die kenianische Regelung vielleicht etwas zu eng verstanden. 1978 hat der High Court Nairobi entschieden, freilich ohne den Act von 1970 zu zitieren und nur unter Berufung auf Entscheidungen von vor 1970, daß kein *domicile of choice* entstanden sei bei einem Italiener, der von seinem Arbeitgeber für fünf Jahre nach Kenia gesandt wurde. Der Vertrag war zwar erneuerbar, aber der Arbeitgeber war dazu nicht verpflichtet. Der Italiener wollte in Kenia bleiben, wie er erklärte. Er hatte freilich noch Möbel und ein Grundstück in Italien, doch angeblich nur für ein Ferienhaus[15]. Andere sogar frühere Entscheidungen zeigen eine großzügigere Tendenz[16]. Liegt die Absicht endgültigen Bleibens vor, dann ist eine Mindestdauer des zurückliegenden Aufenthalts nicht nötig. Das neue *domicile* entsteht dann sofort.

Die Frau erwirbt mit der Ehe das *domicile* des Ehemanns (Sec. 7). Sie erheiratet so ein kenianisches *domicile*, aber genauso verliert sie ihr *domicile* in Kenia mit der Heirat, wenn der Mann im Ausland domiziliert ist. Niemand kann zwei *domiciles* haben (Sec. 10 (1)). Die Frau kann aber immer auch ihr eigenes *domicile of choice* begründen. Äußerungen dazu, ob sie von vorneherein auch den Erwerb des *domiciles* des Mannes durch die Heirat vermeiden kann, fehlen. Sie behält ihr abgeleitetes *domicile*, wenn der Mann seines ändert, etwa ins Ausland geht. Sein *domicile*-Wechsel erfaßt nicht automatisch die Frau, und natürlich auch nicht der ihrige ihn. Doch geht sie mit ihm in das neue *domicile*-Land oder folgt sie ihm später, entsteht eine widerlegliche Vermutung, daß auch sie dieses neue *domicile* erworben hat (Sec. 8 (4)).

2. Internationale Ehezuständigkeit

a) Scheidung und Nichtigkeitsklagen

Nach Sec. 4 (a) M.C.A. von 1941 setzt ein Scheidungsurteil (Decree of Dissolution of Marriage) voraus und verlangt, daß die *klagende Partei* zum Zeitpunkt der Klageerhebung ihr *domicile* in Kenia hat. Die Bestimmung gilt auch für "any decree of nullity of marriage". Das kenianische moderne materielle Eherecht unterscheidet dabei wie das englische Recht zwischen den wegen anfänglicher Mängeln nichtigen Ehen und den deswegen nur vernichtbaren Ehen.

b) Andere Ehesachen

Nach Sec. 4 (b) M.C.A. ist die Jurisdiktion dagegen gegeben "für jeden anderen Rechtsbehelf nach dem M.C.A."[17], wenn eine der Parteien zum Zeitpunkt der Klageerhebung ihren gewöhnlichen Aufenthalt (*usual residence*) in Kenia hat,

[15] Schiratti vs. Schiratti K.L.R. 1978, 128.

[16] King v. King and Rigby [1940] 7 E.A.C.A. 1; Devonshire v. Devonshire [1947] 14 E.A.C.A. 25; insbes. Zimbler v. Zimbler aaO.

[17] "Any other relief unter this Ordinance".

oder wenn die Ehe hier geschlossen wurde. Eine Mindestdauer des Aufenthalts ist nicht gefordert. Als weitere Rechtsbehelfe nennt das Gesetz im Folgenden die gerichtliche Trennung der Ehe und die Herstellungsklage, und dann die Folgesachen des Unterhalts während der Ehe, des Unterhalts nach Scheidung, güterrechtliche Auseinandersetzung und Sorgerechtsregelung.

c) Erweiterungen der Zuständigkeiten

Eine Erweiterung der Zuständigkeit enthält zunächst Sec. 4 M.C.A. seit 1941, wenn der Ehemann sein *domicile* in Kenia im Augenblick noch hatte, als er die Frau verließ oder des Landes verwiesen wurde. Es genügt sein zu diesem Zeitpunkt bestehendes inländisches *domicile*, das im übrigen bis dahin ja auch das der Frau war, "für alle Klagen nach diesem Gesetz". Daß der Ehemann ggf. danach und vor Klageerhebung sein kenianisches *domicile* durch Begründung eines neuen *domicile of choice* im Ausland aufgegeben hatte, ist also nicht schädlich. Diese Bestimmung entstammt Sec. 13 des Matrimonial Causes Act 1937 in England[18]. Seit 1970 bestimmt der kenianische Domicile Act aber ohnehin, daß die Ehefrau durch den Wegzug des Ehemannes mit Begründung eines neuen *domiciles* im Ausland ihr eigenes abgeleitetes *domicile* in Kenia nicht automatisch und ohne ihr Zutun verliert. Sie kann schon damit gem. Sec. 4 (a) M.C.A. (*domicile* der klagenden Partei) in Kenia klagen.

1952 hat sich der kenianische Gesetzgeber noch eines anderen Problems der Klagebefugnis der Ehefrau angenommen, die damals das *domicile* des Mannes teilte. Liegt dieses im Ausland, wohnt die Frau aber in Kenia, so wird ihr durch Sec. 5 (1) u. (2) M.C.A. eine Klagemöglichkeit eröffnet, wenn sie bei Klageerhebung ihren gewöhnlichen Aufenthalt seit drei Jahren im Lande hatte und bei Klageerhebung noch hat. Diese Gerichtsbarkeit aufgrund dreijährigen Aufenthalts besteht für Scheidungsklagen und Nichtigkeitsklagen der Ehefrau, und nur für sie. Diese Erweiterung der internationalen Zuständigkeit beruht ihrerseits wörtlich auf Sec. 1 Law Reform (Miscellaneous Provisions) Act von 1949 bzw. Sec. 18 (1) (b) M.C.A. 1950 in England.

3. Anlehnung an englisches Recht

a) Verweisung

Nun sagt Sec. 3 M.C.A., daß die Gerichtsbarkeit nach diesem Gesetz, vorbehaltlich abweichender Bestimmungen in diesem Gesetz, "in Übereinstimmung mit dem Recht ausgeübt werden soll, das der High Court in England in Ehesachen anwendet". Diese Bestimmung wird dahin verstanden, daß die Bestimmungen des MCA, die dem englischen Recht entsprechen, so ausgelegt und angewandt

[18] Aufgehoben durch Sec. 34 englische M.C.A. 1950; wieder eingeführt s. 40 (1) (a) (i) (ii) Matr. Causes Act 1965, aber nun ausdrücklich nur für "proceedings by a wife".

werden sollen wie in England[19]. Der Court of Appeal in Nairobi hat daraus weiter entnommen, daß Fragen, die im MCA nicht geregelt sind, entsprechend dem englischen Recht zu beantworten sind[20]. Man hat das treffend als derivative Gesetzgebung bezeichnet und als recht bequem, um Rechtsreform zu betreiben[21]. Letzteres ist nicht immer wahr. Nach h.M. ist das jeweilige englische Recht zum Zeitpunkt des kenianischen Verfahrens heranzuziehen[22]. Gemeint sind damit sowohl *common law* wie Gesetze.

Soweit die M.C.A. eine Frage gar nicht regelt und insoweit schlicht auf englisches Recht verweist, kann damit[23] sowohl das jeweilige englische Recht i.S.e. dynamischen Verweisung als auch sein Stand zum Zeitpunkt des Erlasses der kenianischen Verweisung, hier also 1941, gemeint sein[24]. Die Frage ist streitig. Der Court of Appeal Nairobi wandte in der Tat ein erst längere Zeit danach, nämlich 1957, in England ergangenes Gesetz an[25]. Daß der kenianische Gesetzgeber damals das zukünftige englische Gesetz noch nicht kennen konnte, steht dem nicht entgegen[26], denn der kenianische Gesetzgeber kann auch so rezipieren, ohne daß seine Souveränität das verböte. Freilich müßte er das auch noch nach der Unabhängigkeit so wollen[27]. Das ist der Fall, denn die allgemeine Rezeptionsklausel im Judicature Act[28] in der heute gültigen Fassung stammt von 1967. Sec. 3 M.C.A. ist zwar älter, aber der Entwurf eines neuen M.C.A. von 1968 wurde vom Parlament abgelehnt. Es sollte also bei der bisherigen

---

[19] Ayoob v. Ayoob [1968] E. A. 72 (CA Nairobi).

[20] Ayoob v. Ayoob aaO: Form der Klageerhebung; Carnie v. Carnie aaO: Abänderung von Unterhaltsentscheidungen; Mathai v. Mathai 1980 K.L.R. 149, Meme v. Meme (1976) K.L.R. 13: Beweiswürdigung und -anforderungen.

[21] *Allott*, New Essays in African Law, London 1970, S. 20 f.

[22] K. v. K. 3 E.A.L.J. 85 (1967); Carnie v. Carnie [1966] E.A. 233 (CA Mombasa); zust. *LePelley,* ebenda, S. 145; a.A. *Kamau Kuria*, 12 E.A.L.J., 70 f. (1976): englisches Recht zum Zeitpunkt des Inkrafttretens des kenianischen M.C.A:, aber gemeint ist vielleicht nur englische Gesetzgebung.

[23] "... jurisdiction shall ... be exercised in accordance with the law applied ... in the High Court of Justice in England."

[24] Zu den verschiedenen, auch weiteren Interpretationen derartiger Rezeptionsklauseln ohne Datum *Allott*, New Essays in African Law, S. 55 ff.

[25] Ayoob v. Ayoob [1968] E.A. 72.

[26] So aber *Kamau Kuria*, 12 E.A.L.J. 70 f. (1976).

[27] Deshalb wohl a.A. *Allott,* aaO, S. 57 bei Fn. 6; aber zu Nigeria.

[28] Oben Fn. 4.

Verweisung bleiben, die auch später entstandenes englisches Recht einschließt[29].

Die ausdrücklich geregelten Erweiterungen der internationalen Zuständigkeit in Ehesachen beruhen hier, wie erwähnt, auf englischen Gesetzen, nicht auf *common law*. Sie sind also wie in England zu verstehen. Zwar sind die englischen Vorbildgesetze in der Zwischenzeit wieder aufgehoben worden[30]. Das wirkt aber nicht automatisch auch für Kenia, wo vielmehr der alte Rechtszustand dann fortbesteht samt der früheren Interpretation in England unmittelbar vor der dortigen Aufhebung[31]. Bei der Übernahme englischer Gesetze wirken also spätere Änderungen nicht in Kenia.

Anders ist es jedoch für die Grundregel in Sec. 4 (a) M.C.A., daß die Jurisdiktion für Scheidung und Nichtigkeit auf dem *domicile* der klagenden Partei im Lande beruhe. Bis zum Domicile and Matrimonial Proceedings Act 1973 waren diese Fragen in England überhaupt nicht gesetzlich geregelt. Es galt vielmehr *common law,* und dessen Regeln waren anerkanntermaßen verworren und unbefriedigend[32].

aa) Danach bestand eine internationale Zuständigkeit *für Scheidung* nur, wenn der *Ehemann* sein *domicile* in England hatte, was freilich wegen des abgeleiteten *domiciles* der Frau damals bedeutete, daß also eigentlich ein gemeinsames *domicile* vorlag[33]. Zwar ist dieses in der Regel vom *domicile* des Mannes abgeleitet[34], muß es aber seit 1970 in Kenia nicht mehr sein. Doch bis dahin bzw. solange die Frau kein eigenes *domicile* hat, entsprach die kenianische Regelung dem *common law* und ist nur anders formuliert. Sie ist freilich - wie in England seit 1973 - unnötig geworden, seit die scheidungswillige Frau ein eigenes *domicile* haben kann. Sie kann nunmehr wie der Mann in Kenia klagen, wenn sie dort ihr *domicile* als eigenes oder als abgeleitetes hat, braucht dieses aber auch.

---

[29] So zumindest im Ergebnis *Cretney*, 2 E.A.L.J. 80 (1966). Allg. Praxis u.a. auch im Vertragsrecht, *Jackson* (Fn. 8), S. 131.

[30] Sec. 13 M.C.A. 1937 durch Sec. 34 M.C.A. 1950, wieder eingeführt durch Sec. 46 (1) (a) M.C.A. 1973 und gleich wieder aufgehoben durch Sec. 17 (2) und Schedule 6 Domicile and Matrimonial Proceedings Act 1973. - Sec. 18 (1) (b) M.C.A. 1950 wurde wieder aufgenommen in Sec. 40 (1) (b) M.C.A. 1965, aber nun ausdrücklich nur noch für Scheidungs- und Nichtigkeitsklagen, und wurde ebenfalls durch den Domicile and Matrimonial Proceedings Act 1973 ersetzt.

[31] Carnie v. Carnie [1966] E.A. 233, 236 (per Spry, J.A.).

[32] *Morris*, Conflict of Laws, 4. Aufl. 1993, S. 180 f., 183.

[33] Le Mesurier v. Le Mesurier [1895] AC. 517; *Morris* (Fn. 32), S. 181.

[34] Oben S. 130.

bb) Recht verworren war die Frage der Zuständigkeit für *Nichtigkeitsklagen*[35], wobei das englische Recht wie das kenianische zwischen den *ipso iure* nichtigen Ehen und den vernichtbaren Ehen unterscheidet. Beides sind Fälle anfänglich mangelhafter Eheschließungen.

Es genügte in England in beiden Fällen natürlich ein gemeinsames *domicile* der Parteien in England[36], aber auch die gemeinsame *residence*[37], oder wenn der Beklagte allein seinen gewöhnlichen Aufenthalt in England hatte[38].

Die Unterscheidung zwischen nichtigen und vernichtbaren Ehen spielte im englischen Recht für die Jurisdiktion aber insoweit eine Rolle, als Klagen auf Feststellung einer *ipso iure* eingetretenen Nichtigkeit (*void marriage*) außerdem auch auf das *domicile* der klagenden Partei allein im Lande[39] und auf die Eheschließung im Lande gegründet werden konnten[40]. Hingegen wurden diese Erweiterungen der Jurisdiktion nicht angenommen, wenn es um die Aufhebung einer nur vernichtbaren Ehe ging[41], denn hier erwarb die Frau das *domicile* des Mannes und verlor ihres anders als bei der *ipso iure* nichtigen Ehe. Die *residence* nur des Klägers im Lande genügte nicht, um eine vernichtbare Ehe aufzuheben, und wahrscheinlich auch nicht, um eine *ipso iure*-Nichtigkeit festzustellen.

b) Sec. 4 Abs. 1 M.C.A.

aa) Statusklagen

Damit ist die kenianische Regelung für die Nichtigkeitsklagen, die das *domicile* der klagenden Partei verlangt, aber auch genügen läßt[42] - anders als die für Scheidungen -, mit dem englischen Recht nicht übereinzubringen und in diesem

---

35 *Cretney,* 2 E.A.L.J. 75 (1966) meint, man könne keine gesicherten Aussagen darüber machen.

36 Szechter v. Szechter [1971] 3 All ER 905.

37 Ramsey-Fairfax v. Ramsey-Fairfax [1955] 3 All ER 695; *Szechter,* aaO.

38 Russ v. Russ, nach *Cheshire/North/Fawcett*, 11. Aufl. 1987, S. 623, Fn. 3.

39 Vielleicht auch auf das alleinige domicile des Beklagten (*Cheshire/North/Fawcett,* aaO).

40 Ersteres White v. White [1937] P 111; letzteres Ross-Smith v. Ross-Smith [1962] 1 All ER 344.

41 *Cheshire/North/Fawcett* (Fn. 39); Ross-Smith v. Ross-Smith (Fn. 40).

42 Es sei daran erinnert, daß die Partei nicht auch ihren Aufenthalt in Kenia haben muß. Der im Ausland lebende Kenianer kann solange noch in Kenia auf Scheidung oder Nichtigkeit klagen als er kein *domicile of choice* anderswo begründet hat, und insbesondere kann das seine Ehefrau, die weder Kenianerin sein noch jemals in Kenia gewesen sein muß. Aber das ist eine Konsequenz des abgeleiteten *domiciles*, wie man sie ähnlich auch bei der Staatsangehörigkeit finden kann.

Fall enger. *Domicile* der klagenden Partei allein genügte neben andern Gründen in England nur für die *ipso iure* nichtigen Ehen[43].

Es ist nicht bekannt, ob die kenianische gesetzliche Regelung ein - verständlicherweise - nicht recht gelungener Versuch sein sollte, die Regeln des englischen *common law* in Gesetzesform zu gießen. Vielleicht wollte man dieses auch vereinfachen. Es erscheint jedenfalls nicht möglich, mit Hilfe von Sec. 3 M.C.A. die kenianische Regel nun entgegen ihrem Wortlaut doch so auszulegen, wie das *common law* zu jenem Zeitpunkt in England war. Nach Sec. 3 M.C.A. ist englisches *common law* nur anzuwenden, wenn der M.C.A. nicht anders geregelt hat und das ist hier geschehen. Selbst wenn der Gesetzgeber vielleicht etwas anderes wollte, als dann schließlich Gesetz wurde, dürfte das für einen korrigierenden Rückgriff auf englisches *common law* nicht ausreichen. Anders als bei den genannten Zuständigkeitserweiterungen hat Kenia nicht englische Statuten abgeschrieben.

An der Feststellung von *Cretney*[44] 1966, daß die kenianische Regelung unklar sei und autoritative Aussagen fehlten, hat sich nach meiner Kenntnis nichts geändert. In kenianischen Nichtigkeitsfällen war das *domicile* - auch - der klagenden Partei gegeben und damit kamen die Gerichte nie zu der Frage, ob ihre Jurisdiktion auf andere Gründe des englischen *common law* zu stützen sei. Es sind freilich nur sehr wenige Urteile veröffentlicht[45].

Cretney, der m.W. als einziger die Fragen untersucht hat, nimmt auch an, daß der M.C.A. die Frage selbständig geregelt habe, und zwar sei danach das *domicile* der klagenden Partei erforderlich, abgesehen von den Erweiterungen zugunsten der Ehefrauen. Während er nun eine Verweisung auf englisches Recht durch den MCA eben deshalb ablehnt[46], findet er einen solchen, den MCA also ergänzenden Verweis auf weitere Zuständigkeitsgründe des englischen Rechts in der Order in Council von 1927[47] mit der der High Court (damals Supreme Court) eingerichtet wurde.

---

43 White v. White [1937] P 111; de Reneville v. de Reneville [1948] P 100, 117.

44 2 E.A.L.J. (1966) 72 ff.

45 In Zimbler v. Zimbler [1948] 15 E.A.C.A. hatte der C.A. for Eastern Africa letztlich ein *domicile of choice* des Klägers bejaht, während die Vorinstanz immerhin die Klage wegen fehlenden *domiciles* abgewiesen hatte, anscheinend ohne andere Zuständigkeitsgrundlagen zu prüfen. Weiter vgl. Case v. Ruguru [1970] E.A. 55 (Nairobi); Re Ruenji's Estate [1977] K.L.R. 21 (Nairobi); Re Ogola's Estate [1978] K.L.R. 18 (Nairobi).

46 Nothing "in *this* Act shall authorise ... unless ...".

47 The High "Court shall exercise its jurisdiction ... in conformity with the substance of the common law, the doctrines of equity and the statutes of general application in force in England on the 12th August 1897".

Mich überzeugt diese feinsinnige Argumentation nicht, daß der spätere M.C.A. die Verweisung auf englisches *common law* für sich ausschließe, dabei aber die der älteren und generelleren Order in Council unberührt gelassen habe. Daß der M.C.A. nur formuliert, keine Bestimmung *dieses* Gesetzes solle die Jurisdiktion begründen, wenn nicht ein *domicile* des Klägers gegeben sei, ergibt das m.E. nicht.

Man wird so für alle Statusklagen, Scheidungen wie Nichtigkeitsklagen, in Kenia ein *domicile* der klagenden Partei verlangen müssen, auch wenn das bei Nichtigkeitsfällen enger ist als das frühere *common law*.

Die Vereinfachungen und Erweiterungen durch den englischen Domicile and Matrimonial Proceedings Act 1973 hat Kenia nicht mitgemacht. Umfangreiche Änderungen in einem Gesetzesentwurf von 1968[48] sind in drei Anläufen letztlich im Parlament gescheitert[49].

bb) Trennung und Herstellungsklagen

Für die Trennung genügte dem englischen Recht gemeinsames *domicile*[50] oder gemeinsame *residence*[51] oder wohl auch *residence* des Klägers allein im Lande[52], sofern vor der Trennung eine gemeinsame *residence* dort bestand. Klagen auf Trennung der ehelichen Lebensgemeinschaft sind unter Sec. 4 (b) M.C.A. als "anderer Rechtsbehelf" zu fassen, und danach ist erforderlich und genügend entweder der gewöhnliche Aufenthalt einer der Parteien in Kenia, ohne daß eine Mindestdauer vorgeschrieben wäre, oder die Eheschließung in Kenia. Auch das ist anders als im damaligen englischen Recht und schließt den Verweis darauf aus. Dasselbe sollte für eine Klage auf Herstellung der ehelichen Lebensgemeinschaft gelten.

In Kenia fehlen veröffentlichte Entscheidungen dazu, ob eine im M.C.A. Sec. 17 ff. vorgesehene gerichtliche Trennung unter Sec. 4 (a) oder (b) M.C.A. zu subsumieren ist. Der Wortlaut spricht für die Anwendung von Sec. 4 (b), d.h. für eine Zuständigkeit nur kraft gewöhnlichen Aufenthalts einer Partei im Lande bei Klageerhebung oder kraft inländischer Eheschließung.

---

48 Dazu *Kahn-Freund*, 5 E.A.L.J. (1969), 54 ff., 73 ff.

49 Wichtiges Argument war, daß das Gesetz sich zu sehr an englisches Recht anlehne und daher unafrikanisch sei.

50 Armytage v. Armytage [1898] P 178, 186; Sim v. Sim [1944] P 87; Anghinelli v. Anghinelli [1918] P 247 C.A.

51 Perrin v. Perrin [1914] P 135 für Herstellungsklage; Raeburn v. Raeburn (1928) T.L.R. 384.

52 *Cheshire/Fawcett/North*, aaO, S. 622 m. Nachw.; Eustace v. Eustace [1924] P 45; Sinclair v. Sinclair [1968] P 189.

Gewöhnlicher Aufenthalt (*usual residence*) in Sec. 4 (b) bedeutet sicher, daß die Partei nicht ständig physisch anwesend gewesen sein muß, und daß vorübergehende Abwesenheit nicht schadet.

cc) Folgesachen

Die "anderen Rechtsbehelfe nach diesem Gesetz" betreffen allesamt - abgesehen von der Trennungs- und Herstellungsklage - Folgen der Scheidung, Trennung oder Nichtigkeit. Diese können nur Gegenstand einer Regelung sein nach einer Statusentscheidung. Für sie muß also entweder zunächst eine kenianische Zuständigkeit eröffnet sein, oder es muß eine ausländische Entscheidung anerkannt sein[53]. Ist die Ehe aber zuvor durch ein zuständiges Gericht aufgelöst, kann die Zuständigkeit für Folgefragen auf den anderen und leichter zu verwirklichenden gewöhnlichen Aufenthalt einer Partei gegründet werden. Offenbar müssen die Folgeregelungen im Verbund mit dem Statusverfahren erfolgen.

c) Erweiterungen für Ehefrauen

Dagegen sind die oben schon erwähnten Erweiterungen der Zuständigkeit früheren englischen Gesetzen entnommen worden, und daher wie diese zu interpretieren.

aa) Sec. 4 Abs. 2 M.C.A.

Die Gerichtsbarkeit aufgrund des früheren *domiciles* des Mannes bei verlassenen Ehefrauen gem. Sec. 4 Abs. 2 M.C.A. von 1941 ist nach dem Wortlaut für *alle* Ehe- und Folgesachen eröffnet und zudem nicht nur für Klagen der Frau, sondern auch für Klagen des Mannes[54]. Beides ist zweifelhaft.

Das englische Vorbild von 1937 verwies für die Frage, wer worauf klagen dürfe, auf Teil VIII des Supreme Court of Judicature (Consolidation) Act 1925[55]. Dieser sah dort in der Tat keine ausdrückliche Beschränkung auf den einen oder andern Ehegatten vor. Andererseits sagten aber Sec. 18 (1) (b) des englischen M.C.A. 1950 und schon Sec. 1 Law Reform (Miscellaneous Provisions) Act 1949 in England, daß *nur die verlassene Ehefrau* auf dieser Grundlage im Inland klagen könne[56]. Und es ist mir auch keine Entscheidung aus Kenia bekannt geworden, die sie tatsächlich für eine Klage *des Mannes*

---

[53] Dazu *Staudinger-Spellenberg*, Int.VerfREhe 11 (1997), §§ 606, 606 a Rdnr. 321 "Kenia". - Die Anerkennung hängt nicht strikt davon ab, ob das ausländische Gericht nach den spiegelbildlich angewandten kenianischen Regeln *jurisdiction* hatte, sondern ob hinreichend substantielle Beziehungen zu diesem Staat bestanden.

[54] *Cretney,* 2 E.A.L.J. (1966) sieht darin den Nutzen der Bestimmung und die Abweichung vom englischen Recht. Dazu unten S. 139.

[55] 15 & 16 Gco. 5 c. 49 Sec. 176-200.

[56] Russel v. Russel [1957] P 375.

herangezogen hätte. Dagegen steht der weitere Wortlaut[57], um dessen Interpretation es aber gerade geht.

Sec. 4 Abs. 2 M.C.A. in Kenia stammt zwar von 1941, als also die gesetzlichen Präzisierungen in England von 1949 und 1950 noch nicht vorlagen. Man könnte darum argumentieren, daß Kenia diese englischen Gesetzesänderungen nicht nachvollzogen habe. Aber es ist wohl anzunehmen, daß das Gesetz von 1937 diese Beschränkung auf Klagen der verlassenen Ehefrau schon enthielt. Der Herausgeber in *Chitty*'s Statutes[58] merkt an, daß der unbestrittene[59] Zweck war, der verlassenen Ehefrau die Klage in England zu ermöglichen, obwohl sie mit dem ausgewanderten Ehemann ihr englisches Domizil verlor, und ihr gegenüber also die Wirkung seines Wechsels des *domiciles* auszuschalten. Und immerhin lautet Sec. 13 M.C.A. 1937 "where a wife has been deserted ... the court shall have jurisdiction ... notwithstanding that the husband has changed his domicile since ...". Man sieht kaum, daß das auch dem Ehemann die Klage ermöglichen sollte. Entscheidungen waren nicht aufzufinden, die in England auch dem ausgewanderten Ehemann aufgrund von Sec. 13 M.C.A. 1937 die Gerichtsbarkeit eröffneten, allerdings auch keine verneinenden; jedoch meint eine aus dem Jahr 1957[60] zur Bestimmung von 1949[61] und für Klagen einer solchen verlassenen Ehefrau *obiter*, daß die jetzige Regelung schon 1937 so gewesen und keine Neuerung sei.

Nimmt man danach an, daß nur die verlassene Ehefrau auf der Grundlage der Sec. 4 M.C.A. in Kenia klagen könnte, ohne weiter ihr abgeleitetes *domicile* im Lande zu haben, dann ist die Bestimmung freilich 1970 funktionslos geworden, als der Domicile Act ohnehin bestimmte, daß sie das mit der Heirat vom Ehemann erworbene *domicile* behält, auch wenn er das seinige wechselt. Es kommt nun nicht mehr darauf an, ob er sie dabei auch noch verlassen hat oder des Landes verwiesen wurde. Dementsprechend wurde diese Regelung in England 1973 mit dem Domicile and Matrimonial Proceedings Act aufgehoben, der ebenso das selbständige *domicile* der Ehefrau einführte. Ihr spezieller Schutz war damit überflüssig. Zwar könnte Sec. 4 M.C.A. noch eine Bedeutung haben, wenn er der Frau die Klage in Kenia erlaubte, auch wenn sie ihrerseits inzwischen ebenso ein neues ausländisches *domicile* erwirbt, aber das widerspräche dem Sinn und wohl auch dem Wortlaut der Regelung.

---

[57] Ihm folgt *Cretney,* 2 E.A.L.J. (1966), 73, der darauf hinweist, daß diese Einschränkung im englischen M.C.A. 1937 nicht enthalten war.

[58] Chitty's Statutes of Practical Utility 1938, zu Sec. 13 Note d.

[59] Vgl. auch *M. Wolff,* Private International Law, 2. Aufl. 1950, Rdnr. 353.

[60] Russel v. Russel and Smith [1957] P 375, 380.

[61] Sec. 1 Law Reform (Misc. Provisions) Act 1949.

Da diese Erweiterung bei verlassenen Ehefrauen hinter Sec. 4 (a) als auch (b) M.C.A. steht, könnte man folgern, daß das frühere *domicile* des Mannes auch für andere Klagen der Frau als auf Scheidung und Nichtigkeit genüge wie auf Unterhalt oder Sorgerechtsverteilung. Das wäre aber sinnwidrig und widerspräche insbesondere der Entscheidung, daß das *domicile* für Statusklagen und der gewöhnliche Aufenthalt für alle anderen Sachen Maß geben soll. Dann kann das frühere *domicile* dafür nicht reichen, wenn schon das aktuelle nicht genügt.

bb) Sec. 5 (1) und (2) M.C.A.

Seit 1952 ist die Zuständigkeit Kenias für Klagen der Frau auf Scheidung und Nichtigkeit, und hier ausdrücklich nur dafür[62] auch eröffnet, wenn die Frau bei Klageerhebung mindestens drei Jahre ihren gewöhnlichen Aufenthalt im Lande hat (Sec. 5 (1) und (2) M.C.A.). Diese Bestimmung hat nach wie vor einige Bedeutung, denn sie gilt, wenn die Frau kein inländisches *domicile* hat und auch der Fall der Sec. 4 M.C.A. nicht vorliegt, daß der Mann sein *domicile* früher in Kenia hatte. Das betrifft zum einen namentlich Ausländerinnen in Kenia, deren Ehemann kein kenianisches *domicile* hat, z.B. als Ausländer auch nicht auf Dauer dort leben will, und zum anderen Kenianerinnen, die zwar in Kenia wohnen, aber durch ihre Heirat ein ausländisches *domicile* ihres Ehemannes erworben haben, der sogar Kenianer sein könnte.

Eigenartigerweise spricht Sec. 5 (1) von "*ordinary residence*" und Sec. 4 (b) von "*usual residence*". Es ist wenig sinnvoll, darunter verschiedenes zu versehen. Man kann aber natürlich nicht einfach das deutsche Konzept des gewöhnlichen Aufenthalts heranziehen. Da das Gesetz nicht näher den Tatbestand definiert, und Sec. 5(1) und (2) M.C.A. auf englischen Gesetzen beruhen[63], ist gem. Sec. 3 M.C.A. auf englisches Recht zurückzugreifen[64]. Das gilt dagegen wohl nicht für Sec. 4 (b) M.C.A., der eine eigenständige kenianische Regelung ist. Es ist freilich nicht zu erkennen, daß kenianisches und englisches Recht die gewöhnliche *residence* verschieden verstehen.

III. Internationales Privatrecht

Ist die Zuständigkeit verhältnismäßig ausführlich aber auch verworren geregelt, so ist die Frage des dann anzuwendenden Rechts sehr kurz und ebenfalls unklar.

Sec. 5 (4) M.C.A. sagt, daß in allen Klagen, in denen nach diesem Gesetz eine internationale Zuständigkeit besteht, die Fragen nach dem Recht zu entscheiden seien, das anwendbar wäre, wenn beide Parteien in Kenia domiziliert wären.

---

[62] *Cretney,* 2 E.A.L.J. (1966), 74 bedauert diese Einseitigkeit rechtspolitisch.

[63] Oben S. 131 f.

[64] Oben S. 131 f.

Diese, von *Fawcett*[65] zutreffend als "befremdlich" bezeichnete Formulierung stammt wörtlich aus Sec. 1 (4) Law Reform (Miscellanous Provisions) Act 1949[66]. Die Väter des englischen Gesetzes meinten damit freilich die *lex fori* als solche[67], und so ist die Regelung davor[68] und danach auch für Scheidungs- und Trennungsklagen in England angewandt worden[69], aber nur dafür.

Die Vermutung liegt nahe, daß auch der kenianische Gesetzgeber annahm, mit der Jurisdiktion solle die Anwendung kenianischen Eherechts der *lex fori* einhergehen. Allerdings ist das dann nicht so gesagt worden, sondern es ist eine Anknüpfungsregel formuliert worden.

Verstünde man Sec. 5 (4) M.C.A. als allgemeine lex fori-Regelung, wäre das Ergebnis merkwürdig, denn die *lex fori* müßte dann für alle Klagen nach diesem Gesetz gelten, also auch für Nichtigkeitsklagen. Bekanntlich wurden und werden aber Fragen der Ehewirksamkeit im *common law* von englischen Gerichten nicht notwendig nach *lex fori* beurteilt, sondern die Formgültigkeit nach dem Recht am Heiratsort[70], die Ehefähigkeit nach dem *domicile* der Nupturienten vor der Heirat[71] und Konsensmängel danach oder nach dem ersten gemeinsamen *domicile*[72]. Es ist nicht gemeint, daß diese Anknüpfungen zugunsten der *lex fori* verworfen werden, so wenig wie dies die gleichlautende englische Bestimmung tat. Gemäß Sec. 3 M.C.A. ist jene aus England übernommene Bestimmung vielmehr so auszulegen und anzuwenden wie in England.

Sec. 1 (4) Law Reform Act 1949 in England und damit gem. Sec. 3 kenianischer M.C.A. ebenso dessen Sec. 5 (4) sollten vielmehr nur sagen, daß sich an der Anknüpfung nichts dadurch ändern solle, daß nunmehr Klagen auf Scheidung oder Trennung auch zulässig sein konnten, wenn nicht beide Eheleute ihr *domicile* in England bzw. Kenia haben. Beide Regelungen enthalten also selbst kein IPR und verweisen nur darauf. Da aber weder der kenianische M.C.A. noch andere Gesetze Anknüpfungsregeln enthalten, folgt

---

65 *Cheshire/North/Fawcett*, aaO, S. 640.

66 Sec. 1 (4); re-enacted 1950 Sec. 18 (2) M.C.A.; dann Sec. 40 (2) M.C.A. 1965 für Klagen nur auf Scheidung und Nichtigkeit von zurückgelassenen Ehefrauen und solchen mit dreijähriger *Residence* im Lande und zuletzt Matrimonial Causes Act 1973 Sec. 46 (2). Die Aufhebung 1973 durch den *Domicile* and Matrimonial Proceedings Act sollte das Recht nicht ändern.

67 Law Com. No. 48 §§ 103-108 (nach *Cheshire/North/Fawcett,* S. 634).

68 Zanelli v. Zanelli [1948] 65 T.L.R. 556, C.A.

69 Quoraishi vs. Quoraishi [1985] FLR 780, 783.

70 Unstr. *Smith/O'Brien*, Conflict of Laws, 2. Aufl. 1999, S. 423 m. Nachw.

71 *Cheshire/North/Fawcett* (Fn. 45), S. 587 ff., sehr str.

72 Str.; Nachw. *Smith/O'Brien* (Fn. 70), S. 441.

weiter aus Sec. 3 M.C.A. ein Verweis auf englisches Kollisionsrecht.

Sec. 1 (4) Law Reform Act 1949, das Vorbild für das kenianische Gesetz, ist in England zwar 1973 aufgehoben worden, doch ohne daß das Recht dadurch geändert werden sollte[73]. Englisches IPR i.d.S. war und ist nach wie vor das *common law*. Ich verstehe daher Sec. 5 (4) M.C.A. als einen Verweis auf das derzeitige englische *common law* des IPR der Ehe, welches seinerseits zumindest bei Nichtigkeitsklagen nicht auf die *lex fori* als solche verweist[74].

Der kenianischen Rechtsprechung ist dazu nichts näheres zu entnehmen. Bei Scheidung und Trennung ist die kenianische *lex fori* anzuwenden. Hier kann dann der deutsche Richter auch einen versteckten Renvoi annehmen, wenn man dieser Theorie überhaupt folgen will[75]. *Martin Wolff* hat allerdings in dieser Regel auch bei Scheidungen eine echte Anknüpfungsregel gesehen[76]; das hat sich aber in England anscheinend nicht durchgesetzt.

Bei den Nichtigkeitsfällen hingegen, wo nach *common law* auch anderes Recht zum Zuge kommen könnte, hatten die betroffenen Ehen faktisch keinen Auslandsbezug, so daß sich dem Gericht in Kenia die Frage des IPR nicht stellte. Zwar könnte es sein, daß die kenianischen Gerichte die Anwendung ihrer *lex fori* für eine Selbstverständlichkeit halten, wenn sie entscheiden müssen, aber sie sagen es andererseits auch nicht. Im Fall der Nichtigkeitsklage haben wir also keine sog. versteckte Rückverweisung, sondern folgen diesen Anknüpfungsregeln des common law im Wege des normalen *Renvoi.*

Äußerungen zum anwendbaren Recht auf Scheidungs- bzw. Trennungsfolgen wie Unterhalt und güterrechtliche Auseinandersetzung waren nicht zu finden. Man darf aber annehmen, daß die kenianischen Gerichte die Anwendung ihres eigenen Rechts ebenso selbstverständlich finden werden wie die englischen[77]. Auch hier wäre ein sog. versteckter Renvoi anzunehmen.

IV. Internes Kollisionsrecht

1. Eheformen

In Kenia sind vier verschiedene Ehearten oder -formen Gegenstand eigener Gesetze geworden: die allgemeine Zivilehe im Marriage Act (früher Ordinance)

---

[73] Law Comm. No. 48 §§ 103-108 (zit. nach *McClean, Morris*: The Conflict of Laws, 1993, S. 184 Fn. 49).

[74] Vorschläge, die Fragen der Anknüpfung der Ehe gesetzlich zu regeln, sind in England nicht verwirklicht worden.

[75] Dazu MünchKomm-*Sonnenberger,* 3. Aufl. 1997, Art. 5 EGBGB Rdnr. 41 ff.

[76] Private International Law (Fn. 59), Rdnr. 355 f.

[77] Z.B. Sealey v. Callan [1953] All ER 1942; *Cheshire/North/Fawcett* (Fn. 65), S. 715, 730.

von 1902 mit Änderungen zuletzt 1968, der African Christian Marriage and Divorce Act von 1931 mit späteren Änderungen für religiöse Ehen, der Hindu Marriage and Divorce Act von 1960 für die religiösen Ehen von Hindus, der Mohammedan Marriage, Divorce and Succession Act von 1920 plus Mohammedan Marriage and Divorce Registration Act von 1906. Die Ehen nach afrikanischen Gewohnheitsrechten sind nicht gesetzlich geregelt, sondern unterliegen dem jeweiligen Gewohnheitsrecht. Die - problematischen - Pläne, deren Regelungen in Gesetzesform zu gießen, sind nicht verwirklicht worden. Sie werden jedoch in Sec. 49 des Marriage Act anerkannt und bilden z.B. ggf. ein Ehehindernis für eine weitere Ehe.

Verhältnismäßig viel Rechtsprechung ist zur Frage der Anwendbarkeit des einen oder anderen kenianischen Eherechts veröffentlicht. Der interpersonelle Konflikt, um den es sich dabei handelt, hat naturgemäß auch die Aufmerksamkeit der Literatur erweckt[78].

Ein Problem, das die Gerichte viel beschäftigt hat, entsteht daraus, daß islamische und gewohnheitsrechtliche Ehen polygam sind, die Zivilehe, die christliche und die Hindu-Ehen jedoch monogam. Die Frage ist dann, inwieweit eine Ehe unter dem einen Regime die Eingehung einer weiteren unter einem anderen hindert.

2. Statut der Ehe

Jedermann kann eine Ehe nach dem Marriage Act und in der zivilen Form schließen, die dann monogam ist. Welche Religion oder Ethnie er angehört, ist also ohne Bedeutung.

Die kirchliche Ehe nach dem African Christian Marriage Act setzt voraus, daß wenigstens ein Ehegatte einem christlichen Glauben anhängt (Sec. 3 (1)) und beide Afrikaner sind. Es ist jedoch unbestritten, daß es sich auch um Personen europäischer Abstammung handeln kann[79], wenn sie nur ein kenianisches *domicile* haben. Auf die kenianische Staatsangehörigkeit kommt es wohl nicht an.

Während der Christian Marriage Act die Zugehörigkeit zum christlichen Glauben verlangt, sagt die Mohammedan Marriage, Divorce and Succession Ordinance das nicht ausdrücklich. Ob die Ehe wirksam ist, ist aber nach islamischem Recht zu beurteilen, und dieses verbietet Muslimen die Ehe mit Frauen, die keiner der sog. Buchreligionen angehören, und Musliminnen überhaupt Ehen mit Nichtmuslimen. Diese Ehen sind für den Mann polygam.

---

[78] Z.B. Cretney 3 E.A.L.J. 1 (1967); *Cotran,* Casebook on Kenya Customary Law, Nairobi 1988, S. 201 ff.

[79] Vgl. Case v. Ruguru [1970] E.A. 55, wo sogar eine Stammesehe anerkannt worden wäre, wenn sie *in casu* geschlossen worden wäre. Möglicherweise ein solcher Fall Mwangi v. West (1976) K.L.R. 203.

Der Hindu Marriage and Divorce Act definiert seine Ehe als die zwischen Hindus und läßt also keine andere Religionsangehörigen zu (Sec. 2).

Das Ehestatut wird also nicht primär vom Personalstatut der Eheleute bestimmt, sondern durch die Wahl einer Eheform. Erst in zweiter Linie kommt die Religionszugehörigkeit zum Zuge, indem das islamische Recht oder der Hindu Marriage Act bzw. der Christian Marriage Act die Religionszugehörigkeit einer oder beider Nupturienten verlangen. Diese Zugangsbeschränkungen sind jedoch auch in den staatlichen Gesetzen enthalten bzw. anerkannt[80]. Ob sie als Sachnormen oder als dann einseitige Kollisionsnormen anzusehen sind, soll hier dahin stehen. M.E. sind sie letzteres. Jedenfalls sind sie erst relevant, wenn die Nupturienten eine dieser religiösen Ehen schließen. Die Grundregel ist die Rechtswahl durch Wahl der Form. Und erst danach ist das betr. Recht zu fragen, ob es diese Ehe zuläßt.

Stammesehen, d.h. solche nach einem der vielen afrikanischen Gewohnheitsrechte, sind - potentiell - polygam, gewöhnlich nur für den Mann[81]. Es ist nicht erforderlich, daß beide Ehegatten derselben Gewohnheitsrechtsgemeinschaft angehören[82], und nach den bekannt gewordenen Entscheidungen kann mindestens einer auch europäischer Abstammung sein und keiner gewohnheitsrechtlichen Gemeinschaft angehören[83], wahrscheinlich sogar beide[84]. Man kann darauf verweisen, daß Sec. 3 (2) Judicature Act[85] genügen läßt, daß eine oder beide Parteien von *customary law* "*affected*" sind, ihm also wohl nicht unterworfen sein müssen. Da aber auch gewohnheitsrechtliche Ehen ihre Formen haben und dabei die Mitwirkung von Familienmitgliedern und u.U. weiteren Personen nötig ist, kommt es praktisch darauf an, daß der Fremde

---

80 Soweit erkennbar wird aber von staatlichen Gerichten die christliche Religionszugehörigkeit nicht genauer nachgeprüft.

81 Eingehende Darstellungen bei *Cotran*, Restatement of African Law, Kenya Bd. 1, 1968; *Philipps/Morris*, Marriage Law in Africa, 1971; man muß aber mit zwischenzeitlichen Änderungen rechnen.

82 Vgl. Otieno v. Ongo (1982) 1 E.A.R. (CA Nairobi): Luo und Kikuyu.

83 Case v. Ruguru (Fn. 79) obiter; vgl. möglicherweise [1991] LWR 49.

84 Davon ging die Reformkommission aus (zit. Read 5-7 E.A.L.J. (1969-71) 127 f.). Vorgekommen ist das aber wohl nicht.

85 Oben S. 129.

akzeptiert wird. Man wird aber für Kenia[86] annehmen können, daß hier die Wahl des Statuts allein durch die Wahl der Form erfolgt[87].

3. Wechsel des Statuts

a) Umwandelungen

Ein Ehepaar, welches nach Gewohnheitsrecht schon wirksam verheiratet ist, kann diese Ehe in eine monogame verwandeln durch förmliche Erklärungen, sei es nach Sec. 9 African Christian Marriage and Divorce Act, sei es nach dem Marriage Act, vorausgesetzt die potentiell polygame Ehe ist aktuell monogam[88]. Der umgekehrte Weg ist nicht möglich. Auch die Umwandlung einer zivilen oder christlichen Ehe in eine islamische ist nicht möglich[89], um etwa damit eine Scheidung durch *talaq* zu ermöglichen, selbst wenn die Parteien - nun - Muslime sind. Hier weicht Kenia von Tansania ab[90]. Nicht ausgeschlossen ist dagegen ein Wechsel von Gewohnheitsrecht zu islamischem Recht[91], indem dieselben Partner nun nach islamischen Recht neu heiraten[92], jedoch nach dem Wortlaut nur, wenn die Ehe aktuell monogam ist. Der umgekehrte Weg ist ausgeschlossen[93]. Obwohl die umgewandelten Ehe nach dem neuen Statut wirksam ist, sollen die Rechte und Pflichten nach Sec. 3 (6) weiter gemäß dem Statut der ersten Heirat bestehen bleiben[94].

Es müssen allemal bei der Umwandlung die Ehevoraussetzungen des neuen Statuts erfüllt werden. Dazu gehört ggf. auch eine Religionszugehörigkeit. Die gewohnheitsrechtlichen Ehen sind religiös neutral. Jedoch ändert ein Religionswechsel als solcher nicht das Ehestatut und erlaubt nicht eine sonst ausgeschlos-

---

[86] Das wird entnommen aus Sec. 35 (1) Marriage Act: "No marriage in Kenya shall be valid ... where either of the parties thereto at the time of the celebration of such marriage is married by native law or custom to any person other than the person, with whom marriage is had." Ayoob v. Ayoob (Fn. 19); Mwangi & other v. West [1976] K.L.R. 203.

[87] Eingehend i.d.S. Ayoob v. Ayoob (Fn. 19).

[88] Polygamie nimmt faktisch durchaus ab.

[89] Ayoob v. Ayoob unter Berufung auf Sec. 5 Moh. Marriage Act. Zust. *Allott*, New Essays, S. 2206 ff.

[90] Rattansay v. Rattansay [1960] E.A. 81 zum tansanischen Recht.

[91] Vgl. Sec. 6 Moh. Marriage Act: Wenigstens können gewohnheitsrechtlich verheiratete Paare neu eine islamische Ehe schließen.

[92] Wohl unter der Voraussetzung eines Religionswechsels.

[93] Ayoob v. Ayobb; Re Ruenje's Estate (Cotran S. 206) obiter; abl. Ojwang 10 E.A.L.J. 76 ff. (1974).

[94] Wohl mit Recht abl. *Ojwang,* 10 E.A.L.J. 76 (1974).

sene Umwandelung z.B. einer *civil marriage* in eine islamische nach dem Übertritt zum Islam[95].

Darin, daß eine polygame gewohnheitsrechtliche Ehe in eine monogame umgewandelt werden kann, aber nicht umgekehrt, drückt sich eine gewisse Bevorzugung der Monogamie aus. Dies zeigt sich namentlich bei der Frage, die am häufigsten zu entscheiden war, ob eine zweite polygame Ehe mit anderen Partnern während des Bestehens einer ersten wirksam ist. Die Frage stellte sich meist im Hinblick auf eine Erbfolge.

b) Nachfolgende Ehen

Ob ein schon verheirateter Mann eine weitere Frau nehmen kann[96], entscheidet zunächst der Charakter der bestehenden Ehe und ist ausgeschlossen, wenn diese monogam ist[97]. Es ist aber sowohl ausgeschlossen, wenn die erste und die zweite Ehe monogam sind, als auch sowohl wenn die erste monogam und die zweite polygam ist, wie wenn die erste Ehe potentiell oder gar aktuell polygam ist, die weitere Ehe aber eine monogame wäre[98]. In allen Fällen ist die zweite Ehe nichtig. Man kann zusammenfassen, daß die zweite Ehe immer dann bigamisch und nichtig ist, wenn eine der beiden monogam ist. Immerhin bleibt hier dem Heiratslustigen, die weitere Ehe ebenfalls nach Gewohnheitsrecht oder islamischem Recht zu schließen. Jedoch sagt der Mohammedan Marriage Act[99], daß ein gewohnheitsrechtlich Verheirateter keine weitere islamische Ehe mit einer weiteren Frau eingehen darf, obwohl beide Ehen potentiell polygam sind, zumindest solange die erste Ehe nicht in eine mohammedanische umgewandelt wurde.

Es entscheidet nicht ein u.U. wandelbares Personalstatut der Nupturienten, sondern das unveränderliche Statut der ersten und zweiten Ehe.

4. Ehewirksamkeit und -beendigung

Grundsätzlich beurteilen sich die Ehehindernisse nach dem Recht der gewählten Eheform, und ebenso die Beendigung. Wenn der Muslim Marriage Act erklärt, es sei islamisches Recht anzuwenden, so bedeutet das auch, daß die Scheidung außergerichtlich durch *talaq* stattfindet. Ebenso ist eine gewohnheitsrechtliche Ehe außergerichtlich zu scheiden. Der Plan der Reformkommission, stets eine gerichtliche Scheidung zu verlangen, ist ebenfalls nicht Gesetz geworden. Freilich sei der High Court dann zuständig für Klagen auf Ehetrennung und Unter-

---

95 Ayoob v. Ayoob (Fn. 19) mit eingehender Abgrenzung zum tansanischen Recht.

96 Polyandrie spielt in Kenia wohl keine Rolle.

97 Sec. 37 Marriage Act.

98 Sec. 35 (1) Marriage Act.

99 Sec. 6.

halt[100] und wohl auch sonstige Ehesachen. Er kann implizit die Wirksamkeit von Scheidungen nach islamischem Recht[101] wie nach Gewohnheitsrecht feststellen. Dabei ist dieses Recht anzuwenden.

Nun kommt es offenbar häufiger vor, daß Ehemänner nach einer zivilen oder christlichen Heirat noch weitere Ehen nach einem Gewohnheitsrecht schließen, die also unwirksam sind. Für diese an sich mit ihm nicht verheirateten Frauen sieht nun seit 1981 Sec. 3 (5) Law of Succession Act vor, daß sie für Zwecke des Erbrechts als gültig verheiratet gelten, und die Kinder erben ebenso[102]. "... a woman married under a system of law which permits polygamy is, where her husband has contracted a previous or subsequent monogamous marriage to another woman, nevertheless a wife for the purpose of this Act, and in particular sections 24 and 40 thereof, and her children are accordingly children within the meaning of this Act." Offenbar wurde die Stellung der "verhinderten Erben" als sehr unbefriedigend empfunden. Kein Problem entsteht natürlich, wenn dieselben Eheleute nach einer christlichen oder zivilen Heirat noch einmal in gewohnheitsrechtlicher oder islamischer Form heiraten. Die zweite Zeremonie ändert das Ehestatut nicht und hat insoweit keine weiteren Folgen.

5. Deutsche Gerichte

Diese interpersonellen Kollisionsregeln sind gem. Art. 4 III EGBGB vom deutschen Richter anzuwenden, wenn die Art. 11 ff. EGBGB auf das Recht Kenias verweisen und dessen IPR keinen Renvoi enthält. Er läge, wie erwähnt, namentlich dann vor, sofern man dieser Auffassung folgt, wenn deutsche Gerichte nach kenianischem Recht kraft des *domiciles* zuständig sind. *Domicile* ist dabei im kenianischen Sinn zu verstehen. Nicht immer ist dies jedoch der Fall, wenn deutsche Gerichte nach ZPO international zuständig sind, z.B. nicht im Falle des § 606 I Nr. 2 ZPO (gemeinsamer gewöhnlicher Aufenthalt im Inland) für eine Scheidungsklage von zwei Kenianern in Deutschland. Sec. 4 Abs. 1 (a) M.C.A. verlangte dafür *domicile* des Klägers.

Liegt das *domicile* des Klägers in Kenia, dann würde ein kenianisches Gericht sich für zuständig ansehen und kenianisches Recht anwenden. Wir folgen dem und damit auch dem internen Kollisionsrecht.

Dieses verweist auf eines der genannten verschiedenen Ehegesetze oder Gewohnheitsrecht. Es scheint klar, daß der Verweis die kenianischen Gesetze beruft. Der Mohammedan Marriage, Divorce and Succession Act spricht jedoch

---

[100] Damji v. Damji [1974] E.A. 512.

[101] Ayoob v. Ayoob (Fn. 19); in re Nderi and Kamweri (*Cotran*, Casebook on Kenyan Customary Law, Nairobi 1988, S. 202).

[102] Aber nicht die Frau mit zwei Männern; vgl. in re Benjamin Mya Nganga (*Cotran,* aaO, S. 210).

von der Anwendung islamischen Rechts ganz allgemein[103]. Dieses ist nun aber weltweit verbreitet. In einer Entscheidung hatte das Gericht keine Bedenken gegen eine islamische Heirat in Pakistan, wo die Schi'a herrscht, während kenianische Muslime Sunniten sind[104]. Welche islamische Rechtsschule anzuwenden ist, entscheiden die islamischen Regeln selbst[105]. Der kenianische Staat regelt die Konflikte zwischen den verschiedenen Rechtsschulen[106] nicht.

An sich erfolgt im islamischen Recht die Entscheidung darüber aus der Zuständigkeit bzw. Wahl des islamischen Gerichts durch den Beklagten oder den Kläger. Grundsätzlich werden die Muslime durch das kenianische Gesetz auch an die religiösen Gerichte des Kadi verwiesen, denn Sec. 3 (5) Mohammedan Marriage, Divorce and Succession Act erklärt ausdrücklich, daß die Jurisdiktion der Khadis nicht beeinträchtigt werden solle. Andererseits aber können die Parteien aber auch alle Klagen gem. Sec. 3 (1) und (2) vor den staatlichen Richter bringen, der dann nach islamischem Recht entscheidet. Enthält dies keine Regelung, gilt staatliches Recht. Scheidungen erfolgen im islamischen Recht freilich durch private Erklärung (talaq), so daß der Richter nur deren Wirksamkeit feststellt [107].

Jedoch kann die Wahl der maßgebenden islamischen Rechtsschule vor staatlichen Gerichten naturgemäß nicht über die Wahl des einen oder andern islamischen Gerichts erfolgen[108]. Es finden sich Andeutungen in kenianischen Urteilen, daß auf die Zugehörigkeit der Parteien zur einen oder anderen Konfession bzw. Rechtsschule abzustellen sei[109], aber es waren keine eingehenderen Äußerungen in Kenia zu finden. Andere, ebenfalls eher beiläufige Äußerungen stellen auf die Schule ab, nach deren Regeln die Ehe geschlossen wurde[110]. Möglicherweise spielen die an sich erheblichen Unterschiede zwischen den Rechtsschulen in der Praxis keine größere Rolle. Muslime in Kenia gehören praktisch ausschließlich der shafiitischen Rechtsschule an.

---

[103] Zu dieser Verweisungstechnik allgemein und rechtsvergleichend *K. Wähler*, Interreligiöses Kollisionsrecht, 1978, S. 320 ff.

[104] Damji v. Damji [1974] E.A. 511; aber vielleicht waren die Eheleute damals in Pakistan domiziliert, so daß es eigentlich um eine Frage der Anerkennung ging.

[105] Zu ihnen *K. Wähler* (Fn. 103), S. 245 ff.

[106] In Kenia herrscht die shafiitische Schule.

[107] Vgl. Mehrunnissa v. Mohammed Parvez [1978] KLAR 168; Ayoob v. Ayoob (Fn. 19).

[108] Zudem gibt es in Kenia nicht Khadi Courts der verschiedenen Rechtsschulen. Sie sind vielmehr durch den Khadi's Courts Act 1967 i.d.F. von 1986 einheitlich und mit räumlichen Gerichtsbezirken organisiert. Die Rechtswahlfrage stellt sich also dort wohl genauso.

[109] Ayoob v. Ayoob (Fn. 19); Damji v. Damji [1974] E.A. 511; Zainabu v. Mohamedi [1973] E.A. 280.

[110] Damji v. Damji (Fn. 19); Zainabu v. Mohamedi.

Das ist anders zwischen den verschiedenen Gewohnheitsrechten. Die erste Frage ist jedoch, ob der Verweis auf Gewohnheitsrecht nur solches von Gemeinschaften in Kenia erfaßt. Es fällt auf, daß die kenianischen Bestimmungen eine solche territoriale Begrenzung, im Gegensatz zu Tansania (und z.B. Ghana) nicht enthalten. So scheint, daß kenianische Gerichte ggf. auch ausländische afrikanische Gewohnheitsrechte anwenden würden, vorausgesetzt, natürlich, daß sie international zuständig sind.

Die Grundregel für die Bestimmung des Gewohnheitsrechts ist gem. Sec 3 (2) Judicature Act[111], ob die Partei einem solchen unterworfen oder von ihm betroffen ist. Ersteres könnte heute bedeuten, daß die Partei nach diesen Regeln lebt[112], was aber gewöhnlich mit der Abstammung (und Erziehung) zusammenfällt.

In einer politisch höchst brisanten Angelegenheit hat der Court of Appeal Nairobi erklärt, daß eine Partei sich ihrem so vermittelten Gewohnheitsrecht nicht durch den Wechsel zu einem anderen, hier zu einem modernen Lebensstil in Nairobi, entziehen könne, und man könne auch nicht seine Stammeszugehörigkeit ändern[113].

Jedoch gehen speziellere Kollisionsnormen vor, und damit ergibt sich für Eheschließungen und Scheidungen, daß das maßgebende Statut primär durch die Wahl der Eheform bestimmt wird[114]. Es ist dann anschließend zu prüfen, ob das so gewählte Recht die Parteien zur Heirat zuläßt. Es leuchtet auch ein, daß diese Wahl zwischen verschiedenen gewohnheitsrechtlichen Systemen im selben Umfang zugelassen ist wie die zwischen modernem und traditionellem Recht.

Die mir bekannten veröffentlichten Entscheidungen betrafen nur die letztere Frage[115]. Hinsichtlich des betr. Gewohnheitsrechts stellen sie einfach fest, daß die Parteien nach bestimmten traditionellen Regeln geheiratet haben, und weiter, daß ein Ehegatte der betreffenden Gemeinschaft auch angehörte[116]. Über

---

[111] Vgl. oben.

[112] Dorthin geht die Entwicklung: *Allott*, New Essays, S. 188 ff.; *Spellenberg,* in: *Abun Nasr/Spellenberg/Wanitzek* (Hrsg.), Law, Society and National Identity in Africa, 1990, S. 118 ff.

[113] Otieno v. Joash Ochieng Ongo & Another [1990] LWR 85, 87 unten (auch bei *Cotran* (Fn. 101), 331); vgl. zur Entscheidung weiter *Salim,* in: *Abun-Nasr/Spellenberg/Wanitzek* (Fn. 112), S. 133. Es ging um die Frage, wer den Verstorbenen wo und wie beerdigen darf. Das wird in einem gewissen Sinne dadurch bestätigt, daß Sec. 5 (1) (c) Interpretation and General Provision Act, der eben dieses vorsah, 1968 aufgehoben wurde.

[114] Oben S. 141 ff.

[115] Auch *Cretney,* 3 E.A.L.J. (1967), 1 ff. befaßt sich nur mit ihr.

[116] Mwangi & others v. West [1976] K.L.A.R. 203, in Re Ogola's Estate [1978] K.L.A.R. 18; Case v. Ruguru [1970] E.A. 55.

den anderen ist nichts gesagt[117], und dessen Personalstatut ist auch ohne Bedeutung, da Sec. 3 (2) Judicature Act nur die Zugehörigkeit einer Partei voraussetzt. Ob die Parteien auch ein traditionelles Recht wählen könnten, dem keiner angehört, ist anscheinend nicht entschieden[118] und vermutlich auch bisher nicht vorgekommen.

[117] Außer in Case v. Ruguru (Fn. 79), daß der Kläger Europäer sei.

[118] *Read* (Fn. 84) hält es für möglich.

Sabine Grapentin

Technologietransfer nach Ägypten: Die Regelungen des neuen Handelsgesetzbuchs

I. Einführung

Am 1.10.1999 ist in Ägypten das neue Handelsgesetzbuch in Kraft getreten, das in Art. 72-88 neue Regelungen über Technologietransferverträge enthält. Das Handelsgesetzbuch von 1999 löst das alte ägyptische HGB aus dem Jahre 1883 ab, das im Zuge der Justizreform im ausgehenden 19. Jahrhundert für die sogenannten nationalen Gerichte erlassen worden war[1]. Die Arbeiten an einer Reform des ägyptischen Handelsrechts waren bereits in den 40er Jahren begonnen und ab dem Ende der 50er Jahre intensiviert worden. Die erstellten Entwürfe beeinflußten eine Reihe von Kodifikationen maßgeblich, so die Handelsgesetzbücher von Irak (Gesetz Nr. 149/70), Kuweit (Dekret-Gesetz Nr. 68/80), Bahrein (Gesetz Nr. 7/87), der Vereinigten Arabischen Emirate (Gesetz Nr. 18/93) und des Sultanats Oman (Sultani Dekret Nr. 3/91)[2]. Das neue ägyptische Handelsgesetzbuch in der nun verabschiedeten Fassung enthält die Kodifikation einer ganzen Anzahl von in der Praxis außerordentlich bedeutsamen Regelungsbereichen, z.B. die Neuregelung des Handelsvertreterrechts, des Wertpapierrechts, der Handelsverträge sowie eine erstmalige, wenngleich noch rudimentäre, gesetzliche Regelung des Rechtes des unlauteren Wettbewerbs.

Die Regelungen über Technologietransferverträge stellen in der arabischen Welt ein Novum dar. Sie muten zunächst wie eine verspätete Reaktion der arabischen Welt auf die Diskussion um die Regelung des Technologietransfers im Rahmen der gescheiterten Verhandlungen um den Erlaß des "Code of Conduct on Transfer of Technologie" ("TOT-Code")[3] an, an dessen Entwürfe Teile der

---

1 Dazu ausführlich *Elwan*, in: *Steinbach/Robert*, Der Nahe und Mittlere Osten, Bd. 1, 1988, S. 228 f. Die nationalen Gerichte, deren Wirken in den Jahren 1883 bis 1949 bislang wenig erforscht worden ist, waren für die vermögensrechtlichen Streitigkeiten zuständig, die nicht in die Zuständigkeit der 1875/76 eingerichteten gemischten Gerichte fielen. Letztere waren für Streitigkeiten zwischen Ägyptern und Ausländern, zwischen Ausländern unterschiedlicher Nationalität sowie für Grundbesitz betreffende Streitigkeiten zwischen Ausländern derselben Nationalität zuständig. Andere vermögensrechtliche Streitigkeiten zwischen Ausländern derselben Nationalität wurden vor deren Konsuln ausgetragen. Im Jahre 1949 gingen die gemischten Gerichte in der nationalen Gerichtsbarkeit auf. Vgl. zum ganzen *Hoyle*, Mixed Courts of Egypt, 1991; *Grapentin*, Das Markenrecht in Ägypten, 1999, S. 28 ff.

2 *Elwan*, Die Rechtsordnung des Sultanats Oman, insbesondere dessen Handelsprozeßordnung, in: Lebendiges Recht - Von den Sumerern bis zur Gegenwart (Festschrift für Reinhold Trinkner), Heidelberg 1995, S. 525, 532 Fn. 52; Das Handelsgesetzbuch von Oman von 1990 und sein Verhältnis zur Scharia, RIW 1995, 985, 986, Fn 22.

3 Nachfolgend zitiert aus UNCTAD TD/CODE TOT/47, 20 June 1985. Zum Entwurf des TOT-Code aus dem Jahre 1979 ausführlich *Fikentscher,* The Draft International Code of Conduct on the Transfer of Technology, IIC Studies, Vol. 4, 1980.

Regelungen sichtlich angelehnt sind. Sie dürften jedoch auch im Zusammenhang mit der Ratifizierung und unmittelbar bevorstehenden Umsetzung des TRIPs-Abkommens zu sehen sein, das Ägypten zu einer Verbesserung des Schutzes gewerblicher Schutz- und Urheberrechte verpflichtet. Die Unterzeichnung des TRIPs Abkommens wird gerade von manchen Kommentatoren aus den Entwicklungs- und Schwellenländern nicht als eine Verbesserung, sondern vielmehr als nachteilig empfunden, insbesondere wegen der weiten Ausdehnung des Gegenstands des Patentrechts in Art. 27 TRIPs und allgemein wegen der hohen Schutzstandards für Immaterialgüterrechte. Diese entsprächen den Bedürfnissen der Industrienationen, nicht aber denen der Entwicklungsländer[4]. Möglicherweise sollten die als hoch empfundenen Schutzstandards, die nach verbreiteter Meinung einseitig die Interessen der ausländischen Technologiegeber berücksichtigen[5], mittels der Art. 72-88 des ägyptischen Handelsgesetzbuchs eine gewisse Korrektur erfahren.

II. Gesetzgebungsgeschichte

Der verabschiedete Entwurf entpricht der ursprünglichen Fassung, die von dem geistigen Urheber des Handelsgesetzbuchs, Prof. *Muhsin Shafiq*, vorgelegt worden war. Das für die Parlamentsvorlagen zuständige Komitee billigte diesen zunächst und fügte dann aber zu einem späteren Zeitpunkt Änderungen ein, die insbesondere eine Reihe von absoluten Klauselverboten, gewissermaßen eine "schwarze Liste", sowie als "graue Liste" eine Reihe von Klauseln vorsah, die unter bestimmten Bedingungen für nichtig erklärt werden konnten. Die Regierung stellte jedoch für die Parlamentsvorlage die ursprüngliche Fassung wieder her[6].

III. Definition des Technologietransfervertrags

Gemäß Art. 72[7] sind die neuen Regelungen auf alle Verträge über den Technologietransfer anzuwenden, bei denen die vertragsgegenständliche Technologie in der Arabischen Republik Ägypten verwendet wird, und zwar unabhängig davon, ob es sich um Verträge mit Auslandsbezug handelt oder nicht. Staatsange-

---

4 *Pacón*, Was bringt TRIPS den Entwicklungsländern?, GRUR Int. 1995, 875, 885 f.; *Verma*, TRIPs - Development and Transfer of Technology, IIC (27) 1996, 331, 335 ff.

5 Es mag hier dahingestellt bleiben, ob diese Auffassung zutrifft. Ein wirksamer Immaterialgüterschutz dient auch den Interessen der Technologieempfänger, vgl. dazu prononciert *Heath*, Bedeutet TRIPS wirklich eine Schlechterstellung von Entwicklungsländern, GRUR Int. 1996, 1169; *Hilpert*, TRIPS und das Interesse der Entwicklungsländer am Schutz von Immaterialgüterrechten aus ökonomischer Sicht, GRUR Int. 1998, 91; speziell für Indien: *Adelmann/Baldia*, Prospects and Limits of the Patent Provisions of the TRIPS Agreement: the Case of India, Vanderbilt Journal of Transnational Law 1996, 507.

6 *Khalil*, Qanun at-tigara al-gadid wa a'maluhu at-tahdiriya (Das neue Handelsgesetzbuch und seine Vorarbeiten), 1999, Art. 73.

7 Artikel ohne Gesetzesangaben oder mit der Bezeichnung "ägypt. HGB" beziehen sich auf das neue ägyptische Handelsgesetzbuch.

hörigkeit, Wohn- oder Geschäftssitz der Parteien sind irrelevant. Maßgeblich für die Einordnung als "Technologietransfervertrag" sind materielle Kriterien, so daß Art. 72-88 unabhängig davon gelten, ob der Technologietransfer durch selbständigen Vertrag oder innerhalb eines anderen Vertrages erfolgt. Als "Technologietransfervertrag" werden Verträge definiert, mit denen technische Informationen zur Entwicklung oder Herstellung von Produkten oder zur Zusammensetzung oder zum Betrieb von Werkzeugen oder Geräten oder zur Erbringung von Dienstleistungen auf technischem Wege gegen Vergütung weitergegeben werden. Reine Kauf- oder Gebrauchsüberlassungsverträge hingegen sind nicht umfaßt. Dasselbe gilt für Kauf- oder Lizenzverträge über Handelsnamen und Marken, sofern diese nicht Teil eines Technologietransfervertrages bzw. mit einem solchen verbunden sind (Art. 73). Zu beachten ist, daß die Definition des Art. 72 auch die Zusammensetzung von Werkzeugen oder Geräten umfaßt. Dies betrifft nicht nur echte Patentlizenz- und Know-How-Transfer-Verträge, sondern auch Verträge über den Kauf von Komponenten[8], sofern diese auch Informationen über deren Zusammensetzung enthalten. Ausgenommen sind lediglich reine Kauf- oder Gebrauchsüberlassungsverträge, z.B. Turn-Key Projekte, die von einem Lieferanten vollumfänglich entworfen und errichtet werden[9]. Der vorgesehene Know-How-Transfer "zur Nutzung auf technischem Wege für die Erbringung von Dienstleistungen" schließt Know-How über Organisation und Administration ein[10] und dürfte damit auch das Management der Technologieanwendung umfassen.

Im Hinblick auf die in Art. 87 vorgesehene ausschließliche Anwendung ägyptischen Rechts dürften Art. 72-73 einige Abgrenzungsfragen aufwerfen. Relevant ist insbesondere die Frage, ob sich im Rahmen eines komplexen Vertragswerkes die zwingende Anwendung ägyptischen Rechts nur auf die Abreden über den Technologietransfer bezieht oder ob auch die anderen Vertragsteile dem ägyptischen Recht unterworfen sind. Für neuere Verträge kann dieses Problem durch eine konsequente vertragstechnische Trennung umgangen werden. Für die entgeltliche Übertragung oder die Lizenzierung von Marken und Handelsnamen würde eine solche Trennung jedoch keine Wirkung entfalten, da sie gemäß Art. 73 Abs. 2 in Verbindung mit einem Technologietransfer stets Art. 72-87 unterfallen.

---

[8] Vgl. *Verma* (Fn. 4), S. 345 f. zu dem Umstand, daß Patente in den seltensten Fällen durch den Technologieempfänger genutzt werden: "The developing countries ... in the past experienced that these foreign patentees prefer to work their inventions abroad and use the patent right to safeguard the import of protected products into the country of grant." Ebenso *Blakeney*, Legal Aspects of the Transfer of Technology to Developing Countries, 1989, S. 88 f.

[9] Zum Begriff s. *Blakeney* (Fn. 8), S. 44.

[10] Vgl. das Erläuternde Memorandum zum Gesetzesentwurf, zitiert in: *Khalil* (Fn. 6), Art. 73.

IV. Voraussetzungen

Ein Technologietransfervertrag bedarf der Schriftform. Mündliche Nebenabreden, auch nachträgliche, sind daher nichtig. Die Know-How-Bestandteile als Transfergegenstand müssen darüber hinaus im Vertrag aufgezählt und ihrer Art nach beschrieben werden. Die gängige Vertragspraxis, dies im Wege von Anlagen zum Vertrag durchzuführen, wird ausdrücklich gestattet. Solche Anlagen werden von Gesetzes wegen Vertragsbestandteil (Art. 74). Ausschließliche Lizenzen für die Nutzung der Technologie oder zum Handel mit der Produktion bedürfen für ihre Wirksamkeit einer zeitlichen und räumlichen Begrenzung (Art. 84).

V. Klauselbeschränkungen

1. Regelungsgehalt

Von erheblicher Bedeutung ist Art. 75, demzufolge vertragliche Bestimmungen für nichtig erklärt werden können, die geeignet sind, die Freiheit des Empfängers der Technologie im Hinblick auf ihre Verwendung oder Entwicklung sowie den Vertrieb der Produktion oder deren Bewerbung zu behindern. Aus der Beschränkung der Kontrolle auf Verwendungsmodalitäten bezüglich der bereits erworbenen Technologie ist zu schließen, daß die *essentialia negotii*, d.h. Art und Umfang der Technologie einerseits und die vom Technologieempfänger zu entrichtende Vergütung andererseits, einschließlich des Preis-Leistungs-Verhältnisses, nicht der gerichtlichen Prüfung unterliegen.

Art. 75 nennt beispielhaft die folgenden Klauseln:

a. Verpflichtung des Technologieempfängers zur Annahme von Weiterentwicklungen des Exporteurs gegen Vergütung;
b. Verbot der Weiterentwicklung und Anpassung der Technologie an die örtlichen Verhältnisse oder den Betrieb des Technologieempfängers; Verbot der Beschaffung anderer Technologien, die der vertragsgegenständlichen ähnlich sind oder mit ihr im Wettbewerb stehen;
c. Verpflichtung zur Verwendung bestimmter Marken für die unter Anwendung der Technologie produzierten Erzeugnisse nach Maßgabe des Technologiegebers;
d. Beschränkungen von Produktionsumfang, Preis, Vertriebsform oder Export;
e. Beteiligung des Technologiegebers an Betriebsführung und Auswahl von ständigen Mitarbeitern;
f. Kauf von Rohstoffen, Werkzeugen, Arbeitsmitteln, Geräten oder Ersatzteilen für den Betrieb der Technologie ausschließlich vom Technologiegeber oder einem von diesem bestimmten Dritten;
g. Verkauf oder Vermittlung der Produktion ausschließlich durch den Technologiegeber oder einen von diesem bestimmten Dritten.

Die vorgenannten Pflichten bzw. Verbote sind ausdrücklich auf Fälle beschränkt, in denen die inkriminierten Bestimmungen nicht dem Verbraucherschutz oder der Wahrung berechtigter und beachtlicher Interessen des Exporteurs dienen.

Zu beachten ist der Regelungsmechanismus, demzufolge die genannten Klauseln zunächst wirksam sind und erst durch eine gerichtliche Nichtigkeitserklärung für unwirksam erklärt werden. Durch diese Ausgestaltung unterscheidet sich das ägyptische Technologietransferrecht sowohl von den lateinamerikanischen Technologietransfergesetzen, die in der Regel eine administrative Genehmigung verlangen, damit die Technologietransferverträge überhaupt wirksam werden[11], als auch vom deutschen Kartellrecht, das die *ex lege* Nichtigkeit bestimmter Klauseln vorsieht (§ 17 GWB). Weitergehende Sanktionen (z.B. Bußgelder) sind nach der ägyptischen Regelung nicht vorgesehen.

Die potentiellen Verbote des Art. 75 sollen im folgenden einzeln untersucht und in Beziehung zu anderen Regelwerken, insbesondere den TOT Code und das deutsche Kartellrecht, gesetzt werden.

2. Kartellrechtlicher Charakter der Klauselbeschränkungen?

Ägypten gehört, wie die meisten arabischen Staaten, zu den Ländern, die noch über kein eigenes Kartellrecht verfügen[12]. Die neuen Vorschriften über Technologietransferverträge, inbesondere Art. 75 ägypt. HGB, zeigen allerdings eine deutliche Anlehnung an den Draft Code of Conduct (TOT-Code). Ob die im Rahmen der Verhandlungen über den TOT-Code erarbeiteten Klauselverbote für "Restrictive Business Practices" als kartellrechtlich eingestuft werden können, ist jedoch zweifelhaft. Sie wurden insbesondere von den Entwicklungsländern nicht so verstanden, die weniger kartellrechtliche Konzepte einschließlich des Grundsatzes der *rule of reason* angewendet wissen wollten, sondern vielmehr strikte Klauselverbote befürworteten, um ihre Wirtschafts- und Entwicklungsinteressen zu schützen[13]. Auch das Regelungsziel der Verbesserung der Verhandlungsposition des Technologieimporteurs ohne einen direkten Bezug zur Wettbewerbssituation ist dem Kartellrecht an sich fremd[14]. Aufgrund ihres Bestrebens, Dominanzverhältnisse abzubauen, sind die Regelungsziele von Kartellrecht und Technologietransferrecht jedoch zumindest vergleichbar[15]. Die

---

[11] *Cabanellas*, Antitrust and Direct Regulation of International Transfer of Technology Transactions, IIC Studies, Vol. 7, 1984, S. 18 ff., für die seinerzeitige Rechtslage.

[12] Ein solches ist jedoch in Vorbereitung; ein Entwurf aus dem Jahre 1998 liegt der Verf. vor.

[13] *Pacón* (Fn 4), S. 883.

[14] *Cabanellas* (Fn. 11).

[15] S. *Fikentscher*, Entwicklungshilfe oder Expansionskontrolle?, GRUR 1983, 497, 498 ff., demzufolge die Regelung des Technologietransfers durch die Entwicklungsländer trotz der unterschiedlichen Ausgestaltung denselben Regelungszweck verfolgt wie die klassische Antitrust-Gesetzgebung der Industrienationen: "Man erleichtert sich die Antwort, wenn man an die rechtspolitischen Zwecke denkt, aus denen sich die marktwirtschaftlichen Indu-

in den Art. 72-88 enthaltenen Regelungen, insbesondere Art. 75 ägypt. HGB, sind daher auch vor kartellrechtlichem Hintergrund zu würdigen, insbesondere unter Beachtung des Umstandes, daß das ägyptische Technologietransferrecht in seiner derzeitigen Ausgestaltung zwischen nationalen und internationalen Technologietransferverträgen nicht unterscheidet und das ägyptische Rechtssystem im übrigen ein Kartellrecht im klassischen Sinne (noch) nicht kennt. Zum Vergleich wird daher im folgenden auch das deutsche Kartellrecht herangezogen werden. Zu beachten ist allerdings, daß ein solcher Vergleich im einzelnen aufgrund der unterschiedlich definierten Anwendungsbereiche der Regelungen im Hinblick auf die von ihnen erfaßten Verträge notwendig unscharf bleiben muß. Beispielsweise können bestimmte Verträge, die mangels Erfüllung der Voraussetzungen über den Vertragsgegenstand nach deutschem Recht nicht § 17 GWB unterfallen, durchaus als Technologietransferverträge nach ägyptischem Recht eingeordnet werden.

3. Die Klauseln im Einzelnen

a) "Tying-Arrangements"

Für nichtig erklärt werden kann gemäß Art. 75 a. und f. die Verpflichtung des Technologieempfängers zur Verwendung von Weiterentwicklungen des Exporteurs gegen Vergütung. Dasselbe gilt für Klauseln, die den Lizenznehmer zu dem ausschließlichen Bezug von Rohstoffen, Werkzeugen, Arbeitsmitteln, Geräten oder Ersatzteilen für den Betrieb der Technologie vom Technologiegeber oder einem von diesem bestimmten Dritten unter Ausschluß anderer Lieferanten verpflichten.

aa. Der Entwurf des TOT-Code von 1985 sah demgegenüber in Kap. 4 Ziff. 9 als "Restrictive Business Practice"[16] die folgende Klausel vor:

> [Unduly] imposing acceptance of additional technology, future inventions and improvements, goods or services not wanted by the acquiring party or [unduly] restricting sources of technology, goods or services, as a condition for obtaining the technology required when not required to maintain the quality of the product or services when the supplier's trade or service mark or other identifying item is used by the acquiring party, or to fulfil a specific performance obligation which has been guaranteed, provided further that adequate specifi-

---

strieländer ihre Kartellgesetze gaben. Private Wirtschaftsmacht, die ausschließlich oder vorwiegend im eigenen Lande bestand oder drohte, sollte aus Gründen wirtschaftlicher Gerechtigkeit, wirtschaftspolitischer Zweckmäßigkeit und nicht zuletzt aus demokratiepolitischen Gründen kontrolliert und umverteilt werden. Die Entwicklungsländer fühlen sich typischerweise nicht mit dem Problem nationaler privater Wirtschaftsmacht konfrontiert. Die Wirtschaftsmächte, die als Hilfsquelle, aber auch als mögliche Bedrohung empfunden werden, haben ihren Sitz weitgehend im Ausland" (S. 498). Zum Verhältnis von Technologietransfergesetzen und Kartellrecht s. auch *Cabanellas* (Fn 11), S. 12 f.

[16] Über die genaue Überschrift dieses Teils war noch keine Einigung erzielt worden, s. UNCTAD TD/CODE TOT/47, 20 June 1985, Ch. 4 Fn 6.

cation of the ingredients is not feasible or would involve the disclosure of additional technology not covered by the arrangement.

Der Anwendungsbereich von Kap. 4 Ziff. 9 des TOT-Codes ist insgesamt weiter als die entsprechenden Abschnitte in Art. 75, da auch Dienstleistungen erfaßt sind. Zumindest dem Wortlaut der ägyptische Regelung nach darf der Technologieempfänger zu einem Bezug von Dienstleistungen verpflichtet werden. Den genau definierten Ausnahmetatbeständen des TOT-Codes, die jedoch die meisten der wichtigen Fallgruppen erfassen[17], steht außerdem die weitaus umfassendere Generalklausel des Art. 75 gegenüber, die auf die Belange des Verbraucherschutzes sowie berechtigte Interessen des Technologiegebers abstellt. Die ägyptische Regelung schränkt daher die Vertragsfreiheit weniger ein als ihr Vorbild im TOT-Code, ihr Anwendungsbereich ist insgesamt enger.

bb. Der Schwerpunkt der Beurteilung einer zwingenden Überlassung von Verbesserungen nach deutschem Recht lag immer bei der Frage, ob ein Lizenznehmer dazu verpflichtet werden kann, Verbesserungs- und Anwendungserfindungen zurückzulizenzieren[18]. So sind nach der Neufassung des Gesetzes gegen Wettbewerbsbeschränkungen Regelungen über den Erfahrungsaustausch oder zur Gewährung von nicht ausschließlichen Lizenzen auf Verbesserungs- und Anwendungserfindungen ausdrücklich nicht von den Verboten der §§ 17, 18 GWB betroffen, sofern dem gleichartige Verpflichtungen des Veräußerers oder Lizenzgebers gegenüberstehen und diese Beschränkungen die Laufzeit des erworbenen und in Lizenz genommenen Schutzrechts nicht überschreiten (§ 17 Abs. 2 Nr. 2 GWB)[19]. Auch in europäischem Rahmen liegt der Schwerpunkt auf solchen Konstellationen[20].

Im Gegensatz zum deutschen und europäischen Gesetz- und Verordnungsgeber legt der ägyptische Gesetzgeber in Art. 75 a den Schwerpunkt auf die Abnahme von Verbesserungen durch den Lizenznehmer. Die Verpflichtung zur Rücklizenzierung von Verbesserungs- und Anwendungserfindungen und sonstigen Erfahrungen und Know-How[21] durch den Technologieempfänger an den

---

[17] *Fikentscher*, Draft Code (Fn. 3), S. 98 zur insoweit gleichlautenden Fassung des Entwurfes des TOT-Codes von 1979.

[18] Dazu *Langen/Bunte*, Kommentar zum deutschen und europäischen Kartellrecht, Bd. 1, 8. Aufl. 1998, § 20 Rdnr. 155.

[19] Vgl. *Ebel*, Kartellrecht, Stand Mai 2000, § 17 GWB, Rdnr. 68.

[20] Art. 2 Ziff. 4 GVO für Technologietransfervereinbarungen Nr. 240/96 der Kommission v. 31. Januar 1996, abgedruckt in WuW/E 1996, 392; vgl. dazu auch *Ebel* (Fn. 19), Stand Dez. 1996, Art. 85 EG-Vertrag Rdnr. 162-164; *Altin-Sieber*, Joint Ventures, Technologietransfer und -schutz, 1996, S. 356 f.

[21] Sog. "Grant-Back"-Klauseln, vgl. Kap. 4 Ziff. 1 TOT-Code 1985: "Requiring the acquiring party to transfer or grant back to the supplying party, or to any other enterprise designated to by the supplying party, improvements arising from the acquired technology on an exclusive basis [or] without offsetting consideration or reciprocal obligations from the supplying

Technologiegeber hingegen ist im Katalog des Art. 75 gar nicht vorgesehen. Die ägyptische Regelung bezieht sich im übrigen nicht auf die Verpflichtung zur Übertragung von Verbesserungen an den Technologieempfänger als solchen - dies wäre für sich genommen für diesen sogar vorteilhaft und ist daher in Art. 77 Abs. 2 auch vorgesehen -, sondern zielt auf die Vergütungspflicht ab. Nicht geklärt ist damit allerdings die Frage, ob der Technologieempfänger unter Berufung auf Art. 75 i.V.m. Art. 77 Abs. 2 verlangen kann, daß der Technologiegeber ihm die Weiterentwicklungen unentgeltlich zur Verfügung stellt. Nach der hier vertretenen Auffassung sollte sich der Anwendungsbereich des potentiellen Verbots jedoch darauf beschränken, zu verhindern, daß der Technologieempfänger Verbesserungen abnehmen muß, für die er keine Verwendung hat. Für diese Lösung spricht auch Art. 82 Abs. 1, demzufolge die Vergütung sowohl für die Technologie als auch für Weiterentwicklungen zu entrichten ist.

Die Verpflichtung zur Zahlung einer Vergütung zumindest nach Ablauf des lizenzierten Schutzrechtes geht auch nach deutschem Kartellrecht über den Inhalt des Schutzrechtes gemäß § 17 Abs. 1 GWB hinaus[22] und ist daher nur unter den Voraussetzungen der §§ 17 Abs. 2 oder 3 GWB zulässig.

cc. Die Beurteilung von Bezugsverpflichtungen für Waren und Dienstleistungen bei Lizenzverträgen (Art. 75 f ägypt. HGB) richtet sich im deutschem Recht gleichfalls nach §§ 17, 18 GWB, sofern deren Anwendungsbereich betroffen ist. Da solche Verpflichtungen über den Inhalt des Schutzrechtes hinausgehen, müssen sie durch ein Interesse des Veräußerers oder Lizenzgebers an einer technisch einwandfreien Ausnutzung des Gegenstandes des Schutzrechtes gerechtfertigt sein (§ 17 Abs. 2 Nr. 1 GWB). Der entsprechende Ausnahmetatbestand in Art. 75 ägypt. HGB stellt allgemein auf berechtigte Interessen des Technologiegebers und den Verbraucherschutz ab und hat daher einen weiteren Anwendungsbereich.

b) Beschränkung der Anpassung der Technologie an örtliche Gegebenheiten

Die Anfechtbarkeit von Klauseln, die ein Verbot der Anpassung und Weiterentwicklung der Technologie im Hinblick auf die örtlichen Verhältnisse oder den Betrieb des Technologieempfängers vorsehen (Art. 75 b 1. Alt. ägypt. HGB), entspricht Kap. 4 Ziff. 7 S. 1 des insoweit gleichlautenden TOT-Code 1985, ohne daß dieser jedoch ein "reasonableness"-Kriterium als Generalklausel vor-

party, or when the practice will constitute an abuse of a dominant market position of the supplying party."

[22] *Ebel* (Fn. 19), § 17 Rdnr. 42.

sah[23]. Allerdings waren nur solche Verbote als "Restrictive Business Practice" einzuordnen, welche die Konstellation betrafen, daß die Anpassung auf Verantwortung des Technologieempfängers und ohne Verwendung der Marken des Technologiegebers erfolgt. Dieses Erfordernis kennt die ägyptische Regelung nicht. Ausnahmetatbestand gemäß Kap. 4 Ziff. 7 S. 1 TOT-Code 1985 war die Beeinträchtigung von Produkten und Produktionsweisen durch die Anpassungen, sofern diese wiederum an den Technologiegeber bzw. dessen Lizenznehmer ausgeliefert werden sollten. Auch hier ist Art. 75 ägypt. HGB weiter gefaßt, der allgemein und ohne Einschränkung auf die berechtigten Interessen des Technologiegebers abstellt.

Als eine über das Schutzrecht hinausgehende Beschränkung ist eine solche vertragliche Beschränkung auch nach deutschem Recht von den §§ 17, 18 GWB nicht gedeckt, sofern nicht der Ausnahmetatbestand des § 17 Abs. 2 eingreift, der die Qualitätsinteressen des Technologiegebers berücksichtigt[24]. An dieser Stelle ist allerdings darauf hinzuweisen, daß eine Regelung, die auf Qualitätsverbesserung und Anpassung der Technologie an den Markt des Technologieempfängers abzielt, kartellrechtlich nur relevant wird, wenn eine entsprechende vertragliche Bestimmung Marktauswirkungen mit sich bringen (z.B. die ohnehin dominante Position des Technologiegebers auf dem Empfängermarkt verstärken) könnte. Die reine Förderung der vertraglichen Position des Technologieempfängers ist dem Kartellrecht hingegen fremd[25]. Aufgrund ihres expliziten Bezugs auf die örtlichen Verhältnisse des Empfängermarkts entfaltet eine solche Regelung im Kontext von Technologietransferregelungen einen weiteren Wirkungsbereich als in kartellrechtlichem Rahmen.

c) Wettbewerbsverbote

Die ägyptische Regelung des Art. 75 b 2. Alt. ägypt. HGB entspricht in Teilen Kap. 4 Ziff. 3 des TOT-Code 1985, wonach Klauseln als "Restrictive Business Practice" einzuordnen waren, die die Freiheit des Technologieempfängers beschränkten, Kauf-, Vermittlungs- oder Herstellungsvereinbarungen über ähnliche oder konkurrierende Technologien oder Produkte abzuschließen oder konkurrierende Technologien zu erhalten. Die Regelung enthielt allerdings auch eine Generalklausel als Ausnahmetatbestand, die auf die berechtigten Interessen abstellte und davon insbesondere Vertraulichkeit, Vertrieb und Marketing nannte. Das Verbot des Erwerbs vergleichbarer Technologien geht nach deutschem Recht über den Inhalt eines Schutzrechtes i.S.d. § 17 Abs. 1 GWB hinaus und ist daher nach deutschem Recht bei den von der Regelung erfaßten Lizenzverträgen grundsätzlich unzulässig.

---

[23] Kritisch dazu *Fikentscher,* Draft Code (Fn. 3), S. 94, für die entsprechende Regelung des Entwurfs von 1979 im Hinblick auf die berechtigten Interessen der Technologiegeber an der Aufrechterhaltung von Qualitätsstandards.

[24] Entsprechend für §§ 20, 21 GWB a.F. *Fikentscher*, Draft Code (Fn. 3), S. 93.

[25] *Cabanellas* (Fn. 11), S. 35.

d) Kennzeichnungspflichten

Weder das deutsche noch das europäische Kartellrecht sehen eine Nichtigkeit oder Vernichtbarkeit von vertraglichen Regelungen vor, die eine Kennzeichnungspflicht für die unter Anwendung der Technologie hergestellten Produkte enthalten. Nach deutschem Recht überschreiten solche Verpflichtungen den Inhalt eines Schutzrechtes nicht bzw. sind gemäß § 17 Abs. 2 Nr. 5 GWB ausdrücklich freigestellt[26]. Eine die Kennzeichnungspflicht als "Restrictive Business Practice" qualifizierende Klausel war allerdings im TOT-Code-Entwurf von 1979 enthalten[27].

In Bezug auf Art. 75 c ägypt. HGB wurde kürzlich die Auffassung vertreten, daß das Verbot von Kennzeichnungspflichten in unzulässiger Weise in die Rechte des Technologiegebers als Markeninhaber eingreife, da die Inhaberschaft an einer Marke auch die Befugnis umfasse, diese für die Produkte, für die sie erworben wurde, zu nutzen[28]. Ob durch die Regelung auch konventionsrechtliche Verpflichtungen Ägyptens aus Art. 15 ff. TRIPS verletzt werden[29], erscheint fraglich, da Art. 16 TRIPS nicht ein Benutzungsrecht des Markeninhabers statuiert, sondern nur ein Verbietungsrecht gegen Dritte. Bei Patenten kann - zumindest nach deutschem Recht - aus dem Erfinderpersönlichkeitsrecht ein Anspruch des Erfinders auf Nennung seines Namens auf Produkten nicht hergeleitet werden[30].

e) Beschränkungen von Produktionsumfang, Preisen, Vertriebsform und Export (Art. 75 d ägypt. HGB)

aa. Mengenbeschränkungen gehörten zu den im Rahmen des TOT-Code diskutierten Klauseln und waren im Entwurf von 1979 noch vorgesehen, entfielen aber im Entwurf von 1985. Nach deutschem Recht sind Mengenbeschränkungen gemäß § 17 Abs. 1 GWB wirksam. Fikentscher empfahl unter Hinweis auf die Vorteile von Mindestmengen einerseits (z.B. Aufrechterhaltung von Marken) und ihrer Nachteile andererseits (Beschränkung der unternehmerischen Freiheit des Technologieempfängers) die Einführung einer "reasonableness"-Klausel in den TOT-Code 1979[31]. In Ägypten wurde wiederum durch die Gene-

---

[26] *Ebel* (Fn. 19), § 17 Rdnr. 45; vgl. *Schricker*, Zur kartellrechtlichen Beurteilung von Zeichenbenutzungsverträgen in Patentlizenzverträgen, WRP 1980, 121, 126 ff. für zeichenrechtliche Argumente zugunsten einer kartellrechtlichen Zulässigkeit solcher Vereinbarungen. Für die kartellrechtliche Beschränkung von Kennzeichungspflichten im Rahmen des TOT-Code jedoch *Fikentscher*, Draft Code (Fn. 3), S. 114 f.

[27] Abgedruckt in *Fikentscher*, Draft Code (Fn. 3), S. 167.

[28] *Hamza*, Does the New Commercial Code (Provisions on Technology Transfer) Comply With Trips?, in: Business Law Forum (Hg.): "Conference on Intellectual Property Rights in Egypt", Kairo 1999, S. 43.

[29] *Hamza* (Fn. 28).

[30] *Bernhardt/Kraßer*, Lehrbuch des Patentrechts, 4. Aufl. 1986, S. 242.

[31] *Fikentscher*, Draft Code (Fn. 3), S. 110.

ralklausel dem Verbraucherschutz und den berechtigten Interessen des Technologiegebers Rechnung getragen.

bb. Nach Erörterung diverser Fassungen[32] wurde eine Regelung über Preisbeschränkungen in den TOT-Code eingefügt (Kap. 4 Ziff. 6 TOT-Code 1985). Die Vorgabe von Preisen ist auch nach dem reformierten deutschen Kartellrecht grundsätzlich unzulässig (§ 15 GWB).

cc. Unter Vertriebsformbeschränkungen fallen nicht Alleinvertretungsabreden, da diese innerhalb von Art. 75 ägypt. HGB bereits an anderer Stelle geregelt sind (Art. 75 g). Die Regelung des Art. 75 d hat bei dieser Fallgruppe kein Vorbild im TOT-Code. Nach deutschem Recht sind den Inhalt des Schutzrechtes betreffende Beschränkungen zulässig, darüber hinausgehende Beschränkungen hingegen nicht, sofern sie nicht durch § 17 Abs. 2 GWB freigestellt sind. Eine Beschränkung des Kreises der Abnehmer betrifft den Umfangs des Schutzrechtes i.S.v. § 17 Abs. 1 GWB und ist daher zulässig[33].

dd. Exportbeschränkungen waren ein umstrittenes Thema im Rahmen der Verhandlungen zum TOT-Code. Es gab auch hier diverse Formulierungsvorschläge, die insbesondere Beschränkungen des Exports in das nicht patent- oder lizenzfreie Ausland, d.h. in Länder zuließen, in denen die Technologie für den Technologiegeber geschützt war oder in denen er für die Technologie bereits eine Lizenz erteilt hatte[34]. Auch das deutsche Recht kennt die Unterscheidung zwischen Exporten in das schutzrechtsfreie Ausland einerseits (deren Beschränkung über den Inhalt des Schutzrechtes gemäß § 17 Abs. 1 GWB hinausgeht) und in das Ausland, in dem die Technologie zugunsten des Technologiegebers geschützt ist, andererseits[35]. Der ägyptische Gesetzgeber überläßt es der Beurteilung durch die Gerichte, ob eine Exportbeschränkung durch die berechtigten und beachtlichen Interessen des Technologiegebers gerechtfertigt ist.

f) Beteiligung an Betriebsführung und Auswahl von ständigen Mitarbeitern

Art. 75 e ägypt. HGB kombiniert zwei Klauselverbote, die bereits im Zusammenhang mit dem TOT-Code diskutiert wurden, und zwar die Beteiligung des Technologiegebers am Management und sein Mitspracherecht bei der Auswahl von Mitarbeitern. Zu beachten ist in Bezug auf letzteres, daß der Technologieempfänger schon von Gesetzes wegen zur Auswahl technisch erfahrener Mitarbeiter verpflichtet ist (Art. 79).

Während spezifische Anforderungen an das technische Personal häufig mit den Interessen des Technologiegebers zu rechtfertigen und daher nach deutschem

[32] *Fikentscher*, Draft Code (Fn. 3), S. 90 ff.
[33] *Ebel* (Fn. 19), § 17 Rdnr. 36.
[34] *Fikentscher*, Draft Code (Fn. 3), S. 98 ff.; für weitere s. TOT-Code 1985 (Fn. 3), Appendix D.
[35] *Ebel* (Fn. 19), § 17 GWB Rdnr. 38.

Recht unter den Voraussetzungen des § 17 Abs. 2 Ziff. 1 GWB zulässig sind, fällt eine entsprechende Rechtfertigung für die Beteiligung am Management schwerer[36]. Auch hier hat der ägyptische Gesetzgeber sowohl den Verbots- als auch den Ausnahmetatbestand weit gefaßt und damit den Gerichten einen weiten Spielraum eingeräumt.

g) Beschränkung des Verkaufs oder der Vermittlung der Produktion ausschließlich auf den Technologiegeber oder einen von diesem bestimmten Dritten (Art. 75 g ägypt. HGB)

Die entsprechende Regelung des TOT-Codes war eine der wenigen, über die bereits 1979 zwischen den verhandlungsführenden Parteien vollständige Einigkeit erzielt worden war. Die Klausel sah allerdings eine Einschränkung zugunsten vom Herstellungs- und Subunternehmerverträgen vor, auf die sie keine Anwendung finden sollte[37]. Der ägyptische Gesetzgeber hat auch hier eine umfassendere Verbotsnorm gewählt. Alleinvertriebsvereinbarungen sind nach deutschem Recht gemäß § 17 Abs. 1 GWB vom Umfang des Schutzrechts erfaßt und daher zulässig.

VI. Verpflichtungen des Technologiegebers

Die neuen Regelungen enthalten einen umfangreichen Katalog von Verpflichtungen des Technologiegebers gegenüber dem Empfänger, durch die Letzterem ermöglicht werden soll, die Technologie zu nutzen und ihre Gefahren abzuschätzen. Die Vorschriften beabsichtigen mittelbar auch den Schutz der Allgemeinheit, soweit es um mögliche Gefahren durch die Nutzung der Technologie für Umwelt sowie Leben und Gesundheit der Allgemeinheit geht.

1. Informationspflichten

Gemäß Art. 76 muß der Technologiegeber dem Empfänger die folgenden Informationen übermitteln:

- Gefahren, die bei der Anwendung der Technologie, insbesondere im Zusammenhang mit der Umwelt, für Gesundheit und Leben der Allgemeinheit sowie für Vermögenswerte entstehen, einschließlich der dem Technologiegeber bekannten Präventionsmaßnahmen;
- Informationen über Rechte Dritter, insbesondere Patente, welche die Nutzung der Technologie behindern können;
- Rechtsgrundlagen im Staat des Technologiegebers für Exportgenehmigungen für die Technologie.

---

[36] *Fikentscher*, Draft Code (Fn. 3), S. 88 f.

[37] Vgl. *Fikentscher*, Draft Code (Fn. 3), S. 94 f., unter Hinweis auf die Abgrenzungsprobleme.

Gemäß Art. 77 muß der Technologiegeber den Empfänger außerdem alle für das Verständnis der Technologie erforderlichen Informationen und Unterlagen zur Verfügung stellen sowie die für ihre Inbetriebnahme erforderlichen Dienstleistungen und Einweisungen erbringen.

2. Verbesserungen und Ersatzteile

Des weiteren muß der Technologiegeber den Empfänger während der Vertragslaufzeit über Verbesserungen der Technologie informieren und ihm gegebenenfalls diese übermitteln. Darüber, ob eine solche Übermittlung entgeltlich oder unentgeltlich zu erfolgen hat, schweigt sich das Gesetz an dieser Stelle aus[38]. Die Unterscheidung zwischen Neu- und Weiterentwicklungen dürfte Abgrenzungsprobleme aufwerfen.

Gemäß Art. 78 muß der Technologiegeber dem Empfänger außerdem die erforderlichen Ersatzteile anbieten bzw. ihn über die Bezugsquellen informieren. Das Erläuternde Memorandum zum Gesetzesentwurf erwähnt an dieser Stelle noch die Verpflichtung des Technologiegebers, die Ersatzteile dem Technologieempfänger zum Marktpreis anzubieten. Diese Pflicht soll erst zehn Jahre nach Vertragsschluß enden, sofern nicht der Technologieempfänger nachweisen kann, daß der Technologiegeber die Ersatzteile immer noch produziert[39]. Die Kommentierung enthält keinen Hinweis darauf, ob das Erläuternde Memorandum hier Interpretationshilfen bietet, oder ob es sich auf eine frühere Fassung des Gesetzesentwurfs bezieht. Die verabschiedete Gesetzesfassung enthält diese zusätzlichen Verpflichtungen jedenfalls nicht.

3. Gewährleistung

Der Technologiegeber gewährleistet die Übereinstimmung der gelieferten Technologie und ihrer Dokumentation mit den vertraglichen Vorgaben nach Maßgabe von Art. 85 Abs. 1 S. 1 ägypt. HGB. Eine Abbedingung dieser Gewährleistung ist – dem Wortlaut nach zu schließen – wohl nicht möglich.

Des weiteren gewährleistet der Technologiegeber, daß Waren gemäß den vertraglichen Bestimmungen produziert und Dienstleistungen entsprechend erbracht werden können. Nur diese Gewährleistung gehört systematisch in den Bereich des dispositiven Vertragsrechts, da sie ausdrücklich schriftlich abbedungen werden kann. Die dem Parlament vorgelegte Fassung sah an dieser Stelle noch vor, daß die Gewährleistung selbst ausdrücklich und schriftlich vereinbart sein muß. In der Sitzung vom 3. Mai 1999 wurde diese Fassung jedoch entsprechend der verabschiedeten abgeändert[40].

---

[38] S.o. Teil V.3. Ziff. a bb.

[39] Erläuterndes Memorandum, in: *Khalil* (Fn. 6), Art. 86/87.

[40] *Khalil* (Fn. 6), Art. 85.

Kap. 5 Ziff. 5.4 (v) des TOT-Code 1985 empfahl eine vergleichbare Zusicherung des Technologiegebers, daß die Technologie für die vereinbarte und vertraglich festgelegte Produktion von Waren und die Erbringung von Dienstleistungen geeignet ist, sofern sie gemäß den Anweisungen des Technologiegebers genutzt wird, die dieser nach Maßgabe des Vertrages gegeben hat.

4. Vertraulichkeit

Ebenso wie den Technologieempfänger[41] treffen auch den Technologiegeber Vertraulichkeitspflichten, und zwar in Bezug auf vom Technologieempfänger vorgenommene und nach Maßgabe einer vertraglichen Abrede dem Technologiegeber übermittelte Verbesserungen an der Technologie (Art. 83 Abs. 2).

5. Haftung

Technologiegeber und -empfänger haften nicht gesamtschuldnerisch für den Schaden, der aus der Nutzung der Technologie oder der Waren, die unter ihrer Anwendung hergestellt werden, entsteht (Art. 85 Abs. 2).

VII. Verpflichtungen des Technologieempfängers

1. Auswahl der Mitarbeiter

Der Technologieempfänger ist verpflichtet, für die Anwendung der Technologie Mitarbeiter, die über technische Erfahrung verfügen, und, sofern erforderlich, technische Experten einzusetzen. Für diese Aufgaben sind Ägypter vorrangig heranzuziehen (Art. 79). Der Technologieempfänger muß außerdem den Technologiegeber über die nationalen (ägyptischen) Vorschriften über den Technologieimport unterrichten (Art. 80), er darf die Technologie ohne Zustimmung des Technologiegebers nicht an Dritte weitergeben (Art. 81) und er ist in Bezug auf die Technologie zur Vertraulichkeit verpflichtet und für Schäden haftbar, die aus der Verletzung dieser Verpflichtung entstehen. Die Verpflichtung zur Vertraulichkeit umfaßt auch das vorvertragliche Stadium (Art. 83 Abs. 1).

2. Vergütung

Im Hinblick auf die Vergütung für die Technologie und ihre Weiterentwicklungen regelt Art. 82, daß diese vom Technologieempfänger zum vereinbarten Zeitpunkt und am vereinbarten Ort zu zahlen ist (Art. 82 Abs. 1). Die Vergütung kann in den folgenden Formen bestehen: (i) einer in einer oder mehreren Raten zu zahlenden Pauschalsumme, (ii) einem Anteil des in die Anwendung der Technologie investierten Kapitals, (iii) einem Anteil der aus der Technologie erzielten Erträge, (iv) einer bestimmten Menge von mittels der Technologie produzierten Produkten oder (v) aus einem Rohstoff, den der Technologieimporteur produziert (Art. 82 Abs. 2 u. 3).

---

[41] Dazu unten Teil VII., Ziff. 1.

Die Regelung hat in dieser Form kein Vorbild in den Entwürfen des TOT-Code von 1979 und 1985. Würde sie als abschließend verstanden, stellte sie eine Einschränkung in Bezug auf andere denkbare Formen der Gestaltung von Vergütungsregelungen dar. Die Formulierung "kann ... bestehen" deutet jedoch eher darauf hin, daß andere im Gesetz nicht erwähnte Vergütungsformen gleichfalls zulässig sind. Art. 82 ägypt. HGB enthält jedenfalls keine Billigkeitskontrolle des Preis-Leistungsverhältnisses, sondern zielt durch die Aufzählung der Vergütungsformen darauf ab, die Vergütungsgestaltung zu vereinfachen und für den Technologieempfänger durchschaubar zu machen.

Der TOT-Code 1985 sah demgegenüber in Kap. 5 Ziff. 5.3 (a) (i) (ii) vor, daß die Vergütung angemessen und genau spezifiziert sein müsse. Die Preise sollten außerdem, soweit möglich, in einer Weise angegeben werden, die dem Technologieempfänger den Vergleich mit anderen Angeboten ermöglicht.

VIII. Vertragsdauer

Gemäß Art. 86 können beide Vertragsparteien nach fünf Jahren die Beendigung des Technologietransfervertrages oder seine Anpassung an die allgemeinen wirtschaftlichen Bedingungen fordern. Sofern kein anderer Zeitraum vereinbart wurde, kann diese Forderung nach jeweils fünf weiteren Jahren wiederholt werden. Ob diese Regelung, die die Privatautonomie erheblich beschränkt, den Interessen des Technologieempfängers dienlich sind, darf bezweifelt werden. Im Unterschied zu einigen lateinamerikanischen Technologietransfergesetzen[42] enthält das ägyptische keine Regelung der Frage, inwieweit die Technologie auch nach Beendigung des Vertrages weiter genutzt werden kann[43]. Zumindest im Hinblick auf Schutzrechte wird sich ein nachvertragliches Weiterbenutzungsrecht des Technologieempfängers kaum begründen lassen. Aber auch bei ungeschütztem Know-How dürften vertraglich vorgesehene Rückgabe- und Vertraulichkeitspflichten wirksam sein. Technologieempfänger, welche die Technologie für einen längeren Zeitraum als fünf Jahre nutzen wollen, sind insoweit in keiner günstigen Position. Was die Alternative der Neuverhandlung betrifft, so hat *Fikentscher* im Hinblick auf die Diskussion zum "renegotiation issue" im Rahmen der Verhandlungen zum TOT-Code bereits zutreffend angemerkt, daß eine solche Regelung die Grundlagen des Vertragsrechts zur Disposition stellt, nämlich die bindende Wirkung von Abreden, die in allen bekannten Rechtssystemen nur unter besonderen Umständen (Wegfall der Geschäftsgrundlage, *force majeure*) entfällt[44].

---

42 *Cabanellas* (Fn. 11), S. 28 f.

43 Entgegen entsprechenden Forderungen in der ägyptischen Literatur, s. *Isa*, Naql at-tiknulugiya (Technologietransfer), 1987, S. 355 f. Nr. 296.

44 *Fikentscher*, Draft Code (Fn. 3), S. 60 f.

IX. Rechtswahl und Gerichtsstand

Neben der Regelung der Vertragsdauer dürfte auch die Einschränkung der Rechtswahlmöglichkeiten gravierende Konsequenzen aufweisen. Gemäß Art. 87 Abs. 2 sind Klauseln nichtig, die die Wahl eines anderen Rechtes als das ägyptische vorsehen. Art. 87 Abs. 1 sieht die internationale Zuständigkeit der ägyptischen Gerichte für Streitigkeiten aus Technologietransferverträgen vor. Alternativ können Streitigkeiten auch im Wege der gütlichen Einigung oder eines in Ägypten nach ägyptischem Recht durchgeführten Schiedsverfahrens gelöst werden.

Art. 87 wirft die Frage auf, ob die internationale Zuständigkeit der ägyptischen Gerichte ausschließlich ist. Nur in diesem Fall stellt die mangelnde Zuständigkeit eines ausländischen Gerichtes ein Anerkennungshindernis für ein ausländisches Urteil dar[45]. Sollte eine Anerkennung danach möglich sein, so stellt sich die Frage, ob eine etwaige Anwendung eines von den Parteien gewählten ausländischen Rechts gegen den ägyptischen *ordre public* verstößt, so daß die Anerkennung im Rahmen der Inhaltskontrolle verweigert werden könnte.

Was Schiedssprüche betrifft, so gelten bei internationalen Sachverhalten vorrangig die Staatsverträge. Ägypten ist insbesondere Mitglied sowohl des UN-Übereinkommen vom 10.6.1958 über die Anerkennung und Vollstreckung ausländischer Schiedssprüche[46] als auch des Übereinkommen über die Beilegung von Investitionsstreitigkeiten zwischen Staaten und Angehörigen anderer Staaten (ICSID) vom 18.3.1965[47]. Beide Übereinkommen sehen die Pflicht der Mitgliedstaaten zur Vollstreckung ausländischer Schiedssprüche unter bestimmten Voraussetzungen vor[48]. Der Anwendungsbereich des Art. 87 ägypt. HGB ist insoweit beschränkt.

X. Beurteilung

Die Neuregelung liest sich in Teilen wie die in Gesetzesform gegossene Fassung eines Technologietransfervertrages. Den Parteien verbleibt nur wenig Spielraum. Wenngleich die Vorschriften ausdrücklich auch auf interne ägyptische Verträge Anwendung finden (Art. 72), ist die Zielrichtung dennoch eindeutig die Beschränkung der Regelungsfreiheit in Verträgen ägyptischer Technologieempfänger mit ausländischen Technologiegebern. Im Vergleich zu in der ägyptischen Literatur geforderten und z.T. weitaus gravierenderen Beschränkungen können die gewählten Formulierungen aus der Sicht des auslän-

[45] Vgl. *Börner*, Die Anerkennung ausländischer Titel in den arabischen Staaten, 1996, S. 170.

[46] Seit 7.6.1959; BGBl. 1962, II, 102.

[47] Seit 2.6.1972; BGBl. 1972, II, 594.

[48] Art. 5 des UN-Übereinkommens, abgedruckt in: *Bülow/Böckstiegel/Geimer/Schütze*, Internationaler Rechtsverkehr in Zivil- und Handelssachen, Bd. 2, Nr. 714, Art. 54 ICSID. Eine Einschränkung der Zuständigkeit des Zentrums gemäß Art. 25 Abs. 4 ICSID wurde von Ägypten nicht vorgenommen.

dischen Technologieimporteurs zwar noch als von vergleichsweise geringer Reichweite angesehen werden[49]. Zu beachten ist jedoch, daß Art. 75 sehr allgemein auf die Behinderung des inländischen Lizenznehmers durch die betreffende vertragliche Bestimmung abstellt und die Fallgruppen nur exemplarisch aufzählt. Der Vergleich der Fallgruppen mit den Regelungen der Entwürfe des TOT-Codes of Conduct einerseits und – punktuell – der Regelungen des deutschen Kartellrechts andererseits hat ergeben, daß Art. 75 ägypt. HGB keine Fallgruppen enthält, die sich in den zum Vergleich herangezogenen Regelungskomplexen nicht in der einen oder anderen Form wiederfinden. Die Auswahl der herangezogenen Beispiele erscheint bei unbefangener Durchsicht etwas willkürlich, wenngleich dem Erwägungen zugrundeliegen mögen, die sich dem ausländischen Betrachter nicht sofort erschließen. Das neue Recht läßt den ägyptischen Gerichten durch die angewandte "Regelfalltechnik" bei der Beurteilung, ob eine Bestimmung eines Technologievertrages für nichtig zu erklären ist, jedoch einen extrem weiten Gestaltungsspielraum. Hinzu kommt, daß die Tatbestände ("Regelfälle") des Art. 75 ägypt. HGB selbst zumeist einen weiten Anwendungsbereich haben und auch der als Generalklausel ausgestaltete Ausnahmetatbestand (berechtigte Interessen des Technologiegebers und Belange des Verbraucherschutzes) kaum allgemeiner zu fassen ist.

Wenngleich kartellrechtliche Vorschriften zur besseren Einordnung heranzuziehen sind, stellt Art. 75 ägypt. HGB kein Kartellrecht dar. Regelungsziel ist – trotz einiger die Interessen des Technologiegebers berücksichtigender Vorschriften – ersichtlich die Stärkung der Position des in Ägypten ansässigen Technologieempfängers und die Förderung der regionalen Technologieentwicklung. Beabsichtigt ist nicht die Verhinderung einer marktmächtigen Position auf dem Empfängermarkt, sondern die Stärkung der Position des Technologieempfängers im Verhältnis zum Technologiegeber, so daß andere Beurteilungskriterien als im Kartellrecht zum Tragen kommen. Marktauswirkungen sind gegebenenfalls völlig irrelevant. Da auch nationale Transaktionen von den neuen Regelungen umfaßt sind, stellt sich allerdings die Frage, welche Kriterien für solche Verträge anwendbar sein sollen.

Risiken für den ausländischen Technologiegeber bereitet insbesondere der weite und unscharfe Anwendungsbereich des Art. 75 ägypt. HGB. Zu den gravierenden Problemen, mit denen die ägyptische Handelsgerichtsbarkeit ohnehin zu kämpfen hat - hier sei nur die lange Dauer von Gerichtsverfahren und die Arbeitsüberlastung und teilweise ungenügende Ausbildung von Richtern in Spe-

---

[49] Vgl. dazu *Isa* (Fn. 43), S. 353 ff.: z.B. Nichtigkeit von Beschränkung der Nutzung der Technologie nach dem Ende des Lizenzvertrages vor Ablauf der Schutzfristen für die zugrundeliegenden Patente (S. 355 f. Nr. 296), grundsätzliches Verbot von Exportverboten für unter Anwendung der Technologie hergestellte Waren (S. 363 Nr. 303), Teilnichtigkeit von Vertraulichkeitsklauseln gegenüber inländischen Unternehmen und Gestattung der Erteilung von Unterlizenzen (S. 368 Nr. 308).

zialmaterien erwähnt[50] - kommt nun die schwierige rechtssystematische Einordnung und Konkretisierung der Verbots- und Ausnahmetatbestände des Art. 75 hinzu. Aufgrund der potentiellen Nichtigkeit sämtlicher Klauseln, die die Freiheit des Technologieempfängers im Umgang mit der Technologie beschränken, entsteht für den Technologiegeber eine starke, wenn nicht unzumutbare Rechtsunsicherheit, zumal sich eine solche Anfechtbarkeit gegebenenfalls, wenn sich das Verfahren durch sämtliche Instanzen zieht, erst nach Jahren herausstellen kann. Hinzu kommen gravierende Einschränkungen der Privatautonomie *ex lege*, von denen die der Rechtswahl und der Vertragslaufzeit an erster Stelle zu nennen sind.

Es stellt sich die Frage, ob diese zusätzliche Belastung von investitionsrelevanten Verträgen, die für ausländische Investoren durch die – erkannten aber noch nicht behobenen – Schwächen der ägyptischen Handelsgerichtsbarkeit ohnehin mit Risiken belastet sind, das Investitionsklima nicht in einer Weise nachteilig beeinflussen, die die erhofften Vorteile für den ägyptischen Technologieempfänger langfristig ausgleichen, wenn nicht in das Gegenteil verkehren. Die Prognosen gehen hier weit auseinander. Im Einzelnen bleibt abzuwarten, ob das neue Recht die erhofften Verbesserungen mit sich bringt, ob es, wie z.T. prognostiziert, ein toter Buchstabe bleibt, oder ob es sich sogar für ägyptische Technologieempfänger im Ergebnis kontraproduktiv auswirken wird. Erste Erfahrungen stehen noch aus.

---

[50] Dazu *Grapentin* (Fn. 1), S. 281 ff. im Zusammenhang mit markenrechtlichen Verfahren.

STUDIEN ZUM VERGLEICHENDEN UND INTERNATIONALEN RECHT

Herausgeber: Bernd von Hoffmann und Erik Jayme

Band 1 Ferdinand Henke: Die Datenschutzkonvention des Europarates. 1986.

Band 2 Peter Czermak: Der express trust im internationalen Privatrecht. 1986.

Band 3 Peter Kindler: Der Ausgleichsanspruch des Handelsvertreters im deutsch-italienischen Warenverkehr. Eine rechtsvergleichende und kollisionsrechtliche Untersuchung. 1987.

Band 4 Wilhelm Denzer: Stellung und Bedeutung des Engineers in den FIDIC-Bauvertragsbedingungen. 1988.

Band 5 Marijan-Maximilian Lederer: Die internationale Enteignung von Mitgliedschaftsrechten unter besonderer Berücksichtigung der französischen Enteignungen 1982. 1989.

Band 6 Rainer Esser: Klagen gegen ausländische Staaten. 1990.

Band 7 Chang Jae-Ok: Auf dem Weg zu einer Materialisierung des Immateriellen ? Personen-, Persönlichkeitsschutz und Geldersatz des immateriellen Schadens in rechtsvergleichender Hinsicht am Beispiel des koreanischen und japanischen Zivilrechts unter besonderer Berücksichtigung des deutschen Rechts. 1990.

Band 8 Paul-Frank Weise: Lex mercatoria. Materielles Recht vor der internationalen Handelsschiedsgerichtbarkeit.1990.

Band 9 Werner Born: Der Auftrittsvertrag für Musikgruppen im Bereich der Rock- und Popmusik. 1990.

Band 10 Ralf Erich Jürgens: IPR und Verfassung in Italien und in der Bundesrepublik Deutschland. 1990.

Band 11 Rainer Gildeggen: Internationale Schieds- und Schiedsverfahrensvereinbarungen in Allgemeinen Geschäftsbedingungen vor deutschen Gerichten. 1991.

Band 12 Klaus Grabinski: Die kollisionsrechtliche Behandlung des Durchgriffs bei rechtlich verselbständigten Unternehmen in privater oder öffentlicher Hand. 1991.

Band 13 Dieter Stummel: Konkurs und Integration. Konventionsrechtliche Wege zur Bewältigung grenzüberschreitender Insolvenzverfahren. 1991.

Band 14 Joachim Güntzer: Die Rechtsstellung des Geschäftsführers im spanischen Aktienrecht. Die Neuregelung des spanischen Aktienrechts nach dem Beitritt Spaniens zur EG. 1991.

Band 15 Sabine Isenburg-Epple: Die Berücksichtigung ausländischer Rechtshängigkeit nach dem Europäischen Gerichtsstands- und Vollstreckungsübereinkommen vom 27.9.1968. Untersuchungen zum Anwendungsbereich von Art. 21 EuGVÜ unter schwerpunktmäßiger Behandlung der Frage nach der Bestimmung eines europäischen Streitgegenstandsbegriffs. 1992.

Band 16 Ulrich Nickl: Die Qualifikation der culpa in contrahendo im Internationalen Privatrecht. 1992.

Band 17 Theo Rauh: Leistungserschwerungen im Schuldvertrag. Eine rechtsvergleichende Untersuchung des englischen, US-amerikanischen, französischen und deutschen Rechts unter besonderer Berücksichtigung der gerichtlichen Praxis. 1992.

Band 18 Bernadette Chaussade-Klein: Vorvertragliche "obligation de renseignements" im französischen Recht. 1992.

Band 19 Josef Sievers: Verbraucherschutz gegen unlautere Vertragsbedingungen im französischen Recht. Vom Code civil zum "Code de la consommation" – die Entstehung eines Sonderprivatrechts für Verbraucher. 1993.

Band 20 Achim Schäfer: Grenzüberschreitende Kreditsicherung an Grundstücken, unter besonderer Berücksichtigung des deutschen und italienischen Rechts. 1993.

Band 21 Eugenio Hernández-Breton: Internationale Gerichtsstandsklauseln in Allgemeinen Geschäftsbedingungen. Unter besonderer Berücksichtigung des deutsch-südamerikanischen Rechtsverkehrs (dargestellt am Beispiel Argentinien, Brasilien und Venezuela). 1993.

Band 22 Ingo Reng: Unterhaltsansprüche aufgrund nichtehelicher Lebensgemeinschaft – Internationales Privatrecht und ausländisches materielles Recht. 1994.

Band 23 Stefanie Roloff: Die Geltendmachung ausländischer öffentlicher Ansprüche im Inland. 1994.

Band 24 Katharina Ludwig: Der Vertragsschluß nach UN-Kaufrecht im Spannungsverhältnis von Common Law und Civil Law. Dargestellt auf der Grundlage der Rechtsordnungen Englands und Deutschlands. 1994.

Band 25 Malte Diesselhorst: Mehrparteienschiedsverfahren. Internationale Schiedsverfahren unter Beteiligung von mehr als zwei Parteien. 1994.

Band 26 Manfred Kost: Konsensprobleme im internationalen Schuldvertragsrecht. 1995.

Band 27 Wolff-Heinrich Fleischer: Das italienische Wettbewerbsrecht und die Probleme des selektiven Parfümvertriebs unter Berücksichtigung der Rechtslage in Frankreich und Deutschland. 1995.

Band 28 Angelika Fuchs: Lateinamerikanische Devisenkontrollen in der internationalen Schuldenkrise und Art. VIII Abschn. 2 b) IWF-Abkommen. 1995.

Band 29 Jacques Matthias Aull: Der Geltungsanspruch des EuGVÜ: "Binnensachverhalte" und Internationales Zivilverfahrensrecht in der Europäischen Union. Zur Auslegung von Art. 17 Abs. 1 S. 1 EuGVÜ. 1996.

Band 30 Hartmut Ost: EVÜ und fact doctrine. Konflikte zwischen europäischer IPR-Vereinheitlichung und der Stellung ausländischen Rechts im angelsächsischen Zivilprozeß. 1996.

Band 31 Stefan Wagner: Die Testierfähigkeit im Internationalen Privatrecht. 1996.

Band 32 Wolfgang Jakob Hau: Positive Kompetenzkonflikte im Internationalen Zivilprozeßrecht. Überlegungen zur Bewältigung von *multi-fora disputes*. 1996.

Band 33 Markus Schütz: UN-Kaufrecht und *Culpa in contrahendo*. 1996.

Band 34 Volker Geyrhalter: Das Lösungsrecht des gutgläubigen Erwerbers. Ein "vergessener" Kompromiß und die Auswirkungen auf das heutige deutsche Recht unter besonderer Berücksichtigung des internationalen Sachenrechts. 1996.

Band 35 Andreas Kramer: Abwicklungsstörungen bei Kaufverträgen. Die Lieferung vertragswidriger Sachen im deutschen und italienischen Recht. 1996.

Band 36 Petra Krings: Erfüllungsmodalitäten im internationalen Schuldvertragsrecht. 1997.

Band 37 Tonja Gaibler: Der rechtsgeschäftliche Irrtum im französischen Recht. 1997.

Band 38 Dirk Otto: Rechtsspaltung im indischen Erbrecht. Bedeutung und Auswirkungen auf deutsch-indische Nachlaßfälle. 1997.

Band 39 Gregor W. Decku: Zwischen Vertrag und Delikt. Grenzfälle vertraglicher und deliktischer Haftung dargestellt am Beispiel der Berufs- und Expertenhaftung zum Schutze des Vermögens Dritter im deutschen und englischen Recht. 1997.

Band 40 Ulrike Höpping: Auswirkungen der Warenverkehrsfreiheit auf das IPR unter besonderer Berücksichtigung des Internationalen Produkthaftungsrechts und des Internationalen Vertragsrechts. 1997.

Band 41 Andreas Bartosch: Die vermögensrechtlichen Beziehungen der Ehegatten bei bestehender Ehe im englischen Recht – Eigentum, Besitz, Schuldvertrag. 1997.

Band 42 Helene Boriths Müller: Die Umsetzung der europäischen Übereinkommen von Rom und Brüssel in das Recht der Mitgliedstaaten. Dargestellt am Beispiel Deutschlands und Dänemarks. 1997.

Band 43 Bernd von Hoffmann / Myong-Chang Hwang (eds.): The Public Concept of Land Ownership. Reports and Discussions of a German-Korean Symposium held in Seoul on October 7-9, 1996. 1997.

Band 44 Oliver Heeder: Fraus legis. Eine rechtsvergleichende Untersuchung über den Vorbehalt der Gesetzesumgehung in Deutschland, Österreich, der Schweiz, Frankreich und Belgien unter besonderer Berücksichtigung des Internationalen Privatrechts. 1998.

Band 45 Heinrich Schütt: Deliktstyp und Internationales Privatrecht. Dargestellt an grenzüberschreitenden Problemen der Arzthaftung. 1998.

Band 46 Axel Steiner: Die stillschweigende Rechtswahl im Prozeß im System der subjektiven Anknüpfungen im deutschen Internationalen Privatrecht. 1998.

Band 47 Martina Schulz: Der Eigentumsvorbehalt in europäischen Rechtsordnungen. Rechtsvergleichende Untersuchung des deutschen, englischen und französischen Rechts unter besonderer Berücksichtigung von Erweiterungen und Verlängerungen. 1998.

Band 48 Karin Dreher: Die Rechtswahl im internationalen Erbrecht. Unter besonderer Berücksichtigung des italienischen IPR-Reformgesetzes N. 218 vom 31. Mai 1995. 1999.

Band 49 Giuliano Gabrielli: Das Verhältnis zwischen der Anfechtung wegen Eigenschaftsirrtums und den Gewährleistungsansprüchen im deutschen, österreichischen und italienischen Recht. 1999.

Band 50 Bernd von Hoffmann / Myong-Chan Hwang (eds.): Developments in Land Law. Reports and Discussions of a German-Korean Symposium held in Berlin and Trier on July 21-24, 1997. 1999.

Band 51 Volker Heidbüchel: Das UNCITRAL-Übereinkommen über unabhängige Garantien und Standby Letters of Credit. Vergleiche mit den Richtlinien der Internationalen Handelskammer, dem deutschen, englischen und US-amerikanischen Recht. 1999.

Band 52 Jan Christoph Nordmeyer: Pflichtteilsansprüche und Wiedervereinigung. Eine systematische Analyse der Ausgleichsansprüche nach BGB-Pflichtteilsrecht unter besonderer Berücksichtigung der durch den Wiedervereinigungsprozeß eingetretenen Wertveränderungen. 1999.

Band 53 Bettina Linder: Vertragsabschluß beim grenzüberschreitenden Verbraucherleasing. 1999.

Band 54 Almontasser Fetih: Die zivilrechtliche Haftung bei Vertragsverhandlungen. Eine rechtsvergleichende Studie zum deutschen, französischen, ägyptischen und islamischen Recht. 2000.

Band 55 Sona Rajani: Die Geltung und Anwendung des Gemeinschaftsrechts im Vereinigten Königreich von Großbritannien und Nordirland. Der Grundsatz der Parlamentssouveränität im Wandel. 2000.

Band 56 Joachim Kayser: Gegenmaßnahmen im Außenwirtschaftsrecht und das System des europäischen Kollisionsrechts. Eine Analyse der EU-Abwehrverordnung gegen die Auswirkungen extraterritorialer Rechtserstreckung eines Drittlandes. 2001.

Band 57 Albrecht Conrad: Qualifikationsfragen des Trust im Europäischen Zivilprozeßrecht. 2001.

Band 58 Bernd Borgmann: Die Entsendung von Arbeitnehmern in der Europäischen Gemeinschaft. Wechselwirkungen zwischen Kollisionsrecht, Grundfreiheiten und Spezialgesetzen. 2001.

Band 60 Islamisches und arabisches Recht als Problem der Rechtsanwendung. Symposium zu Ehren von Professor Emeritus Dr. iur. Omaia Elwan. Veranstaltet vom Institut für ausländisches und internationales Privat- und Wirtschaftsrecht der Universität Heidelberg und der Gesellschaft für Arabisches und Islamisches Recht e.V. Herausgegeben von Herbert Kronke, Gert Reinhart und Nika Witteborg. 2001.

Printed by
CPI books GmbH, Leck

FSC
www.fsc.org
MIX
Papier | Fördert gute Waldnutzung
FSC® C083411

Kolibri 360 GmbH
Ferdinand-Jühlke-Straße 7
99095 Erfurt, Deutschland
produktsicherheit@kolibri360.de